AF465798

ÉTUDE

SUR

L'IDIOME DES VÉDAS

ET LES ORIGINES

DE LA LANGUE SANSCRITE

ÉTUDE

SUR

L'IDIOME DES VÉDAS

ET LES ORIGINES

DE LA LANGUE SANSCRITE

PAR AD. REGNIER

PREMIÈRE PARTIE

PARIS
TYPOGRAPHIE DE CH. LAHURE
Imprimeur du Sénat et de la Cour de Cassation
rue de Vaugirard, 9
1855

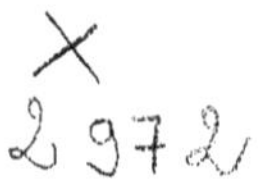

INTRODUCTION.

La langue des Védas, qui, dans tout ce qui concerne la formation des mots et la force de signification des racines et des exposants de rapports, pousse très-loin la synthèse, c'est-à-dire la force de cohésion des éléments dont les mots se composent, et la mutuelle et immédiate influence que ces éléments exercent les uns sur les autres, tantôt au dedans, tantôt au dehors du mot; cette même langue n'a encore, pour la structure des propositions et des phrases, que des ressources bien modiques et bien insuffisantes, ou plutôt elle ne sait pas encore user avec aisance de ses aptitudes, elle n'est point encore façonnée, assouplie par la culture littéraire du discours. Capable déjà de grandes beautés, d'admirables effets de langage dans les détails de la pensée et du style, il semble qu'elle ignore absolument l'art de composer un ensemble, *ponere totum nescit*, comme dit le poëte, et ici j'entends par *totum*, par « un ensemble, » non pas seulement tout un ouvrage, toute une poésie, quelque courte qu'on la suppose : elle ne sait point encore ce que c'est qu'une phrase, une période; il est rare qu'elle joigne et combine les propositions, bien qu'elle ait déjà de nombreux moyens de le faire, et que la plupart des termes qui servent comme de jointures aux idées et aux mots soient déjà tout créés, tout trouvés : elle ne sait pas encore ce qu'elle peut, elle n'use point encore de ces ressources qu'elle léguera aux générations suivantes et à beaucoup d'autres idiomes, ou que ces idiomes ont puisées à la même source qu'elle, et dont, bien des siècles après, les deux langues nommées classiques par excellence et les langues modernes sauront tirer un si admirable parti. Pour résumer brièvement ma pensée, lorsqu'il ne s'agit que de réunir les parties radicales et élémentaires des mots, ou de joindre les mots entre eux, un à un, par la seule force des cas, par exemple, il n'y a point de langue, je crois, à quelque point de développement qu'on la prenne, dans toute la famille des idiomes indo-européens, qui ait une aussi grande puissance de combinaison, une aussi grande force de synthèse, que l'idiome et la phase védique : si, au lieu des mots et de leurs éléments, nous considérons cette unité plus complexe qui s'appelle la proposition, elle en est encore bien souvent à juxtaposer, au lieu de joindre et de coordonner. Cette puissance, unie à cette faiblesse, ou plutôt à cette inexpérience, est bien le caractère distinctif, le cachet de la langue que le peuple seul parle et chante, de la langue qui a toujours été uniquement populaire. Le peuple est comme l'enfant : pour les détails de la pensée, pour le premier mouvement, la conception, tantôt gracieuse, souvent profonde, sublime même à son insu, le savant, l'artiste en fait de langage, n'ont rien à lui apprendre et peuvent souvent beaucoup apprendre de lui; mais ne demandez ni à l'enfant ni au peuple de combiner, de développer, de suivre un long raisonnement, d'enchaîner entre elles beaucoup d'idées : la suite en toutes choses, dans la pensée comme dans la conduite, est le propre de la maturité, et en général, pour le langage, le peuple, je le répète, est enfant.

De la langue des Védas, pour ne parler que de sa descendance immédiate et directe, il est sorti comme un double courant, et elle avait en elle tout ce qu'il fallait pour servir de source à l'un et à l'autre, pour les alimenter tous deux : d'une part, une langue cultivée et savante, le sanscrit; de l'autre, des idiomes exclusivement populaires, c'est-à-dire parlés par le peuple dans le sens restreint du mot, non plus par tout le monde, mais surtout par les castes inférieures d'une société qui n'était plus homogène comme au temps où nous reportent les hymnes du *Rïg-Véda*. Nous avons vu tout à l'heure en quoi l'idiome des hymnes était synthétique, en quoi analytique (en tant du moins qu'il juxtaposait, comme nous l'avons dit, au lieu de lier). On dirait que cette double nature est devenue comme un double héritage, qui s'est partagé entre les deux rejetons. Le *sanscrit*, la langue parfaite, artificielle, purifiée (c'est le triple sens du mot, et il désigne en même temps les hommes des trois castes supérieures), le sanscrit, comme par privilége, a pris pour lui cette énergie de synthèse et de cohésion dont nous avons parlé ; le *prâcrit*, mot collectif, indiquant des dialectes populaires et signifiant à la fois naturel et vulgaire, en même temps qu'il désigne les hommes des classes inférieures et dégradées, le *prâcrit* s'est fait sa part tout autrement : il a préféré les tendances analytiques, les a étendues à la syntaxe intérieure, à la structure des mots, à tous les détails de la pensée et de l'expression. On reconnaît la fraternité, la commune origine des idiomes, quand on cherche et retrouve, sous la diversité de forme et d'orthographe, l'identité des radicaux ; mais, dans la mise en œuvre de ces matériaux identiques, les différences sont capitales et très-notables, et appartiennent à deux systèmes fort divers de pensée et de langage. Ce n'est pas ici le lieu de nous étendre sur le contraste que présentent ces deux rejetons d'une même souche. Je ne fais qu'indiquer rapidement cette double descendance de l'idiome védique, et, après avoir montré, ce qui suffit ici pour mon objet, que le prâcrit s'est frayé sa voie dans une direction parallèle ou plutôt divergente, je vais me borner à suivre rapidement le sanscrit dans son développement, et dire en quelques mots ma pensée sur la nature et le génie de cet idiome littéraire et sévèrement discipliné, et sur quelques-unes de ses principales phases, ou plutôt des principaux genres de composition auxquels on l'a successivement ou simultanément appliqué, et qui, selon les besoins de l'exposition, la destination des écrits, les facilités, les dangers, les tentations de chaque genre, ont diversement marqué de leur empreinte la physionomie de la langue.

J'ai dit que le sanscrit semblait s'être approprié et avoir cultivé de préférence les qualités synthétiques de l'idiome. C'est une proposition que je crois incontestable, mais qui a besoin d'être expliquée. Des deux moyens d'unir les pensées, qui sont, d'une part, la formation et la composition des mots et la combinaison à l'aide des cas, d'autre part, les conjonctions, les mots conjonctifs détachés, qui se placent entre les termes et les parties de phrases qu'ils unissent, le sanscrit donne une prépondérance très-marquée au premier, et use fort sobrement du second. Dans sa syntaxe, les mots composés et les liens de la flexion sont les agents favoris, et parfois exclusifs, de la combinaison des idées et des termes. Ces deux manières de joindre suppléent souvent à l'usage des adverbes et d'un grand nombre de compléments circonstanciels, et amoindrissent singulièrement le besoin des propositions conjonctives, incidentes, explicatives. La langue a des cadres, des types de phrases qui groupent autour du sujet, de l'attribut, comme des épithètes ou des adjonctions qualificatives, des idées accessoires très-complexes, qui, non-seulement dans nos langues modernes, où l'analyse prédomine, mais même dans les deux langues classiques, si puissantes encore par la synthèse, formeraient des membres de phrase, des phrases entières[1]. Par suite de cette tendance, le verbe lui-même, le verbe à un mode personnel, qui est le lien par excellence, et dont la fonction propre et primitive est, en exprimant l'affirmation, d'unir l'attribut au sujet, a fini par devenir, je ne dirai pas une partie inutile au discours, car, dans cette synthèse exagérée, la clarté gagnerait souvent beaucoup à sa présence, mais un terme qu'on ne voit pour ainsi dire jamais dans

1. Bien que dans cette étude je ne m'occupe pas du sanscrit classique, mais seulement de la langue des Védas, j'ai eu l'occasion de citer quelques exemples de ces types de phrases serrées et concrètes, dont je parle ici. Voyez les tournures que j'ai traduites et analysées, p. 149 et suivantes.

certaines espèces d'écrits. Il se change lui aussi en qualificatif, et on le remplace par un adjectif verbal, un participe. On ne dirait même pas qu'en faisant ainsi on ait le sentiment qu'il y a ellipse, qu'il manque quelque chose à l'intégrité de la pensée.

La race indienne est le peuple contemplatif par excellence ; je ne crois pas qu'aucune autre ait jamais poussé plus loin la faculté d'analyser et d'abstraire. A force de décomposer le monde physique et moral, de détacher les qualités des substances, les substances des qualités, leur philosophie en est venue à changer les abstractions en réalités, et, par compensation, à un autre point de vue, les réalités en abstractions, en illusions de l'esprit et des sens. De là sont sorties de monstrueuses doctrines, qui ont exercé sur la religion, la société et ses conditions d'existence, l'influence la plus funeste. Cette passion de l'abstrait, qui, en religion, a abouti à faire de l'anéantissement le bien suprême, le dernier objet du désir de l'homme[1] : — pourquoi, en effet, tiendrait-on à l'existence quand on n'est qu'un mode, une manière d'être? — cette tendance, qui, dans la vie, a amené au mépris de l'action, ou du moins à ne plus tenir aucun compte de ses résultats, devait nécessairement aussi, à la longue (je me hâte de revenir modestement à mon sujet), se faire sentir au langage de ces philosophes, de ces lettrés qui avaient à ce point méconnu la vraie nature du monde créé, et abusé de la puissance de l'esprit. Il n'y a rien au monde, on le sait, qui reflète avec autant de vérité que la langue toutes les dispositions et les habitudes intellectuelles : elle se pénètre, dans ses procédés de tout genre et dans toutes ses aptitudes, de la manière d'être, et sociale, et intellectuelle, et morale, de ceux qui la parlent et en font l'instrument de leur pensée.

On dirait que la répugnance à l'action s'est marquée dans l'idiome par la rareté du mot qui la rend, par l'absence ordinaire du verbe : à qui ne connaît que des substances et des qualités, le nom et l'adjectif suffisent ; le verbe,

1. Voyez dans l'*Introduction à l'histoire du Bouddhisme indien*, par M. Eug. Burnouf, p. 511, jusqu'où allaient les déductions métaphysiques de certaines sectes bouddhiques : Il y a telle opinion qui revient à la négation absolue du sujet et de l'objet. Un peu plus loin, M. Burnouf montre que le réformateur Çâkyamuni, l'auteur de « cette morale sans Dieu et de cet athéisme sans nature, » n'avait pas inventé lui-même toute sa doctrine ; que le Brâhmanisme aussi bien que le Bouddhisme voulait atteindre à la délivrance ou affranchissement de l'esprit, et que ce qui distingue, sous ce rapport, les deux doctrines, c'est que les Brâhmanes affranchissent l'esprit en le replongeant au sein du Brahma éternel et absolu, tandis que Çâkya détruit les conditions de son existence relative, en le précipitant dans le vide, c'est-à-dire, selon toute apparence, en l'anéantissant. — Voyez aussi les p. 29 et suiv. d'un opuscule sur le Bouddhisme, publié en 1854, où M. Nève, un des élèves distingués de M. Eug. Burnouf, indique, avec une exacte et élégante netteté, les traits principaux de la doctrine nihiliste du Bouddha.

outre qu'il exprime l'action, affirme la convenance, le mutuel rapport de ces substances et de ces qualités : à quoi bon affirmer ce qui, plus que tout le reste, n'est qu'illusion ? Dans les Védas, comme nous le verrons, les verbes abondent, et leur emploi très-varié est un principe d'harmonie, et, quoique la langue paraisse encore peu assouplie à certains égards, un principe de mouvement et de vie : on reconnaît, à voir les allures du langage, une race active qui sait apprécier les biens et les plaisirs de ce monde, et aussi ses travaux et ses devoirs, pour qui les phénomènes de la nature sont d'admirables ou terribles réalités, qui est bien loin de ce détachement intellectuel et pratique du philosophe et de l'ascète. On s'étonne même, à voir dans les hymnes le maniement si heureux et si vif des flexions verbales, que plus tard une langue sortie de cette source ait pu, même après tant de siècles, même dans des manières d'écrire techniques et artificielles, en venir à désapprendre à un tel point ces procédés si faciles, si commodes pour la pensée.

L'habitude de grouper et d'unir, et d'exagérer la synthèse, se retrouve également dans la philosophie, dans la religion, dans toute la manière de penser de ceux qui cultivaient et façonnaient la langue sanscrite, et particulièrement de la classe lettrée et dominante, qui la marquait surtout de son empreinte. L'idiome, à cet égard, ne faisait aussi qu'imiter et reproduire toutes les tendances philosophiques, religieuses, intellectuelles. Dans ces phrases, où tout se rattache si étroitement à un seul terme dominant, et vient en quelque sorte s'y absorber logiquement, nous retrouvons l'image de ces doctrines d'unité absolue et de fusion qui ne laissent subsister qu'un seul *moi*, où se perdent et se confondent toutes les substances et toutes les qualités.

Je ne veux pas continuer ce rapprochement, quelque vrai qu'il puisse être, et bien qu'il nous explique beaucoup d'habitudes de grammaire et de syntaxe, et je me hâte de dire que cette critique, très-fondée, je crois, d'avoir exagéré la synthèse, ne s'applique pas, dans une égale mesure, à toutes les parties de la littérature indienne. Les épopées, sans qu'on y trouve (il s'en faut de beaucoup) ce mouvement vif et rapide des propositions et des phrases qui distingue la manière d'Homère et de Virgile, joignent cependant à leur ampleur habituelle de construction et de développement certains procédés d'exposition, des cadres de pensée qui se rapprochent des façons de parler grecques et latines. Mais, à tout prendre, les poëtes indiens, même dans les plus beaux épisodes du Râmâyaṇa et du Mahâbhârata, sont bien loin de tirer parti, comme font les deux langues classiques, des ressources analytiques d'expression, et surtout de construction, que possède pourtant aussi l'idiome :

ils ne tempèrent point, je l'ai dit ailleurs, la synthèse par l'analyse. Ce n'est point que les moyens leur manquent : ils ne veulent point, ne savent point en user.

Dans les poésies lyriques, cette tendance à l'unité, ce besoin excessif de combinaison, sont quelquefois bien plus marqués encore, et si de là nous passons aux codes de lois et aux ouvrages didactiques en général, où il semble que la clarté soit particulièrement nécessaire, la recherche des formules concrètes, le désir de n'omettre aucune circonstance, d'être à la fois très-court pour aider la mémoire, très-complet pour être vrai et exact, font parfois que la synthèse est poussée à un incroyable abus. Sans parler des nombreux hémistiches, des vers entiers qui ne forment qu'un seul mot, il y a beaucoup de types de construction où les termes, quoique détachés les uns des autres, sont dans un rapport si étroit, d'accord ne serait pas assez dire, mais de cohésion à la fois logique et grammaticale, que la proposition gagne peu de chose à ce que les mots ne soient pas réunis en un seul tout, et qu'on peut la considérer comme équivalente en vérité à un mot composé. Car les rapports sont exprimés uniquement par des désinences, des signes de dérivation, sans qu'aucune conjonction, aucun mot conjonctif vienne faciliter la liaison.

Parmi les poëmes didactiques dont je parle, il ne faut pas étendre ce jugement, relatif à l'excès de la synthèse, aux codes de lois tout entiers. Manu, Yâjñavalkya ont des parties d'un style net et précis, où la combinaison des idées et des mots n'a rien d'artificiel ni d'excessif, des formules très-compréhensives, mais bien arrondies, et qui ne passent pas les bornes de la légitime concision. Nous reviendrons tout à l'heure sur la manière d'écrire des législateurs, sur les qualités de leur langage. Ici je voulais seulement dire à quel degré sont placés les ouvrages de ce genre dans cette échelle du progrès synthétique de l'idiome. De la phase la plus ancienne que nous connaissions, des Védas aux épopées, il y a un premier progrès en ce sens, qui, à ne considérer que la syntaxe extérieure, me paraît bien marqué ; du style épique au style lyrique, non plus spontané comme celui des hymnes, mais artificiel et littéraire, il y en a un autre, bien naturel, tenant, en grande partie, au genre même des écrits, et que nous voyons également dans la langue grecque, quand nous passons, par exemple, d'Homère à Pindare ou aux chœurs des tragiques grecs. Puis, on en remarque un autre encore quand on arrive de là à cette poésie, qui le plus ordinairement n'est poésie que par la forme, qui a pour but de faciliter et d'embellir par la symétrie de la mesure les enseignements de la religion et de la morale.

Cette gradation toujours croissante de la synthèse finit par aboutir à un dernier degré, qui est vraiment, ce semble, la dernière et infranchissable limite de la puissance de combinaison au moyen du discours. Je me hâte de dire, et on le comprend avant que je le dise, que ce dernier excès appartient à une manière de langage tout artificielle. L'ultrasynthétisme peut être naturel et populaire ; les idiomes de certains peuples sauvages nous en donnent la preuve; mais, dans ces idiomes, cette fusion, qu'on peut appeler confusion, tient à ce qu'ils ne savent pas décomposer, discerner les éléments de la pensée; tandis que, dans l'excès de combinaison dont je parle, c'est avec des matériaux bien distincts, des mots que la grammaire et le lexique présentent comme autant d'unités séparées, qu'on parvient à former sciemment et à dessein cette chaîne de ténèbres dont parle, dans un autre sens, le livre de la Sagesse, *catena tenebrarum*, et à enfermer la pensée dans les liens d'une longue nuit, *vinculis longæ noctis compedire*[1], où des esprits européens, habitués à la forme de la pensée moderne, ont souvent bien de la peine à porter la lumière et à trouver leur voie. J'ai dit qu'une telle manière d'écrire ne pouvait être qu'artificielle, et elle l'est en effet. C'est dans la prose philosophique et technique que nous la rencontrons. Je ne veux pas parler de l'algèbre des grammairiens, des formules de Pâṇini : il y a dans la construction de ces axiomes une grande puissance d'esprit, et la langue y montre une incroyable aptitude à la concision; mais ce n'est point là du style, c'est, comme je le disais, de l'algèbre. La forme de discours et de construction que j'ai en vue ici, je la trouve dans l'exposition et dans la dialectique des grammairiens, des interprètes. Il y a telle page, très-bien raisonnée du reste, de Kullûka Bhaṭṭa, commentateur de Manu, où, par l'absence du verbe, par la force de sens donnée aux cas, les relations hardies et très-concrètes qu'ont entre eux les termes des composés, le mot de la Sagesse que je citais tout à l'heure, *catena tenebrarum*, se trouve parfaitement applicable, du moins par rapport à nos habitudes; mais ici nos habitudes, ou, si l'on veut, cette moyenne, ce milieu entre l'analyse et la synthèse que l'on formerait en tempérant, en combinant ensemble la méthode de pensée et d'expression des idiomes littéraires anciens et modernes de l'Europe, cette moyenne est la clarté, la beauté, on pourrait dire la beauté idéale du langage humain.

Ce dernier genre d'ouvrages sanscrits dont je viens de parler, qui n'a pas de valeur littéraire et n'est précieux au fond et en soi-même que pour l'inter-

1. Voyez le *Livre de la Sagesse*, ch. XVII, v. 2 et 17.

prétation des textes, mérite notre attention dans l'histoire du langage. Ce remarquable excès de composition et de cohésion des idées et des termes est un phénomène propre à intéresser le philosophe, et, sans en exagérer l'importance, il faudrait qu'il eût sa place dans une appréciation de la syntaxe sanscrite, comme ayant élevé à leur dernière puissance certaines aptitudes de l'idiome, aptitudes excellentes en elles-mêmes, mais qui, comme toutes les aptitudes humaines, deviennent, par l'exagération, vice et faiblesse.

Dans les études qui ont pour objet la langue sanscrite, on s'est occupé fort peu jusqu'ici de ce qui concerne la syntaxe, c'est-à-dire de ce qui est relatif à la combinaison des mots, à la structure des propositions, des phrases, aux lois d'accord et de régime. Cela devait être : avant de songer à cet ensemble qu'on appelle la proposition, et à la combinaison des propositions entre elles, il fallait, d'une part, dans une langue où le lexique est si riche et les formations si régulières, où il est si facile de remonter presque toujours à la monade, à la molécule première, à la lettre, qui y garde sa vie propre, et n'est point, pour qui analyse le mot, un fragment inanimé et insignifiant; il fallait, dis-je, d'une part, commencer par bien étudier les mots, les sons, les lettres, les lois euphoniques, celles de la structure et de la flexion des mots; d'autre part, pour bien connaître et établir les procédés de la syntaxe, pour s'élever aux lois générales, il fallait distinguer les règles constantes des exceptions, séparer nettement les habitudes communes, et le génie de la langue, des licences, des caprices, des tournures propres à chaque auteur en particulier; il fallait avoir réuni, observé et comparé beaucoup de faits; il fallait attendre que le cercle se fût étendu, que l'on connût un grand nombre d'ouvrages, qu'on eût étudié la manière de beaucoup d'auteurs et reconnu en quoi ils se ressemblent, en quoi ils diffèrent les uns des autres. Aujourd'hui les textes publiés sont assez nombreux pour qu'on puisse, sans témérité, s'occuper de cette partie si riche et si féconde de la grammaire, non pas sans doute encore avec la prétention de l'épuiser, de la traiter d'une manière complète, d'établir des règles tout à fait générales; mais le moment est venu, je crois, de préparer et de coordonner les matériaux de l'édifice. Le seul moyen de faire une bonne syntaxe générale de la langue, c'est de commencer par des syntaxes partielles, d'étudier les règles de la structure et de la combinaison du langage dans tel ou tel auteur, dans tel ou tel genre de composition, dans telle ou telle époque.

Peut-être les études que j'ai faites jusqu'à présent, soit en suivant le cours de M. Eugène Burnouf, soit seul et par moi-même, me donneront-elles le moyen d'exécuter une partie de ce plan. Je me suis occupé, pendant plusieurs années, des deux principaux législateurs de l'Inde, de Manu et de Yâjñavalkya, et des deux grands commentaires qui expliquent leurs codes[1]. Les lois de Manu sont, au point de vue, non pas seulement des faits, mais aussi de la langue, un des monuments les plus considérables, les plus importants à tous égards, de la littérature sanscrite. Yâjñavalkya est après lui, entre tous les législateurs, celui qui a le plus d'autorité dans l'Inde. Sa langue, son style, sont coulés en quelque sorte dans le même moule que la langue et le style de Manu, et autant que j'en puis juger par les nombreuses citations des autres législateurs qui se rencontrent à chaque pas dans les commentateurs, ce que je dis ici de la manière d'écrire de Yâjñavalkya peut vraisemblablement s'étendre à la plupart des poëmes du même genre, à presque tout le canon des législateurs, dont nous trouvons une énumération dans le 4e et le 5e çloka de Yâjñavalkya[2]. Il paraît très-probable que l'étude des autres recueils de lois rédigés en vers n'apporterait aucune modification essentielle aux principes de syntaxe et de composition qu'on pourrait déduire du style de Manu et de Yâjñavalkya : nous en retrouverions l'application constante dans la plupart des autres codes.

Pour faire une poétique ou une rhétorique indienne, ce n'est point chez Manu, ni chez les poëtes jurisconsultes qui sont venus après lui et l'ont imité, qu'il faut aller chercher les secrets du beau langage, les ressources, les richesses, les brillants effets de style. La manière de Manu diffère autant, à certains égards, de la manière du Râmâyaṇa, du Mâhabhârata, des drames de Kâlidâsa, que les Institutes de Gaius des discours de Cicéron, ou, pour choisir une comparaison encore plus juste et mieux appropriée aux ouvrages dont je parle, autant que les parties purement gnomiques et didactiques d'Hésiode diffèrent des libres développements d'Homère ou de Sophocle. Ces codes antiques sont des monuments d'un aspect imposant et sévère, d'une gravité simple

1. J'ai même préparé, pour une très-grande partie des lois de Manu, un index consistant dans l'explication donnée par le scoliaste Kullûka Bhaṭṭa de tous les mots du texte, soit au moyen de synonymes, soit par des paraphrases, des gloses grammmaticales, etc.

2. Voyez, sur ce canon des législateurs, la notice insérée par M. Stenzler dans le Ier volume des *Études indiennes* (*Indische Studien*), p. 232 et suiv. M. Stenzler est auteur d'une bonne édition et d'une excellente traduction du texte de Yâjñavalkya. J'avais moi-même entrepris une traduction de ce code de lois et du commentaire de Vijñâneçvara. Dès 1841, elle était assez avancée pour que M. Burnouf, qui en avait lu avec attention plusieurs parties, ait cru pouvoir l'annoncer dans le *Journal asiatique*. Depuis, j'ai été empêché pendant de longues années d'achever et de publier ce travail, et je n'ai point à le regretter, puisqu'un autre a si bien accompli, dans ce qu'elle a de plus important, la tâche que je m'étais imposée.

et solennelle, où la pensée et la doctrine sont tout, où l'expression et la forme n'ont pas pour objet d'embellir et de faire valoir le fond, mais uniquement, de le présenter tel qu'il est, et dans sa simplicité toute nue, aux yeux et aux oreilles, en donnant aux lecteurs et aux auditeurs, à l'aide du rhythme, de la symétrie, de formules bien arrondies, bien précises, le moyen de mieux retenir ces leçons importantes qui doivent régler leur vie privée, et leur vie civile et publique, et discipliner, jusque dans les plus petits détails, l'âme et le corps. Pour peu qu'on réfléchisse, qu'on soit accoutumé à ces lectures substantielles, où pour bien entendre la pensée, il faut peser tous les mots, tenir compte de toutes les nuances, saisir tous les rapports, on s'habitue promptement à comprendre sans effort ces préceptes des âges primitifs, surtout ceux qui sont empruntés à ce trésor de bon sens et de sagesse humaine commun à tous les lieux et à tous les temps, et qui, en quelque endroit et dans quelque langue que nous les rencontrions, ne sont ni indiens, ni grecs, ni latins, mais universels, mais humains. Les parties les plus difficiles, et cela devait être, sont en général celles qui renferment ces prescriptions minutieuses, et scrupuleusement détaillées, ces observances toutes locales, cette liturgie, ces cérémonies de tout genre, où toutes les syllabes, tous les gestes, tous les instruments, tous les ingrédients, sont si rigoureusement notés et décrits. Dans ces sortes de règles, le style participe naturellement de la subtilité de la loi et souffre de l'excès des détails, de l'entassement des circonstances, de l'étroite rigueur des commandements.

La langue que parlent les législateurs n'est point une langue de convention, créée et inventée par eux et pour eux. Ce n'est point uniquement, pour me servir du mot technique, une *kârikâ*, un recueil de vers mémoriaux. La comparaison avec les autres ouvrages de la littérature sanscrite nous montre que la grammaire et l'usage y sont, dans tout ce qui est essentiel et fondamental, fidèlement observés; que les lois de la syntaxe, c'est-à-dire, les règles d'accord, de régime, y sont religieusement respectées; que les particularités, les habitudes spéciales, les tournures propres soit à chacun des auteurs, soit à ce genre, à cette branche de la littérature de l'Inde, n'y sont pas de celles qui dénaturent un idiome et font d'un écrit, ou même de la manière de toute une école, quelque chose de purement artificiel et d'isolé, dont l'étude n'éclaire ni le passé ni l'avenir de la langue. Les textes des législateurs ont donc leur place, leur importance, leur autorité dans l'histoire générale de l'idiome. Je ne puis mieux comparer la langue dans laquelle ils ont écrit qu'à celle que parlaient et écrivaient, aux beaux temps de la littérature romaine, les jurisconsultes latins. Leur style sobre et nerveux est puisé aux sources vives et natives de l'idiome, les mots y ont leur sens le plus plein, le plus vrai : on reconnaît à chaque pas, dans leur manière, l'empreinte fidèle et frappante du caractère national, et pourrait-il y avoir une meilleure preuve de la pureté et du naturel de leur langage?

En prenant pour objet spécial d'une étude de syntaxe le texte de Manu ou de Yâjñavalkya, les faits qu'on aurait à observer, les conséquences que l'on en pourrait tirer, les règles que l'on établirait, formeraient, d'une part, un tout complet, un ensemble bien limité, une syntaxe de Manu ou de Yâjñavalkya, à laquelle il n'y aurait qu'un petit nombre d'additions à faire pour qu'elle devînt la syntaxe de tous les législateurs qui ont écrit en vers; de l'autre, ce seraient de précieux matériaux, des pierres d'attente faciles à mettre en œuvre, quand il s'agirait d'élever l'édifice entier de la syntaxe sanscrite. Et cet édifice, auquel, comme nous l'avons dit plus haut, on a peu travaillé jusqu'à ce jour, ne sera certes point l'une des parties les moins curieuses ni les moins importantes de la grande reconstruction grammaticale que la philologie comparative a entreprise et déjà menée si loin, depuis le commencement de ce siècle.

La preuve est amplement faite pour presque toute la famille indo-européenne, et surtout pour ses plus nobles branches, de la similitude, on pourrait dire de l'identité des éléments premiers du langage, des exposants, soit d'idées, soit de rapports, considérés à part, enfin des matériaux divers avec lesquels se construit la pensée, le discours. Dans cette partie de la grammaire comparative, qui devait être nécessairement le premier objet de ces études nouvelles, on a tout pesé, tout mesuré, tout analysé; on y a appliqué, les uns avec sagesse et avec fruit, les autres avec une témérité aventureuse, tous les procédés de l'anatomie et de la chimie microscopique. Je comprends que cette veine si riche et qui, malgré l'ardeur et le nombre des travailleurs, ne sera point épuisée de sitôt, ait d'abord attiré à elle toute l'attention : l'extraction et l'analyse de ce précieux minerai suffisait bien à employer l'activité des esprits et récompensait richement leurs efforts. Mais ces matériaux, qu'on va chercher et extraire, à des profondeurs qu'on eût crues jadis inaccessibles, n'oublions pas que, de toute antiquité, on les a mis en œuvre, et, si leur origine, leur nature élémentaire, leur analyse sont faites pour exciter l'intérêt, leur emploi et leur combinaison, pour former des monuments, soit privés, soit publics, beaux et majestueux, ou simplement utiles : tout cela est bien propre aussi, au point de vue de l'art et de l'esthétique, et puisqu'il s'agit d'édifices construits avec des pensées, au point de vue de la psychologie, tout cela n'est pas moins propre, dis-je, à captiver et l'artiste et le philosophe.

L'évidente ressemblance des éléments du langage prouve, on en convient, d'une manière irréfutable, que les divers idiomes qui ont entre eux ces liens de parenté ont une commune origine, qu'ils dérivent tous d'une même langue, sans qu'il soit aussi facile de décider si cette langue est l'une d'elles, ou, ce qui paraît plus vraisemblable, une mère antérieure à toutes et aujourd'hui inconnue, dont il ne reste d'autre trace dans le monde que les traits de ressemblance que nous remarquons dans ses enfants, et avec lesquels nous pourrions en quelque sorte reconstruire son antique physionomie. Mais la ressemblance ne se borne pas aux racines et aux radicaux, aux désinences, aux moyens de flexion, de formation, de dérivation : elle s'étend à la syntaxe, à la structure et à la composition de la pensée. Et cette seconde ressemblance, ces rapports que nous remarquons dans la mise en œuvre et la combinaison des mots, sont, à mon sens, un fait tout aussi riche en conséquences, une preuve tout aussi concluante de la parenté originelle, non pas seulement des langues, mais des races qui les parlent.

Par des causes diverses, par suite de l'invasion, de l'émigration, de la conquête, une tribu, un peuple, l'histoire nous le montre, peuvent à la rigueur désapprendre leur idiome, remplacer peu à peu leur vocabulaire par celui des vainqueurs, quelquefois même par celui des vaincus, lorsque ceux-ci, par la civilisation et la supériorité de l'intelligence, subjuguent ceux qui les ont soumis par les armes; mais, à la dispensation et à l'économie de ce trésor qu'ils empruntent et s'approprient, ils appliqueront leurs facultés propres et natives; ils sauront, autant que l'exigera la tournure de leur esprit, le degré de leur civilisation, et autant que le permettront la nature et la forme des termes qu'ils emploient désormais, modifier le cadre nouveau qui s'offre à leur pensée, les types et les règles de construction employés par ceux dont ils adoptent le dictionnaire. Les rapports et les différences de la syntaxe sont pour l'histoire et la philosophie du langage le sujet d'étude le plus intéressant. Dans les langues qu'on est convenu d'appeler synthétiques, les mots pris à part et considérés isolément ont déjà leur vie propre; dans tous les idiomes qui ont encore conscience de la valeur des lettres, des molécules premières, aucun élément du langage n'est inanimé, tout est organisé, la séve circule partout, anime tout; mais il n'en est pas moins vrai que c'est surtout par leur réciproque influence, que c'est surtout quand ils sont combinés, que les mots prennent toute la vie dont ils sont capables. Quant aux langues usées et mutilées par l'analyse, dénaturées et comme pétrifiées par l'inertie toujours croissante et le défaut de jeu des organes propres à chaque mot, c'est-à-dire des désinences de la flexion, et des formatives de tout genre, il va sans dire que ces sortes de langues n'ont plus d'autre vie que celle qui résulte de la combinaison ou plutôt du rapprochement, de la mise en rapport des parties du discours. Inanimées quand elles sont prises à part et détachées, ces parties se vivifient mutuellement, elles se raniment dès qu'elles entrent en contact. Pour les idiomes ainsi constitués ou plutôt parvenus à cet état, la syntaxe extérieure est tout en quelque sorte: c'est leur seul organisme.

Pour classer soit les langues d'une famille, soit même toutes les langues et les distinguer par leurs caractères propres et vraiment distinctifs, le moyen le plus sûr et le plus philosophique, ce serait de chercher quelle est dans chacune d'elles l'unité première. Ici, je le répète, la vie circule d'une manière si sensible dans tous les canaux, dans tous les tissus, que la lettre même est encore vivante, et que, par une analyse qui n'a rien d'artificiel, on remonte tout naturellement jusqu'à elle. Ailleurs, la décomposition s'arrêtera à la racine; ailleurs, au radical d'une part, c'est-à-dire à la racine individualisée, s'il m'est permis de parler ainsi, et appropriée à un seul mot, et d'autre part aux désinences, aux suffixes, aux préfixes; ailleurs encore, ce sera le mot lui-même, le mot tout formé qui sera la limite de la décomposition et l'unité première. Enfin, dans d'autres idiomes qui ont poussé l'analyse à l'excès, l'unité première sera bien plus complexe encore; ce sera la proposition, parfois même la phrase : les mots n'y seront plus des entiers, mais des fractions. Il y a deux sortes de polysynthétisme : l'un est le résultat d'un excès d'analyse, l'autre d'un excès de synthèse. Pour un grand nombre de dialectes de l'Amérique, comme pour les langues monosyllabiques à mots invariables, la véritable unité significative, dans le discours suivi, est la proposition. La seule différence, c'est que, dans le langage de l'Américain, il y a adhérence et cohésion des parties ou fragments; dans les langues usées par l'analyse, il y a juxtaposition; mais, des deux côtés, ce sont des fragments, qui n'ont pas de vie réelle par eux-mêmes et ne s'animent que par la réunion et par une sorte de mutuelle et sympathique influence.

C'est entre ces deux extrêmes, si semblables à certains égards, et à d'autres si différents, que se placent, ce me semble, la jeunesse et la virilité des langues, l'âge de leur force et de leur beauté. Ce n'est point, comme je l'ai dit ailleurs, dans la prédominance soit de la synthèse, soit de l'analyse, c'est dans leur équilibre, que consiste, si je ne me trompe, la perfection du langage humain, je ne veux pas dire sa plus grande utilité pratique, mais sa plus grande beauté, sa plus grande perfection au point de vue de l'art. Ici, comme dans la plupart des choses qui sont faites pour être à la fois belles et utiles, pour plaire et servir, il y a un certain degré, je dirais volontiers un certain excès d'utilité, qui ne s'achète qu'aux dépens de la beauté.

Mais ce n'est pas le lieu de développer ces idées. Je n'y ai touché que pour montrer quelle grande place peut avoir un jour, dans la grammaire comparative, l'étude à la fois historique et philosophique des différences et des rapports de la syntaxe, et pour laisser entrevoir quelles conséquences s'en pourront déduire pour la psychologie, et pour la partie la plus noble, la plus instructive de l'histoire, la seule qui porte la vie, l'unité, la lumière dans les annales de l'humanité, et en rend l'étude vraiment morale et salutaire, je veux dire l'histoire même de l'esprit et du cœur de l'homme. Il y a un écrivain éminent qui, s'il eût été conservé plus longtemps à la science, semblait réunir à un très-haut degré les qualités les plus propres à diriger, à féconder et à élever cette étude : je veux parler de M. Guillaume de Humboldt, qui à l'étendue du savoir joignait une si grande étendue d'esprit, qui était à la fois si apte à analyser et à embrasser, à décomposer et à coordonner, chez qui enfin l'érudition et l'esprit allaient si bien de compagnie et d'accord. Son beau livre des différences (et des rapports) de la structure du langage humain [1] nous montre avec quelle hauteur de vues et quelle ingénieuse élégance, il aurait pu, s'il eût voulu l'entreprendre, après que toutes les recherches partielles, tous les travaux préparatoires auraient été faits, construire une grande et générale syntaxe de toute la famille indo-européenne, qui aurait éclairé d'une lumière nouvelle la grammaire, la psychologie, l'esthétique.

Quel magnifique et durable ouvrage eût su nous faire aussi, avec un tel sujet, le savant, le critique de génie [2], dont la mort a laissé un si grand vide dans la science ! M. Eugène Burnouf, mon illustre maître et mon ami, possédait les aptitudes diverses, et en apparence inconciliables, qu'il faudrait appor-

1. *Ueber die Verschiedenheit des menschlichen Sprachbaues und ihren Einfluss auf die geistige Entwickelung des Menschengeschlechts.* Berlin, 1836.

2. C'est un mot qu'on a déjà répété bien souvent, mais que je suis heureux d'écrire ici à mon tour, dans cette première occasion qui s'offre à moi. La juste et universelle autorité de l'homme éminent qui l'a prononcé en relève singulièrement et le sens et le prix, et il ne faut pas oublier, ce qui fait honneur à la fois à celui qui a décerné un tel éloge et à celui qui le méritait si bien, que ce n'est point un hommage rendu sur une tombe : ce jugement qui restera, Eug. Burnouf l'entendit, il put le lire et voir que tous y applaudissaient, car il n'y eut que sa modestie qui en contesta la vérité.

ter à la construction d'un tel monument, pour qu'il fût un chef-d'œuvre et un modèle : la patience et la promptitude de l'esprit, l'exactitude et les vastes conceptions, l'attention aux moindres détails et la vue large et libre de l'ensemble. Que n'est-il donné à ces esprits d'élite d'étendre leur activité à tout ce qu'ils paraissent seuls capables de bien faire ! J'aurais été heureux, et bien d'autres avec moi, de travailler, sous sa direction, à cette analyse historique et philosophique de la pensée et du langage humain, d'être un des ouvriers d'un tel architecte, de tailler çà et là quelques pierres, pendant qu'il eût lui-même ordonné l'ensemble de l'édifice. Il savait quels étaient mes projets, il connaissait les matériaux que j'avais déjà rassemblés, il m'encourageait, m'aidait de ses avis. Soutenu par un tel appui, on sentait doubler ses forces, aucun obstacle n'effrayait. Mais s'il n'est plus là pour nous aider par l'exemple et par le conseil, nous lui devons, nous tous qui avons eu le bonheur d'être ses élèves, de montrer que ses leçons n'ont pas été perdues. Nous irons moins vite et moins loin que s'il nous guidait encore, mais avançons du moins, chacun selon notre force, dans la voie qu'il nous avait ouverte.

Parmi les diverses branches de la grammaire comparative, celle qu'on a le moins cultivée jusqu'à ce jour est, comme je l'ai dit, la syntaxe. C'est une bien vaste étude, et ce serait certainement une ambition présomptueuse de vouloir l'embrasser tout entière. M. Eugène Burnouf m'avait exhorté à diriger mes recherches de ce côté : je continuerai à suivre son conseil et à recueillir les faits et les observations de tout genre de la réunion desquels se déduisent les lois si intéressantes et si fécondes de la combinaison des idées et des mots.

L'étude sur l'idiome des Védas et les origines de la langue sanscrite que je fais paraître aujourd'hui, est la première partie d'une appréciation de cette phase antique et populaire de langage, dont l'examen est une préparation, une introduction nécessaire à toute étude qui concerne la langue sanscrite. Il n'est pas possible de parler de la syntaxe soit des épopées, soit des codes, soit des drames, ni de l'histoire de l'idiome, à quelque point de vue, à quelque moment qu'on veuille l'examiner, sans considérer d'abord la langue des hymnes, sans montrer au moins quels sont les principaux caractères de cette source féconde [1], pour voir ensuite en quoi le sanscrit

1. M. Lassen, dans la préface de son *Anthologie sanscrite*, caractérise la langue des Védas avec une justesse et une précision parfaites, et montre quel intérêt peuvent offrir, non pas seulement pour l'histoire, la religion et au point de vue littéraire, mais encore pour la langue même, ces monuments d'un âge patriarcal : « Haud scio an nulla exstent Indicæ linguæ monumenta digniora, in quibus cura

a été fidèle à son origine et au génie primitif de l'idiome, en quoi l'on peut dire, ce me semble, qu'il s'en est écarté. En jetant ainsi un premier coup d'œil sur ce recueil de chants sacrés, qui est un des plus anciens monuments de l'histoire de l'humanité, pour en étudier la langue et reconnaître quelle était la nature, quelles étaient les aptitudes dominantes de cet antique instrument de la pensée, j'ai signalé quelques-uns des aspects qui m'ont frappé tout d'abord; mais il en est beaucoup d'autres que j'ai omis. En pareille matière, il est permis de dire sa première impression, pourvu qu'on n'avance rien qui ne soit appuyé sur des faits, comme c'est le premier devoir de quiconque a reçu les leçons d'Eugène Burnouf. Une autre obligation pour qui veut demeurer fidèle à la tradition qu'il nous a laissée, c'est de faire de la langue même, de son étude grammaticale, la base de toutes les autres études relatives à l'Inde. Mon essai, sinon à d'autres égards, du moins pour cette tendance, aurait eu peut-être quelque droit à ses encouragements.

nostra versetur, tum propter luculenta, quæ in iis continentur, priscæ vitæ ac primævæ religionis vestigia, tum propter sermonis genus simplex illud atque arte omni destitutum, sed nativa quadam jucunditate perfusum, ideis primævorum hominum totum refertum ac prodiga quasi formarum ubertate varios nascentis linguæ nisus exhibens. » (*Præf.* p. XII.)

ÉTUDE

SUR

L'IDIOME DES VÉDAS

ET LES ORIGINES

DE LA LANGUE SANSCRITE.

Il y a fort peu de temps qu'on s'occupe sérieusement en Europe de l'étude des Védas; mais on était si bien préparé à cette étude, et les esprits qui s'y sont livrés avec le plus de suite et d'ardeur étaient doués de qualités si éminentes, que les progrès ont été très-rapides. Un grand nombre de publications, soit de textes et de commentaires, soit d'ouvrages auxiliaires et accesssoires, relatifs à cette première époque de la langue de l'Inde, ont ouvert une large voie, non pas seulement à la philologie et à la grammaire, mais aussi à l'histoire de la civilisation, à la philosophie, à l'étude des religions de l'antiquité. La mine est désormais accessible : de longtemps elle ne sera ni épuisée ni exploitée tout entière; beaucoup de riches veines n'ont pas encore été aperçues, et, bien que les premiers qui y sont descendus aient un droit tout particulier à l'honneur qui s'attache à cette sorte de révélation d'un monde tout nouveau, car nulle part on ne peut appliquer plus justement le proverbe : ἀρχὴ ἥμισυ παντός, toutefois il restera longtemps encore, je ne dis pas à glaner, après eux, çà et là, quelques découvertes microscopiques, mais à frayer de tous côtés, dans les directions les plus variées, des routes nouvelles, dont chacune pourra conduire aux horizons les plus vastes et souvent les plus inattendus. Tout est intéressant et curieux dans ce récent domaine, dans cette forêt vierge, comme on l'a souvent nommée, de l'antique Orient; mais il est une étude qui doit précéder toutes les autres. Il faut avant tout que la lumière se fasse, que les ténèbres se dissipent, et ici, la lumière, c'est l'intelligence de l'idiome. Il faut que les premiers pionniers soient les grammairiens et les philologues.

Dans cette étude philologique, s'il y a encore des tâtonnements inévitables, il y a aussi des méthodes de recherche, d'observation et d'analyse, si sages, j'allais dire si infaillibles, qu'on peut être bien sûr, quand on les applique avec rigueur, de ne pas s'égarer et d'arriver au but, pour peu qu'on distingue toujours, avec bon sens et conscience, les conjectures des certitudes, et qu'on ne prenne pas pour prémisses des apparences ou des suppositions gratuites. L'étude du sanscrit a eu un avantage inappréciable, qui en explique, je crois, plus que toute autre chose, les rapides progrès. Cette lumière venue de l'Orient a commencé à poindre dans un temps où l'on peut dire que la science avait les yeux bien ouverts pour la voir. Lorsque, à la renaissance, l'Europe savante entreprit l'étude critique, grammaticale, lexicographique des langues grecque et romaine, elle trouvait sans doute déjà de grands secours : on a trop médit des grammairiens de l'antiquité et du moyen âge; mais enfin il restait beaucoup, immensément à faire, il fallait créer des méthodes d'investigation, bien appropriées à l'esprit moderne. Les bonnes méthodes, non-seulement abrégent la route, mais garantissent le résultat : ce sont, comme Rabelais l'a dit quelque part, « ces chemins animaux » et vivants qui vous portent où l'on veut aller. Ces chemins existaient, quand les indianistes se sont mis à l'œuvre, et la plupart de ceux-ci, avant de commencer leurs investigations dans cette direction nouvelle, avaient fait leur apprentissage dans la philologie grecque et latine. Armés des sûrs instruments, des bons outils que d'autres, avant eux, avaient forgés, et qu'ils ont employés à un travail nouveau, rien ne pouvait leur résister. Il en est de ces défrichements comme de ceux que continuent au delà des mers les Anglo-Américains et les nombreux auxiliaires que leur envoie le vieux monde. En une semaine, comme dit énergiquement le peuple, ils abattent aujourd'hui plus de besogne, avec les puissants moyens que leur donne le progrès de la science et de la civilisation, que n'en pouvaient faire jadis leurs pères, plus courageux peut-être, dans des années entières. La première condition pour réussir dans l'étude des langues savantes de l'Orient, et surtout de la langue sanscrite, c'est d'avoir pour point de départ une bonne et solide base de connaissances philologiques grecques et latines. Je dis de la langue sanscrite surtout, parce qu'elle est sœur des idiomes classiques, aussi-bien par sa grammaire que par son lexique, par les racines, les éléments significatifs qu'elle met en œuvre, que par les procédés de formation et de combinaison à l'aide desquels elle en fait des mots.

Une autre cause de la rapidité des progrès, c'est que l'Inde elle-même nous présente de bons guides dans ses grammairiens et ses commentateurs. Avec la belle et bonne édition de Pâṇini, aussi savante que méthodique, publiée par M. Otto Böhtlingk, avec la riche grammaire de M. Th. Benfey, où les sages et fortes qualités de l'esprit européen s'allient si heureusement, comme je l'ai dit ailleurs, à la sagacité subtile des Indiens; de M. Benfey, qui, dans son édition du *Sâma-Véda*, nous offre un excellent modèle et un guide si sûr; avec les glossaires védiques édités par M. Roth, qui a rendu, lui aussi, et de diverses façons, de très-grands services à cette étude nouvelle; avec le commentaire du *Rig-Véda*, que nous donne M. Max Müller; avec le *Yajur-Véda blanc*, également accompagné des scolies, que publie M. Weber, etc., etc.[1], on peut, dès à présent, sans témérité, essayer de trouver son chemin à travers les difficultés de la langue et des idées. Il y aura sans doute beaucoup à travailler pour faire, quant à l'interprétation des mots et des tournures, la part du vrai et du faux dans les explications que nous donnent les commentateurs indiens; mais c'est un immense secours de trouver dans leurs scolies, d'une part, la traduction qu'on pourrait appeler, à certains égards, orthodoxe et nationale, de ces hymnes antiques, et de l'autre la solution d'un grand nombre de difficultés grammaticales. On ira plus loin qu'eux, et souvent ailleurs, mais ce sera parce qu'on les aura trouvés pour conducteurs, à l'entrée de la carrière. Aussi la première chose à faire, quand on veut entreprendre l'étude de l'idiome védique, une étude approfondie et sérieuse, c'est-à-dire, qui s'appuie sur la grammaire, sur l'analyse grammaticale des textes, c'est de commencer par se familiariser avec la langue des grammairiens et des commentateurs. Sans ce travail préliminaire, on pourra deviner çà et là, jamais on ne comprendra à coup sûr.

1. Je n'ai nullement l'intention d'énumérer ici, ni surtout de classer les divers travaux de ce qu'on pourrait appeler la nouvelle école védique. J'ai voulu indiquer seulement une partie des secours que la philologie européenne a empruntés à l'Inde. Ce n'est pas non plus le lieu de rappeler ici, ce que tout le monde sait, que les leçons et les livres des maîtres éminents qui formaient ce qu'on peut appeler la génération précédente des philologues indianistes, et dont un trop petit nombre, hélas! sont encore à la tête de l'école et par leur expérience et par leur profond savoir et par les qualités distinguées de leur esprit, que leur enseignement, dis-je, ou écrit ou oral, a ouvert la carrière à ceux qui aujourd'hui les secondent, ou les remplacent, en se frayant des voies nouvelles.

Enfin un autre secours, qui rend cette étude à la fois plus facile et plus intéressante, ce sont les travaux qu'on a publiés aussi dans ces dernières années sur l'histoire des Indiens, les divers degrés de leur civilisation et les transformations successives de leur état social. Il me suffira de nommer ici les *Antiquités indiennes*, de M. Lassen[1]; les dissertations *Zur Litteratur und Geschichte des Weda*, de M. Roth; les *Leçons sur l'histoire littéraire de l'Inde*, de M. Weber, du savant éditeur du *Yajur-Véda blanc*. Grâce à ces recherches si bien faites, si bien coordonnées, on peut au moins dater relativement les monuments, et se rendre compte des influences que les phases sociales, les grands événements, les mœurs, l'état des esprits, l'organisation politique, ont exercées sur la langue et sur les écrits. De cette façon, le point de vue s'élève, et les questions philologiques et grammaticales participent de l'importance et de l'intérêt des questions d'histoire et de philosophie.

Qu'on veuille bien me pardonner la longueur de ces réflexions préliminaires. Il n'était peut-être pas hors de propos de montrer comment il se fait que l'on puisse dès à présent apprécier, comme je voudrais essayer de le faire, les caractères dominants et distinctifs de la langue des Védas, bien qu'il y ait si peu de temps que l'on s'applique à cette étude en Europe, au moins d'une manière étendue et suivie.

Pour étudier un idiome, une époque d'un idiome, il y a deux choses à considérer, son lexique et sa syntaxe. Par le lexique, j'entends particulièrement les éléments significatifs dont les mots se composent, et que je divise, avec M. Bopp et plusieurs autres grammairiens d'un grand mérite, en racines nominales et verbales d'une part, et pronominales de l'autre. Les premières expriment surtout les idées : ce sont les racines qui forment les noms substantifs et adjectifs, les verbes, et, parmi les termes invariables, ceux qui se tirent de ces deux espèces de mots. Les secondes servent principalement à exposer les relations et comprennent, outre les pronoms qui leur donnent leur nom, les particules primitives qui marquent les rapports à l'espace

1. M. Lassen, l'ami, le compagnon d'étude d'Eugène Burnouf, est un de ces savants du premier ordre qui, tout en se créant une spécialité où ils se renferment sévèrement, savent agrandir leur cercle et y montrer les aptitudes les plus diverses. Quelque partie qu'on choisisse dans le vaste domaine des lettres indiennes, on trouve partout la trace et la direction de l'illustre professeur de Bonn. Partout il joint à la plus vaste érudition, la sagacité la plus sûre et le goût le plus fin. Dans son *Anthologie* il a inséré quelques hymnes du Rig-Véda : les notes dont il les accompagne sont encore aujourd'hui fort bonnes à étudier; il y devine plus d'une fois par avance ce que les travaux postérieurs sont venus confirmer.

ou au temps, et celles qui ont pour rôle d'accentuer le discours, de nuancer l'affirmation, et d'être comme des auxiliaires des modes. C'est aussi à cette seconde classe de racines, si délicates, si difficiles parfois à analyser, à ramener à leur origine, et dont se dérivent toutes ces petites articulations du discours, tous ces mots si primitifs, auxquels on peut appliquer, à juste titre, un nom que M. Bopp donne à certaines formes surannées, celui de patriarches de la langue; c'est à ces éléments, dis-je, à la fois antiques et mystérieux, qu'on rapporte, en partie avec certitude, et en partie avec vraisemblance, l'origine des désinences de la flexion[1], des lettres et syllabes formatives, des suffixes et affixes de la dérivation. Quant à la syntaxe, elle est aussi de deux sortes : la syntaxe intérieure et extérieure[2]; l'une forme les mots, l'autre, sans les unir et les laissant détachés les uns des autres, les combine entre eux et en compose les propositions et les phrases.

Pour ne rien dire qui ne soit appuyé sur les faits (car, sur un sujet aussi neuf et à beaucoup d'égards délicat et difficile, je ne veux rien avancer au hasard), je vais commencer par donner ici deux hymnes du Rig-Véda, que je prends sans beaucoup de choix, car presque tous sont, quant à la langue, bien caractéristiques, et l'on verra combien de faits intéressants sont contenus dans ces deux spécimens. Il va sans dire que, pour montrer que mes remarques et les conséquences que j'en tire ne portent pas sur des

1. Les désinences et les autres additions ou insertions formatives n'ont d'autre objet que de changer la valeur abstraite des racines en une valeur relative. Leur objet est, par conséquent, de mettre les idées en relation, d'une part avec les personnes ou les choses, de l'autre avec l'espace et le temps. Comme l'essence même du pronom est de marquer ces sortes de rapports, il est naturel qu'on y ait recours pour ôter aux éléments radicaux leur caractère absolu. Ainsi rien de plus logique que cette théorie. En outre, les faits viennent la confirmer. Il est impossible de n'être pas frappé, par exemple, de la ressemblance qu'ont les terminaisons personnelles des verbes (μι, σι, τι) avec les pronoms des trois personnes. Pour la déclinaison des noms, la preuve paraît plus difficile à faire, et si je voulais insister, je me laisserais aisément entraîner trop loin. Qu'on me permette cependant de dire un mot d'un archaïsme védique, qui est peut-être digne de quelque attention. La combinaison *vedyasyâm* (voy. *Rig-Véda*, II, 1, 3, 4) se décompose ainsi *vedî asyâm* (*asyâm* est le locatif féminin singulier du pronom *ayam*, *iyam*, *idam*, « hic, hæc, hoc ; » *vedî* désigne la place des vases de l'oblation). Le locatif serait régulièrement *vedyâm* ; *vedî* est une forme archaïque de ce cas ; cette forme est identique avec celle du nominatif, qui est également *vedî* (ou *vediḥ*). Par suite de cette identité, c'est donc, en quelque sorte, le pronom seul qui exprime ici la relation locative, et qui est comme le cas du nom et lui sert en même temps de suffixe démonstratif. Cette langue antique des hymnes, toute populaire encore, où l'instinct, par conséquent, joue un si grand rôle, nous donnera le mot de bien des énigmes, et il serait téméraire de trancher, avant qu'on l'ait bien étudiée, aucune des délicates questions de l'origine, de la formation, et de la nature du langage.

2. Voyez, sur les deux espèces de syntaxe et sur les particules dont je parlais plus haut, qui ont pour rôle de nuancer l'affirmation, l'Introduction de mon *Traité de la formation des mots dans la langue grecque*.

exceptions ou des ἅπαξ λεγόμενα, aux exemples que me fournira ce morceau, j'en ajouterai d'autres que j'ai tirés moi-même d'autres hymnes ou empruntés aux travaux divers dont les Védas ont été l'objet jusqu'ici.

Je joins au texte des hymnes celui du commentaire de Sâyaṇa Âtchârya, que je suivrai, dans son interprétation, partout où il me semblera que la logique et la grammaire le permettent; toutes les fois que j'adopterai un autre avis que le sien, j'en donnerai les raisons. Je traduirai et discuterai ce commentaire à la suite du texte védique, pour deux raisons : d'abord pour bien établir le sens, parce que, dans une matière souvent aussi obscure, il faut toujours savoir d'abord l'avis des Indiens eux-mêmes; puis, parce que ces scolies nous donneront l'occasion de faire connaissance avec quelques-unes des habitudes les plus ordinaires d'interprétation des glossateurs. Tous ceux qui ont eu le bonheur de suivre le cours de M. Eugène Burnouf savent quelle importance il attachait à l'explication des commentaires. Le meilleur moyen, selon lui, d'assurer et de hâter les progrès et de se rompre aux difficultés de la langue, c'était de se familiariser de bonne heure avec la méthode et le style des grammairiens, style souvent très-abstrait et où les procédés d'expression synthétique sont poussés fréquemment à l'excès[1].

Quant aux hymnes, j'en donnerai une traduction toute nouvelle. On ne s'étonnera pas de trouver de notables différences, non-seulement de ton et de style, mais aussi de sens, entre cette traduction et celle de M. Langlois. Dans les études philologiques, comme au reste dans toutes les sciences, le respect et la reconnaissance pour ceux qui ont précédé se concilient très-bien avec l'indépendance de ceux qui viennent après.

1. Dans ses ouvrages, M. Eug. Burnouf ne laisse non plus échapper aucune occasion de citer, de traduire Pâṇini. Une grande partie des philologues allemands ont voulu, comme lui, recourir aux sources pour apprendre la grammaire, et c'est à cela bien certainement, à cette base solide qu'ils ont ainsi donnée à leur érudition, que sont dus en partie les progrès remarquables que l'étude du sanscrit a faits dans ces dernières années. Nous parlerons longuement, dans la suite de ces études, de la langue didactique, et en particulier de celle des scoliastes et des grammairiens. Elle est très-intéressante à connaître, non pas seulement comme un secours pour comprendre les textes commentés, mais encore en elle-même, et au point de vue de la philosophie du langage. Jamais on n'a abusé autant que le font ces prosateurs techniques, des combinaisons de mots et d'idées, que facilite outre mesure, dans la langue sanscrite, la richesse des procédés de composition et de dérivation. — Voyez aussi dans la Préface du deuxième volume du Bhâgavata Purâṇa, p. IV et suiv., l'importance que M. Eug. Burnouf attachait à la tradition locale.

HYMNE AU CIEL ET A LA TERRE.

कतरा पूर्वेत्येकादशर्चं षष्ठं सूक्तमागस्त्यं त्रैष्टुभं द्यावापृथिवीयं

॥ तत्र प्रथमा ॥

कतरा पूर्वा कतरापरायोः कथा जाते कवयः को वि वेद ।
विश्वं त्मना बिभृतो यद्ध नाम वि वर्तेते अहनी चक्रियेव ॥ १ ॥
कतरा । पूर्वा । कतरा । अपरा । अयोः । कथा । जाते इति । कवयः । कः । वि । वेद ।
विश्वं । त्मना । बिभृतः । यत् । ह । नाम । वि । वर्तेते इति । अहनी इति । चक्रियाऽइव ॥ १ ॥

अयोरेनयोर्द्यावापृथिव्योर्मध्ये कतरा पूर्वा । पूर्वमुत्पन्ना । कतरा वापरा । पश्चाद्भाविनी । एवं पौर्वापर्यप्रश्नः । उभयोरविनाभावेन सदैव वर्तमानत्वादिति भावः । तथा कथा केन हेतुना जाते । किमनयोरुत्पादनमित्यर्थः । हे कवयः क्रांतदर्शिनोऽतींद्रियज्ञा यूयं वदत को वि वेद । पौर्वापर्यं कारणं च विशेषेण विविच्य वा जानाति । न केनापि ज्ञायत इत्यर्थः । अज्ञाने कारणमाह । यद्ध यस्मात्खलु हेतोर्नाम प्रसिद्धं विश्वं कृत्स्नमपि जगदविशेषेण त्मना आत्मनैव अन्यनैरपेक्ष्येणैव बिभृतः । धारयतः । यद्वा यद्ध नाम यत्किंचित्पदार्थजातमस्ति विश्वं तत्सर्वमात्मना बिभृतः । अनेन यत्कारणं ब्रूमस्तदप्याभ्यामेव ध्रियत इति कारणाभावः प्रतिपादितः । उत्तरेण पौर्वापर्याभाव उच्यते । अहनी एते द्यावापृथिव्यौ चक्रियेव चक्रयुक्ते इव विवर्तेते । अत्र कतरा पूर्वा कतरापरैनयोरित्यादि निरुक्तं द्रष्टव्यं । नि० ३. २२. ॥

॥ अथ द्वितीया ॥

भूरिं द्वे अचरंती चरंतं पद्वंतं गर्भमपदी दधाते ।
नित्यं न सूनुं पित्रोरुपस्थे द्यावा रक्षतं पृथिवी नो अभ्वात् ॥ २ ॥
भूरिं । द्वे इति । अचरंती इति । चरंतं । पत्ऽवंतं । गर्भं । अपदी इति । दधाते इति ।
नित्यं । न । सूनुं । पित्रोः । उपऽस्थे । द्यावा । रक्षतं । पृथिवी इति । नः । अभ्वात् ॥ २ ॥

अचरंती अविचले द्वे एवैते द्यावापृथिव्यौ भूरिं बहुतरं चरंतं पद्वंतं पादयुक्तं गर्भं गर्भवदाश्रितं कृत्स्नं प्राणिजातमपदी स्वयं पादरहिते दधाते । धारयतः । अनयोर्मध्ये खलु सर्वं जगत्क्षेमेण वर्तते । धारणे दृष्टांतः । पित्रोर्मातापित्रोरुपस्थ उत्संगे वर्तमानं नित्यं ध्रुवमात्मजं सूनुं न । पुत्रमिव । यथा स्नेहेन वर्धयंतौ धारयंतौ मातापितरौ तद्वत् । अथ प्रत्यक्षेणाह । हे द्यावापृथिवी द्यावापृथिव्यौ । इतरेतरापेक्षया द्वित्वमुभयोः । नोऽस्मानभ्वात् महतो भयहेतोः पापाद्रक्षतं । पालयतं । यद्वा अभ्वात् अभ्वं महत् अत्यर्थमित्यर्थः । अभ्वेति महन्नाम । द्वंद्वे कृतद्यावादेशस्य द्यावापृथिवीशब्दस्य मध्ये रक्षतमिति पदप्रयोगश्छांदसः । आमंत्रितस्याविद्यमानत्वेन निघाताभावः ॥

॥ अथ तृतीया ॥

अनेहो दात्रमदितेरनर्वं हुवे स्वर्वदवधं नमस्वत् ।
तद्रोदसी जनयतं जरित्रे द्यावा रक्षतं पृथिवी नो अभ्वात् ॥ ३ ॥
अनेहः । दात्रं । अदितेः । अनर्वं । हुवे । स्वः ऽवत् । अवधं । नमस्वत् ।
तत् । रोदसी इति । जनयतं । जरित्रे । द्यावा । रक्षतं । पृथिवी इति । नः । अभ्वात् ॥ ३ ॥

अदितेः । एतदंतरिक्षस्याप्युपलक्षणं । अखंडनीयायाः पृथिव्यास्तादृशस्यांतरिक्षस्य च संबंधि दात्रं धनमाह्वयामि । स्पृहयामीत्यर्थः । कीदृशं तद्धनं । अनेहः । अपापं दुःखरहितं सुखात्मकं । अनर्वं । अनरणं । अक्षीणमित्यर्थः । स्वर्वत् फलभूतेन स्वर्गेण तद्वत् । अवधं । अहिंसितं । नमस्वत् । अन्नवत् । ईदृशं धनं हुवे । तदस्माभिः कांक्षितमुक्तलक्षणं धनं हे रोदसी द्यावापृथिव्यौ जरित्रे स्तोत्रे यजमानाय जनयतं । उत्पादयतं । द्यावेत्यादि व्याख्यातं ॥

॥ अथ चतुर्थी ॥

अतप्यमाने अवसावंती अनु ष्याम रोदसी देवपुत्रे।
उभे देवानामुभयेभिरह्नां द्यावा रक्षतं पृथिवी नो अभ्वात् ॥ ४ ॥
अतप्यमाने इति। अवसा। अवंती इति। अनु। स्याम। रोदसी इति। देवपुत्रे इति देवऽपुत्रे।
उभे इति। देवानां। उभयेभिः। अह्नां। द्यावा। रक्षतं। पृथिवी इति। नः। अभ्वात् ॥ ४ ॥

अवसा स्वतोऽधिकेन केनचित्कृतेनावनेन समृद्धातप्यमाने अनीश्वरे ॥ तप ऐश्वर्यकर्मण इदं रूपं ॥ अतप्यमाने अन्यैरपीड्यमाने। अवसान्नेनावंती तर्पयंत्यौ देवपुत्रे। देवा व्यवहर्तारो मनुष्याः पुत्रस्थानीया ययोस्तादृश्यौ। लोकद्वयस्था मनुष्याश्च देवाश्च तदुपजीव्यत्वात्पुत्रा इत्युच्यंते। ईदृशावुभे रोदसी द्यावापृथिव्यौ देवानामह्नां। एतद्रात्रेरप्युपलक्षणं। द्योतमानानामह्नां रात्रीणां च संबंधिभिरुभयविधैः शीतोष्णादिरूपैर्विलक्षणैर्धनैर्निमित्तभूतैः। तेषां लाभायेत्यर्थः। तदर्थं युवामनु स्याम। अनुभवेम। शिष्टो व्याख्यातः ॥

॥ अथ पंचमी ॥

संगच्छमाने युवती समंते स्वसारा जामी पित्रोरुपस्थे।
अभिजिघ्रंती भुवनस्य नाभिं द्यावा रक्षतं पृथिवी नो अभ्वात् ॥ ५ ॥
संगच्छमाने इति संऽगच्छमाने। युवती इति। समंते इति संऽअंते। स्वसारा। जामी इति।
पित्रोः। उपऽस्थे।
अभिजिघ्रंती इत्यभिऽजिघ्रंती। भुवनस्य। नाभिं। द्यावा। रक्षतं। पृथिवी इति। नः।
अभ्वात् ॥ ५ ॥

संगच्छमाने परस्परमुपकारित्वेन सह युज्यमाने। वृष्टिरविषोश्च परस्परमुपकार्योपकारक-भावः। यद्वा पूर्वं संसृष्टे एव सत्यौ पश्चाद्वियुज्य वृष्टिरविषी अकुर्वंत्यौ पश्चान्मनुष्यैः प्रार्थितैर्देवैर्विवाहिते सत्यौ संगते अभूतामित्याहुः। अयमर्थो द्यावापृथिवी सहास्तामित्यादिब्राह्मणे समाम्नातः। युवती नित्यतरुण्यौ मिश्रयंत्यौ वा सर्वेषु भावेषु। समंते समानांतिके समानपर्यंते

वा। स्वसारा परस्परं स्वसृभूते जामी बंधुभूते। प्रजापतेः सकाशात्सहोत्पन्नत्वात्परस्परं जामित्वं। तथा च निगमो दिवं च पृथिवीं चांतरिक्षमथो स्वः यतो द्यावापृथिवी निष्टतक्षुरिति। पित्रोः सर्वस्य पितृस्थानीययोः पालकयोस्तयोरुपस्थ उत्संगे स्थितं भुवनस्य भूतजातस्य नाभिं बंधकमुदकमभिजिघ्रंती अभिघ्राणं कुर्वंत्यौ स्पृशंत्यौ। समानमेतदुदकमित्यादिमंत्रवर्णादुभयोरुदकप्रदत्वं प्रसिद्धं। ईदृश्यौ नो रक्षतं॥

॥ इति द्वितीयस्य पंचमे द्वितीयो वर्गः॥

॥ अथ षष्ठी॥

उर्वी सद्मनी बृहती ऋतेन हुवे देवानामवसा जनित्री।
दधाते ये अमृतं सुप्रतीके द्यावा रक्षतं पृथिवी नो अभ्वात्॥ ६॥
उर्वी इति। सद्मनी इति। बृहती इति। ऋतेन। हुवे। देवानां। अवसा। जनित्री इति।
दधाते इति। ये इति। अमृतं। सुप्रतीके इति सुऽप्रतीके। द्यावा। रक्षतं। पृथिवी इति।
नः। अभ्वात्॥ ६॥

उर्वी विस्तीर्णे सद्मनी सदनाधारभूते बृहती महत्यौ महानुभावे देवानां। उपलक्षणमेतत्। देवमनुष्यादीनामवसा प्रीत्या निमित्तेन जनित्री वृष्टिसस्ययोर्जनित्र्यौ। वृष्ट्यादिर्देवानामवसा तर्पणेन निमित्तेन ऋतेन यज्ञेन च निमित्तभूतेन हुवे। आह्वयामि। देवानां हविरर्थमस्मद्यज्ञायेत्यर्थः। ये सुप्रतीके शोभनरूपे अमृतमुदकं दधाते। धारयतः। ते युवामाह्वयामि। शिष्टं स्पष्टं॥

॥ अथ सप्तमी॥

उर्वी पृथ्वी बहुले दूरेअंते उप ब्रुवे नमसा यज्ञे अस्मिन्।
दधाते ये सुभगे सुप्रतूर्ती द्यावा रक्षतं पृथिवी नो अभ्वात्॥ ७॥

उर्वी इति। पृथ्वी इति। बहुले इति। दूरेअंते इति दूरेऽअंते। उप। ब्रुवे। नमसा। यज्ञे। अस्मिन्।
दधाते इति। ये इति। सुभगे इति सुऽभगे। सुप्रतूर्ती इति सुऽप्रतूर्ती। द्यावा। रक्षतं।
पृथिवी इति। नः। अभ्वात्॥ ७॥

उर्वी उर्व्यौ महत्यौ पृथ्वी पृथिव्यौ बहुले अनेकप्रकारेण प्रथमाने बह्वाकारे दूरेअंते विप्रकृष्टांतदेशे। अपारे इत्यर्थः। ईदृश्यौ युवामस्मिन्यज्ञे नमसा नमःसाधनेन स्तोत्रेणोपब्रुवे। उपेत्य ब्रवीमि। स्तौमीत्यर्थः। पुनः कीदृश्यौ। ये सुभगे शोभनभाग्ये सुप्रतूर्ती सुप्रतरणे शोभनदाने दधाते विश्वं जगत् ते युवामुप ब्रुवे। स्तौमि॥

॥ अथाष्टमी॥

देवान्वा यच्चकृमा कच्चिदागः सखायं वा सदमिज्जास्पतिं वा।
इयं धीर्भूया अवयानमेषां द्यावा रक्षतं पृथिवी नो अभ्वात्॥ ८॥
देवान्। वा। यत्। चकृम। कत्। चित्। आगः। सखायं। वा। सदं। इत्। जाःऽपतिं। वा।
इयं। धीः। भूयाः। अवऽयानं। एषां। द्यावा। रक्षतं। पृथिवी इति। नः। अभ्वात्॥ ८॥

हे द्यावापृथिव्यौ वयं देवान् देवान्प्रति यत्कच्चिदागोऽपराधं तत्तद्यागकाले तेषां तेषामयागलक्षणं सदमित् सर्वदैव चकृम। कृतवंतो वयं। सखायं वा प्रियं मित्रं वा प्रति यच्चकृम। जास्पतिं। जाः पुत्र्यः। तासां पतिं जामातरं वा जायापतिं प्रति दोषारोपणकलहोत्पादनादिरूपं यत्सर्वदैव चकृम। एषामुक्तरूपाणां पापानामपगमं कर्तुमियं धीर्युष्मत्स्तुतिरूपमिदं कर्म भूयाः। भूयात् भवतु। द्यावेत्यादि गतं। अत्र सर्वत्र प्रकारांतरेण मंत्रमंतरेण रक्षतं रक्षतमिति प्रार्थनं तयोरश्विन्यादिबहुमननासंभवादुचितमेव। तस्मात्स्वस्थान एव स्थिते अनुकूले भवतमित्येवं प्रार्थ्यते॥

॥ अथ नवमी॥

उभा शंसा नर्या मामविष्टामुभे मामूती अवसा सचेतां।
भूरि चिदर्यः सुदास्तरायेषा मदंत इषयेम देवाः॥ ९॥

उभा । शंसा । नर्या । मां । अविष्टां । उभे इति । मां । ऊती इति । अवसा । सचेतां ।
भूरि । चित् । अर्यः । सुदाःऽतराय । इषा । मदंतः । इषयेम । देवाः ॥ ९ ॥

उभा शंसा द्यावापृथिव्योरुभयोर्विषयावुभावपि शंसौ नर्या नरेभ्यो हितौ ईदृश्यावुभयाश्रये स्तुती मामविष्टां । रक्षतां । यद्वा द्यावापृथिव्यभिमानिदेवयोरेव शंसशब्देनाभिधानात्पुल्लिंगता। तथोभे ऊती रक्षिके द्यावापृथिव्यौ मामवसा रक्षणेन सचेतां । यद्वा प्राणिभ्यो हितकरावुभावैहि-कामुष्मिकविषयौ शंसौ मामविष्टां । प्राप्नुतां । तथोभे अप्यूती तयोः संबंधिन्योरभिमानिदेवतयो-रवसास्मत्तर्पणेन निमित्तेन सचेतां । हे देवा द्यावापृथिव्योरंतर्भूताः सर्वेऽपि देवाः । अर्यः स्तोतारो वयं सुदास्तरायातिशयेन शोभनदातृत्वायेषान्नेन सोमलक्षणेन मदंतो मादयंतः संतो भूरि चित् चित् पूजायां । अभिपूजितं धनमिषयेम । इच्छेम । यद्वा अर्य इति षष्ठ्या रूपं । ईश्वराद्राजादेरपि सुदास्तरायेत्यर्थः । शिष्टं समानं ॥

ऋतं दिव इति द्वे द्यावापृथिवीये पशौ पुरोडाशहविषोरनुवाक्ये। अग्नीषोमाविति खंडे सूत्रितं। ऋतं दिवे तदवोचं पृथिव्या इति द्वे । आ० ३. ८. । इति ॥

॥ अथ दशमी ॥

ऋतं दिवे तदवोचं पृथिव्या अभिश्रावाय प्रथमं सुमेधाः ।
पातामवद्याद्दुरितादभीके पिता माता च रक्षतामवोभिः ॥ १० ॥
ऋतं । दिवे । तत् । अवोचं । पृथिव्यै । अभिऽश्रावाय । प्रथमं । सुऽमेधाः ।
पातां । अवद्यात् । दुःऽइतात् । अभीके । पिता । माता । च । रक्षतां । अवःऽभिः ॥ १० ॥

सुमेधाः शोभनप्रज्ञोऽहं दिवे द्युदेवतायै पृथिव्यै पृथिवीदेवतायै तत्तत्प्रीतिकरमृतं स्तोत्रं प्रथमं । मुख्यनामैतत् । प्रतमं प्रकृष्टतममवोचं । ब्रवीमि । किमर्थं । अभिश्रावाय । अभितः सर्वतः श्रवणाय । किंच पिता पालको द्युलोको माता सस्यादेर्निर्मात्री पृथिवी चोभे अवद्यान्निंदि-ताद्दुःखप्रापकादंहसः सकाशात्पातां । रक्षतां । तथाभीके । अंतिकनामैतत् । समीप एवावोभिरभि-मततर्पनै रक्षतां । पालयतां ॥

॥ अथैकादशी ॥

इदं द्यावापृथिवी सत्यमस्तु पितर्मातर्यदिहोपब्रुवे वां ।
भूतं देवानामवमे अवोभिर्विद्यामेषं वृजनं जीरदानुं ॥ ११ ॥

इदं । द्यावापृथिवी इति । सत्यं । अस्तु । पितः । मातः । यत् । इह । उपऽब्रुवे । वां ।
भूतं । देवानां । अवमे इति । अवःऽभिः । विद्याम । इषं । वृजनं । जीरऽदानुं ॥ ११ ॥

हे द्यावापृथिवी द्यावापृथिव्यौ इदमस्माभिः क्रियमाणं स्तोत्रं सत्यमस्तु । अवितथं भवतु । फलवद्भवत्वित्यर्थः । इदमित्युक्तं किं तदित्याह । हे पितर्द्यौः हे मातः पृथिवि वां युवां प्रतीह्यास्मिन्यज्ञे यत्स्तोत्रमुपब्रुवे । उपेत्य ब्रवीमि तत्सत्यमस्तु । देवानां स्तोतृणामस्माकमवमे । अंतिकनामैतत् । नित्यसंनिहिते युवामवोभिस्तर्पणैर्युक्ते भूतं । भवतं । अवशिष्टं गतं ॥

॥ इति द्वितीयस्य पंचमे तृतीयो वर्गः ॥

HYMNE AU CIEL ET A LA TERRE[1].

(*Ekâdaçarcam̃ shashṭham̃ sûktam âgastyam̃ trâishṭubham̃ dyâvâprĭthivîyam*).

TRANSCRIPTION EN LETTRES LATINES.

1. *Katarâ pûrvâ katarâ aparâ ayoḥ kathâ jâte kavayaḥ kaḥ vi veda*

Viçvam̃ tmanâ bibhrĭtaḥ yat ha nâma vi vartete ahanî cakriyâ-iva.

2. *Bhûrim̃ dve acarantî carantam pat-vantam̃ garbham apadî dadhâte*

Nityam̃ na sûnum pitroḥ upa-sthe dyâvâ rakshatam prĭthivî naḥ abhvât.

3. *Anehaḥ dâtram aditeḥ anarvam̃ huve svaḥ-vat avadham̃ namasvat*

Tat rodasî janayatam̃ jaritre dyâvâ rakshatam prĭthivî naḥ abhvât.

4. *Atapyamâne avasâ avantî anu syâma rodasî devaputre*

Ubhe devânâm ubhayebhiḥ ahnâm̃ dyâvâ rakshatam prĭthivî naḥ abhvât.

5. *Sam̃-gacchamâne yuvatî sam-ante svasârâ jâmî pitroḥ upa-sthe*

Abhi-jighrantî bhuvanasya nâbhim̃ dyâvâ rakshatam prĭthivî naḥ abhvât.

1. *Rig-Véda*, Manḍ. I, Anuv. 24, Sûkta 6. — Asht. II, Adh. 5, Varga 2 et 3. Dans le texte sanscrit de l'édition de M. Max Müller, que nous avons reproduit pour nos deux hymnes, se trouvent réunies les deux manières d'écrire les chants védiques : le *Sanhita-pâṭha*, où les mots sont combinés d'après les règles de l'euphonie, et le *Pada-pâṭha*, où ils sont séparés les uns des autres, et où les divers éléments des composés et même de beaucoup de dérivés, que, dans cette manière d'écrire, on traite comme des composés, sont divisés par le signe de l'aphérèse, qui précède même la désinence de l'instrumental pluriel, *bhis* (excepté dans les formes en *ebhis*, *îbhis*). La transcription en lettres latines que nous plaçons ici, pour qu'il soit plus facile de comparer la traduction au texte,

HYMNE AU CIEL ET A LA TERRE.

(Hymne sixième, composé de onze stances, dans le mètre trishṭubh, par Agastya, adressé au Ciel et à la Terre.)

TRADUCTION.

1. De ces deux qui est antérieur (par la naissance)? et qui postérieur? Par quelle cause sont-ils nés? (O) sages! qui le sait?

Ils portent par eux-mêmes tout ce qui a un nom; le jour et la nuit tournent, comme deux roues.

2. Tous deux ils soutiennent, immobiles, le nombre infini des créatures mobiles; sans pieds eux-mêmes, tout ce qui a des pieds;

Toujours, comme un fils dans le sein de ses parents, (ô) Ciel, (ô) Terre, protégez-nous puissamment.

3. Le don pur d'Aditi, à l'abri des attaques, je le demande, don céleste, inaltérable, adorable;

Ciel et terre, procurez-le à (votre) chantre; (ô) Ciel, (ô) Terre, protégez-nous puissamment.

4. (Déités) indépendantes, réjouies par ces mets, prenez-nous sous votre garde, vous dont les dieux sont les enfants;

Tous deux, par les doubles (dons) des jours (et des nuits) célestes, (ô) Ciel, (ô) Terre, protégez-nous puissamment.

5. Allant ensemble, (toujours) jeunes, voisines, parentes, (comme deux) sœurs aux côtés de leurs parents;

Sentant le Soma (qui filtre) au centre de l'eau (sainte), (ô) Ciel, (ô) Terre, protégez-nous puissamment.

et de comprendre les explications qui vont suivre, est imprimée conformément au *pada-pâṭha.* M. Rosen, pour les hymnes qu'il a publiés (les miens ne font pas partie de son recueil), a donné également la transcription en lettres latines de cette *lecture* ou *pâṭha*, où les mots sont détachés, et décomposés de la manière que nous venons de dire. Nous y avons remplacé le signe de l'aphérèse par le trait d'union. — Voyez sur les deux espèces de *pâṭhas.* dont nous avons parlé tout à l'heure, et sur une troisième, appelée *krama-pâṭha,* la deuxième dissertation de M. Roth, *Zur Litteratur und Geschichte des Weda*, p. 82, et suiv.

6. *Urvî sadmanî brĭhatî rĭtena huve devânâm avasâ janitrî*

Dadhâte ye amrĭtaṁ su-pratîke dyâvâ rakshatam prĭthivî naḥ abhvât.

7. *Urvî prĭthvî bahule dûre-ante upa bruve namasâ yajñe asmin*

Dadhâte ye su-bhage su-pratûrtî dyâvâ rakshatam prĭthivî naḥ abhvât.

8. *Devân vâ yat cakrĭma kat cit âgaḥ sakhâyaṁ vâ sadam it jâḥ-patiṁ vâ*

Iyam dhîḥ bhûyâḥ ava-yânam eshâṁ dyâvâ rakshatam prĭthivî naḥ abhvât.

9. *Ubhâ çaṁsâ naryâ mâm avishṭâṁ ubhe mâm ûtî avasâ sacetâm*

Bhûri cit aryaḥ sudâḥ-tarâya ishâ madantaḥ ishayema devâḥ.

10. *Rĭtaṁ dive tad avocam prĭthivyâi abhi-çrâvâya prathamaṁ su-medhâḥ*

Pâtâṁ avadyât duḥ-itât abhîke pitâ mâtâ ca rakshatâm avaḥ-bhiḥ.

11. *Idaṁ dyâvâprĭthivî satyam astu pitaḥ mâtaḥ yat iha upa-bruve vâṁ*

Bhûtaṁ devânâm avame avaḥ-bhiḥ vidyâma ishaṁ vrĭjanaṁ jîra-dânum.

6. Grands et vastes séjours, (c'est) par l'offrande (que je les) invoque, par la nourriture des dieux, (eux, nos) pères,

Qui possèdent le don d'immortalité, brillants de beauté. (O) Ciel, (ô) Terre, préservez-nous du mal [1].

7. Grands, larges, immenses, aux lointaines limites, je les implore par mon adoration, dans ce sacrifice;

Eux qui soutiennent (tout), fortunés, triomphants. (O) Ciel, (ô) Terre, préservez-nous du mal.

8. Les fautes que nous avons jamais pu faire envers les dieux, un ami, un gendre,

Puisse le présent sacrifice en être la délivrance! (O) Ciel, (ô) Terre, préservez-nous du mal.

9. Que cette double adoration, salutaire à l'homme, me protége. Double appui, qu'ils m'assistent tous deux de leur secours.

(O) dieux, réjouis par l'offrande, laissez-nous, en retour de nos hommages, vous demander, pour le donateur très-généreux, toute grande faveur.

10. Cet hymne, je l'ai adressé au Ciel et à la Terre, pour que tous l'entendent, hymne excellent, (moi) sage (adorateur).

Qu'ils me préservent du vil péché; père et mère, qu'ils me protégent d'une protection (toujours) présente.

11. Que cette prière que je vous adresse ici soit bonne (et efficace), (ô) Ciel, (ô) Terre, (ô) père, (ô) mère!

Soyez, par vos secours, auprès des dieux (que nous invoquons). Puissions-nous avoir en partage la nourriture, la force, et le don de la victoire!

1. Il faut remplacer de même, à la fin des quatre stances précédentes, *protégez-nous puissamment*, par *préservez-nous du mal*. C'est par un oubli, dont je ne me suis aperçu que lorsqu'il n'était plus temps de le réparer, que ce changement n'a pas été fait à la page 15. — Voyez ce que nous dirons plus bas, page 26, de la double interprétation proposée par le scoliaste pour ce refrain.

COMMENTAIRE DE SÂYAṆA ÂTCHÂRYA[1]

SUR L'HYMNE AU CIEL ET A LA TERRE.

Au point où en est chez nous l'étude des Védas, que nous avons à peine commencée, je crois que, pour un traducteur qui ne veut pas faire une œuvre uniquement littéraire, pour celui-là surtout qui se propose, comme je le fais ici, d'apprécier la langue, sa constitution et ses habitudes, plutôt que le fond des idées et le style, le premier devoir est de justifier, en commentant philologiquement son texte, les sens qu'il a adoptés. Cette phase antique de l'idiome, que nos voisins explorent avec tant d'ardeur depuis quelques années, il faut l'éclairer avant tout, comme ils le font eux-mêmes, du double flambeau de la grammaire et de la tradition locale. C'est ce que nous allons faire en traduisant le scoliaste et en nous rendant compte de toutes les formes qui peuvent donner lieu à quelque incertitude. Ces hymnes et les exemples que nous aurons l'occasion de grouper autour des faits qu'ils nous offrent, sont la base de notre travail. Avant d'en venir aux conséquences que nous voulons établir dans cet essai, il faut faire en sorte que notre base soit solide et qu'elle porte réellement ce que nous voulons bâtir dessus.

La traduction du commentaire aura, je crois, un autre avantage. Je suis loin de prétendre qu'il faille s'en rapporter avec une superstitieuse crédulité aux scolies indiennes, mais personne n'ignore combien elles sont précieuses quand on les étudie avec les sages habitudes de la critique européenne : il n'est donc pas inutile de faire connaissance avec la langue que parlent ces interprètes parfois puérils, souvent subtils, plus souvent encore aveuglés par des préoccupations de caste ou d'école, mais qui, malgré tout cela, sont des guides nécessaires, tant pour la langue que pour les faits, et des guides qu'on peut consulter sans danger, pourvu qu'on se serve de ses propres yeux en même temps que des leurs.

1. Pour le texte du commentaire de Sâyaṇâtchârya, comme pour celui des hymnes, je me sers de l'édition de M. Max Müller, de cette magnifique publication, qui est certainement un des plus grands services qu'on pût rendre aux lettres indiennes.

Une autre raison encore qui m'a décidé à donner ici le commentaire et à l'expliquer, c'est que, partout où il ne se contente pas de traduire par des synonymes, partout où il paraphrase et développe l'idée, et surtout quand le raisonnement s'allonge un peu, il forme le plus frappant contraste avec la construction et avec tous les procédés synthétiques ou analytiques de la langue des Védas. Cette opposition si marquée entre ces deux manières de rendre la pensée servira, si je ne me trompe, à mieux faire ressortir le caractère d'antique simplicité de l'idiome védique.

PREMIÈRE STANCE.

1° *Ayor* =[1] *enayor* = *dyâvâprithivyor madhye* | *katarâ pûrvâ* = *pûrvam utpannâ* | *katarâ vâparâ (vâ-aparâ)*[2] = *paçcâd bhâvinî* | *évam pâurvâparyapraçnah.*

Ayor, *ayoh*, est le gén. duel de la forme pronominale *a*, *â*, employée dans la langue védique pour *anayor*, génitif duel de *idam*. Le scoliaste l'explique par le génitif duel d'*ena* (*enad*), puis, pour plus de clarté, il ajoute : « (De ces deux), c'est-à-dire entre le ciel et la terre, laquelle (les deux noms sont du féminin en sanscrit) est antérieure =[3] produite antérieurement? ou bien laquelle postérieure = née (ayant-naissance, existence) après? Ainsi (c'est une) question de priorité et de postériorité (d'existence). » Dans ces premières propositions de notre hymne, toutes les formes sont régulières : *Ka-tarâ* est une forme comparative du pron. interrog. *ka*, équivalente au grec ποτέρα (cf. ion. κότερον, κότερα). Dans le commentaire, le mot *pâurvâparyapraçnah* est une composition intéressante : c'est un composé de dépendance ou *tatpurusha*, enté sur le dvandva *pâurvâparya*, lequel est dérivé, au moyen du vriddhi et du suffixe *ya*, de *pûrvâpara*, « antérieur et postérieur. »

1. Pour plus de brièveté, je me servirai du signe = (*égal à*...), pour indiquer les synonymies données par le commentaire.

2. Quand plusieurs mots, qui ne forment point un composé, sont réunis par le sandhi, avec contraction des voyelles ou altération notable des consonnes, je les détache les uns des autres entre parenthèses.

3. *Bhâvinî*, fém. de *bhâvin*, dérivé de *bhâva*, existence, naissance, au moyen du suffixe possessif *in*. Le dictionnaire de M. Wilson ne donne le mot qu'avec le sens de *futur*, *qui est sur le point d'être*. Les commentaires sont pleins de mots très-régulièrement formés, de dérivations très-normales, qui manquent dans les dictionnaires, même les plus complets, ou n'y sont pas donnés avec la signification qu'ils ont dans les scolies.

Mais, se demande le commentateur, pourquoi cette question (qui équivaut à dire : « Ni l'une ni l'autre n'est antérieure ni postérieure? »); et voici ce qu'il répond :

Ubhayor avinâbhâvena sahâiva (saha-eva) vartamânatvâd iti bhâvaḥ.

(Elle vient) « de la qualité (qu'elles ont) de n'exister qu'ensemble, par une propriété inhérente à leur nature : telle (est) l'intention (de l'auteur, le sens), » c'est-à-dire, l'une ne peut pas être antérieure à l'autre, parce qu'il est de leur essence de ne pouvoir exister qu'ensemble. Voilà un petit exemple de la concision si concrète du style philosophique : d'abord pas de verbes, puis une confiance sans limites dans la force des cas, puis encore une influence très-grande donnée aux suffixes, qui jouent vraiment dans la phrase le rôle de mots : *-tvam* (abl. *-tvât*), qui marque l'état, la qualité, et répond, pour le sens, non pour la forme, au latin *tas*, *tatis*, au grec της, τητος, gouverne à la fois et le thème du participe *vartamâna* (sens du latin *versari*, « être, se trouver »), et le génitif *ubhayor* : « par la qualité qu'ils ont tous deux d'être (ensemble), etc. » Ici la pensée reste claire, et les autres langues nous offrent des constructions analogues; mais nous aurons, je pense, l'occasion de montrer ailleurs, en examinant cette phase tout artificielle de la prose didactique où l'excès de la synthèse a fini par conduire l'idiome, à quel point on a abusé de cette valeur significative et régissante des suffixes.

Tathâ kathâ = kena hetunâ jâte.

« Ainsi (cela étant ainsi), par quoi = par quelle cause? (sont-elles) nées? »

Kim anayor utpâdanam ity arthaḥ.

« Quelle (a été) leur production (leur génération)? Voilà le sens. »

He kavayaḥ krântadarçino 'tîndriyajñâ yûyaṁ vadata ko vi veda | pâurvâparyaṁ kâraṇaṁ ca viçesheṇa viviçya vâ jânâti | na kenâpi (kena-api) jñâyata ity arthah.

« Hé! poëtes (ou sages, savants), qui avez une vue étendue, qui savez ce qui est au-dessus des sens, vous, dites(-nous), qui sait, qui connaît distinctement ou ayant bien discerné[1], la priorité et la postériorité, et la cause

1. Les mots *viçesheṇa viviçya vâ* sont la glose du préfixe *vi*.

efficiente (de leur naissance) ? (Cela) n'est connu de personne absolument. Voilà le sens. »

Dans tout ce premier vers, il n'y a rien d'obscur, et seulement deux archaïsmes, le génitif *ayor*, dont nous avons parlé, et l'adverbe interrogatif *ka-thâ*, formé par un autre cas adverbial du même suffixe que nous avons dans *ka-tham*, « comment? » La forme *veda* est intéressante, mais usitée dans le sanscrit ordinaire : c'est un présent qui prend les terminaisons du parfait redoublé, comme son équivalent οἶδα, en grec, lequel vient de la même racine (*vid*, « savoir »), et a également le sens présent avec les désinences du parfait. *Vid* fait aussi, avec la terminaison régulière, *vetti* (il est de la deuxième classe)[1].

2° *Ajñâne kâraṇam âha.*

« (Le poëte nous) dit (maintenant) la cause de (cette) ignorance, » littéralement, car c'est un locatif : « la cause (qu'il y a) dans (cette) ignorance. » C'est surtout quand le scoliaste veut lier les idées qu'il faut, en général, se défier de lui. Il n'admet pas les écarts ni les brusques passages de la poésie lyrique, et imagine toujours d'ingénieuses et souvent ridicules transitions.

Yaddha (yat-ha) = yasmât khalu hetor nâma prasiddhaṁ viçvaṁ = kṛtsnam api jagad aviçeshena tmanâ = âtmanâiva (âtmanâ-eva) = anya-nâirapekshyeṇâiva (nâirapekshyeṇa-eva) bibhṛitaḥ = dhârayataḥ.

« Parce que certes = par (cette) cause certes que (ce qui est) nom, connu, tout = même le monde entier, sans distinction, (ils le) portent = (le) supportent par soi-même = par (eux-)mêmes seulement, avec indépendance de tout autre (de tout absolument[2]). » La forme causale de *dhṛi* a, comme la forme primaire, le sens de *supporter, soutenir.*

Yadvâ yaddha (yat-ha) nâma = yat kiñcit padârthajâtam asti viçvaṁ tat = sarvam âtmanâ bibhṛitaḥ.

« Ou bien (cela peut signifier) : tout ce qui certes (est) nom, c'est-à-dire,

1. Voy. Pâṇini, III, 4, 83.

2. L'un des mots qui, dans les Védas, servent à désigner le ciel et la terre, est le duel *svadhe*, du féminin *svadhâ*, qui est composé de *sva* et de la racine *dhâ*, et paraît signifier proprement : « se créant soi-même. »

toute espèce d'objet de dénomination[1], tout cela, (ils le) portent de soi-même, (d'eux-mêmes). »

Anena yat kâraṇam brûmas tad apy âbhyâm eva bhriyata iti kâraṇâbhâvaḥ pratipâditaḥ.

« Par là (par suite de cela), ce que nous appelons cause, cela aussi est porté par eux seulement, d'où résulte (par quoi est démontrée) la non-existence (l'absence) de cause. » Le raisonnement est subtil, et l'on peut ajouter absurde, à notre point de vue; mais il se comprend facilement : ils ne peuvent avoir de cause ni d'auteur, puisque tout ce qui a nom, les qualités comme les substances, ce sont eux qui le portent, et que rien n'existe que porté par eux.

Uttareṇa pâurvâparyâbhâva uchyate.

« Par ce qui suit est dite l'absence de priorité et de postériorité. »

Ahanî ete dyâvâprǐthivyâu cakriyeva (cakriyâ-iva) = cakrayukte iva; vivartete | *atra katarâ pûrvâ katarâparâinayor (katarâ-aparâ-enayor) ity âdi niruktaṁ drashṭavyam* | Nir., III, 22 |.

« Les jours, ce Ciel et cette Terre tournent comme des roues, comme doués de roues (de rotation). Ici il faut voir le *Nirukta* aux mots : *Katarâ pûrvâ katarâparâinayor*[2], etc. (mots du texte de l'hymne : laquelle est antérieure? laquelle postérieure de ces deux[3]?) »

1. *Padârtha*, comme terme technique de philosophie, désigne les catégories logiques, de substance, de qualité, d'action, etc.

2. Dans le texte de l'hymne il y a *ayor* et non *enayor*, mais la glose du *Nirukta* commence en effet par *katarâ pûrvâ katarâparâinayor*.

3. Voici la glose que cite ici Sâyaṇa :

Katarâ pûrvâ katarâparâinayoḥ kathaṁ jâte kavayaḥ ka ene vijânâti sarvam âtmanâ bibhrǐto yaddhâinayoḥ karma vivartete câinayor (ca-enayor) ahanî ahorâtre cakrayukte iveti (iva-iti) dyâvâprǐthivyor mahimânam âcashṭe.

Le commencement est déjà expliqué par notre traduction du commentaire. Voici le sens de la fin : « Il expose la grandeur du ciel et de la terre (en disant :) laquelle (est), etc. ?... Elles portent tout, qui certes est leur œuvre, et les jours d'eux (*ahanî* désigne à la fois le jour et la nuit) tournent, comme doués de roues. » Cette glose, aussi bien que Sâyaṇa, paraissent considérer *cakriyâ* comme un adjectif dérivé de *cakra*, « roue; » mais il faut plutôt voir dans cette forme, comme font MM. Benfey et Roth, le nominatif duel du substantif *cakra* lui-même. C'est une forme irrégulière, mais qui paraît avec ce sens dans plusieurs hymnes (voy. les exemples que cite M. Roth dans ses notes explicatives sur le *Nirukta*, p. 37; M. Benfey donne le nôtre dans son *Glossaire du Sâma-Véda*, p. 64; il traduit comme s'il lisait *vivartate*, au lieu de *vivartete*). *Cakriyâ* paraît être un développement védique de *y* en *iy*, pour *cakryâ*, *cakryâu*.

Sâyaṇa paraît considérer ici le duel *ahanî* comme synonyme de *dyâvâprithivyâu*, tandis que le *Nirukta*, qu'il cite, lui laisse le sens qu'il a souvent au duel, d'*ahorâtre*, « les jours et les nuits. » Nous avons entendu *ahanî* comme le *Nirukta*, et, pour la proposition entière, nous avons préféré le sens de Yâska à celui de Sâyaṇa, qui pense que le dvandva *dyâvâprithivyâu*, « le Ciel et la Terre, » sert de sujet au duel moyen *vivartete*, aussi bien qu'au duel actif *bibhritas*, et qu'*ahanî* est employé comme complément circonstanciel. M. Benfey, dans son *Glossaire du Sâma-Véda*, cite cet hémistiche, et considère également *ahanî* comme un mot accessoire marquant le temps : « Er dreht abwechselnd Tag und Nacht. » Ce que l'hymne dira au vers suivant de l'immobilité du Ciel et de la Terre s'accorde mieux avec le sens du *Nirukta*; mais ne contredit pourtant pas absolument l'autre signification : l'immobilité qu'il leur attribuera est celle qui est en opposition avec la locomotion, le mouvement des parties, la mobilité des membres des créatures qui ont des pieds.

Sur le duel *ahanî*, servant à désigner à la fois le jour et la nuit, voyez la Grammaire comparative de M. Bopp, § 973. Nous trouverons plus bas un emploi semblable des duels *pitroḥ* et *rodasî*.

Après cette signification d'*ahanî* et la forme de *cakriyâ*, il n'y a à remarquer comme védique, dans ce vers, que l'instrumental *tmanâ* pour *âtmanâ*. Pâṇini (VI, 4, 141) dit que le mot ne perd son *â* initial que lorsqu'il finit par *â*, ce qui équivaut à dire, lorsqu'il est à l'instrumental, c'est-à-dire, à la forme que nous avons ici. Mais ce retranchement d'*â* a lieu aussi pour d'autres cas (voy. le *Glossaire du Sâma-Véda*, p. 21). Au reste, la glose nommée *kâçikâ vritti* (de la ville de Kâçi ou Bénarès, où elle fut composée) fait déjà remarquer que Pâṇini ne dit pas assez, et que l'*â* initial, dans le style védique, se retranche encore ailleurs que dans la forme terminée en *â* : *âñgo 'nyatrâpi chandasi vishaye lopo driçyate*[1].

Nous ferons une dernière observation avant de passer à la stance suivante. Le Ciel et la Terre ne sont pas invoqués directement dans ces premiers vers : les verbes dont leur nom est le sujet sont à la 3e personne (à celle que les grammairiens de l'Inde appellent la 1re : *prathamapurushaḥ*). C'est une invocation médiate. Mais, deux lignes plus bas, dans une sorte de refrain, répété presque à toutes les stances, nous trouverons le verbe à la 2e personne (*rakshatam*). Les riks ou stances de notre hymne sont tantôt directes et immé-

1. Voy. dans le *Commentaire sur le Yaçna* d'Eugène Burnouf (p. 510), la traduction de la règle de Pâṇini et de la glose qui l'accompagne.

diates, *pratyakshakṛtâḥ*, comme les appellent les scoliastes, tantôt indirectes et médiates, *parokshakṛtâḥ*. Voyez dans le *Nirukta* le commencement de la section des divinités (*dâivatakâṇḍam*) et le commentaire de M. Roth, p. 100.

DEUXIÈME STANCE.

1° *Acarantî = avicale dve evâite* (*eva-ete*) *dyâvâpṛthivyâu bhûrim = bahutaraṁ carantam padvantam = pâdayuktaṁ garbhaṁ = garbhavad âçritaṁ kṛtsnam prâṇijâtam apadî svayam pâdarahite dadhâte = dhârayataḥ | anayor madhye khalu sarvaṁ jagat kshemeṇa vartate.*

« N'allant pas = immobiles, (ces) deux = c'est-à-dire (ce) Ciel et (cette) Terre, soutiennent = supportent, sans pieds eux-mêmes = privés de pieds, toute espèce d'animaux, *garbham* (embryon), c'est-à-dire, habitant (dans leur sein) comme l'embryon (dans le sein de la mère), (les êtres) mobiles, *padvantam*, c'est-à-dire ayant des pieds, *bhûrim*, c'est-à-dire en grand nombre. Au milieu, (dans le sein) de ces deux, oui, tout l'univers se trouve par bonheur [1]. »

Ce premier vers est facile, et ne peut donner lieu à aucune incertitude. Aussi Sâyaṇa se contente-t-il de nous donner des synonymes des mots employés dans le texte. Je fais remarquer, en passant, la valeur restrictive de la particule *eva*, que les commentateurs emploient très-souvent : *eva ete*, « ceux-là précisément; ceux-là, ni plus, ni moins. » Nous l'avons déjà trouvée plusieurs fois dans la glose du vers précédent; elle sert à limiter l'idée, à lui donner son sens exact et rigoureux.

2° *Dhâraṇe dṛshṭântaḥ.*

« (Suit un) exemple de support (littéralement « dans le support, » comme nous avons vu, plus haut, *ajñâne kâraṇam*). »

Pitror = mâtâpitror upastha = utsañgge vartamânaṁ nityaṁ = dhruvam âtmajaṁ sûnuṁ na = putram iva | yathâ snehena vardhayantâu dhârayantâu mâtâpitarâu tadvat.

1. Dans les hymnes, *kshema* se trouve dans l'acception, que lui conserve aussi le sanscrit ordinaire, de « conservation, protection, » et, par une transition de sens très-fréquente dans les Védas, il signifie en outre « protecteur. » Voy. les hymnes 66 et 67 du premier maṇḍala du *Rig-Véda*.

« De même qu'un père et une mère (font croître) nourrissent, soutiennent par tendresse, leur progéniture (*sûnum na* = comme un fils), se trouvant toujours (=*dhruvam*, constamment) dans le sein = dans l'embrassement, de ses parents, de son père et de sa mère; de même.... »

Le duel *pitror*, *pitroḥ*, qui signifie littéralement *des pères*, et veut dire ici *du père et de la mère*, est employé, comme nous l'avons dit, de la même façon qu'*ahanî* à la stance précédente. Le duel védique *mâtarâ*, « mères, » peut, de même que *pitarâ*, s'employer ainsi pour désigner les deux parents, le père et la mère. Le scoliaste nous fournira un peu plus bas l'occasion d'expliquer cet usage très-logique du duel.

Il y a dans cet hémistiche une autre locution fort remarquable, qui est propre aux Védas : c'est la négation *na*, employée comme une particule comparative, *upamârthe*, comme dit Yâska, et dans le sens d'*iva*, « comme. » On se rend bien compte de cette manière de parler, en la rapprochant du grec μόνον οὐ, μόνον οὐχί, *presque* (*pas tout à fait*, *mais peu s'en faut*). Voy. le commencement du *Nirukta* (I, 4).

Atha pratyakshenâha (*pratyakshena-âha*).

« Et maintenant il ajoute directement. » Voy. plus haut, p. 23 et suiv., le nom donné aux invocations directes.

He dyâvâprïthivî = dyâvâprïthivyâu | itaretarâpekshayâ dvitvam ubhayoḥ.

« Hé, Ciel et Terre. — Il y a doublement (dualité [1]) des deux, à cause de leur relation réciproque (respective). »

Ce peu de mots explique bien la raison de ces duels que nous voyons figurer tantôt à part, comme, un peu plus haut, *ahanî*, *pitroh*, tantôt comme premiers termes dans les dvandvas. Ici nous avons en quelque sorte à la fois ce double emploi du duel : *dyâvâprïthivî* est un composé védique dont les deux termes *dyâvâ* (du thème *dyô*, nomin. *dyâus*), « ciel, » et *prïthivî* (forme anc. du fém. de l'adj. *prïthu*, *prïthvî*, « large [2] »), « terre, » sont l'un

1. *Dualité* est la traduction littérale de *dvitvam*. Le nom technique du nombre duel est *dvivacanam*. Voy. dans Pânini, I, 4, 102, un axiome où les noms des trois nombres : *ekavacanam*, *dvivacanam*, *bahuvacanam*, se trouvent réunis. Vopadéva a abrégé *dvivacanam* en *dvaḥ*.

2. Un autre nom de la Terre est *mahî*, « la grande, » fém. de l'adjectif *mah*, « grand. » Les duels védiques *mahî*, *prïthvî*, *urvî* (« les deux grandes, les deux larges »), formes identiques avec le nominatif singulier féminin, servent à désigner à la fois le Ciel et la Terre, de même que *dyâvâ*, *ro-*

et l'autre au duel. Le poëte les détache, par une sorte de tmèse, en plaçant l'impératif *rakshatam* entre les deux. La terminaison du nombre est le signe de l'association, et chacun des mots porte ce signe. C'est comme s'il y avait : « la Terre et celui qui est avec elle, » « le Ciel et celle qui est avec lui. » La terminaison du duel n'est pas oiseuse, comme l'on voit, elle marque bien cette relation réciproque, cette association dont parle le commentaire. Le duel *dyâvâ* (védique *â* pour *âu*) peut à lui seul signifier « ciel et terre, » et dans un autre sens « jour et nuit. » C'est également par la réciprocité de relation que Vopadéva distingue cette espèce de dvandva, qui est véritablement une association mutuelle, de l'autre espèce, qui prend la terminaison du neutre, et est plutôt une collection, une énumération (voy. le *Mugdhabodha*, VI, 4).

No 'smân (*no*, *naḥ* = *asmân*) *abhvât* = *mahato bhayahetoḥ pâpâd rakshatam pâlayatam.*

« Défendez-nous, protégez-nous, *abhvât*, c'est-à-dire, de la grande cause de crainte, (qui est) le péché. »

Yadvâ abhvât abhvam mahat atyartham ity arthaḥ | abhva iti mahannâma.

« Ou bien *abhvât* (peut se prendre dans un autre sens, un sens adverbial); *abhvam* (est synonyme de) *mahat*, « grand, » (et, par suite, *abhvât* pourrait signifier *beaucoup*) *excessivement*. — *Abhva* est un des noms (adjectifs) qui veulent dire *grand*. »

Ces derniers mots : *abhva iti mahannâma* sont une citation du *Naighaṇṭuka* (III, 3), où *abhvaḥ* fait partie d'une énumération de vingt-cinq mots exprimant l'idée de grand (*pancaviṁçatir mahannâmâni*)[1].

Quoique le neutre d'*abhva* se trouve employé dans l'acception de « puissance[2], » le premier sens proposé par Sâyaṇa : « (préservez-nous) du mal, »

dast, *rajast*, *sadmant*, etc. (voy. le *Naighaṇṭuku*, III, 30).

1. Voyez en tête du premier livre du *Nirukta*, et au commencement des substantiels et savants éclaircissements de M. Roth, l'intéressante esquisse du système grammatical de Yâska. Il distingue quatre classes de mots, et comprend sous le nom de *nâma* (ὄνομα) les adjectifs aussi bien que les noms; il appelle le verbe *âkhyâta*, le préfixe (πρόθεσις) *upasarga*, et la particule conjonctive (en étendant le sens de ce nom beaucoup plus que nous ne le faisons maintenant) *nipâta*. Ses idées sur la nature des mots et leur rôle dans le discours sont, pour la plupart justes et saines, et parfois ne manquent pas de profondeur.

2. Voy. le *Glossaire du Sâma-Véda*.

m'a paru, après quelque hésitation, décidément préférable au second. *Abhva*, qui vient très-probablement de *bhû*, précédé de l'*a* privatif, répond à l'allemand *Unding*, et signifie « monstre, objet d'horreur, mal » (voy. le dictionnaire de MM. Böhtlingk et Roth). Nous avons seulement donné à cet ablatif un sens plus général que celui de « péché ». L'un des hymnes traduits par M. Roth, dans les Dissertations que nous avons déjà citées, a un refrain qui a beaucoup d'analogie avec le nôtre : *tvâu no muñcatam aṁhasaḥ*[1].

Suivent des remarques grammaticales :

Dvandve kritadyâvâdeçasya dyâvâprithivîçabdasya madhye rakshatam[2] *iti padaprayogaçchândasaḥ.*

« Le mot *rakshatam* (placé) dans le dvandva, au milieu du mot *dyâvâprithivî*, employé comme substitut[3] de *dyâvâ* (qui à lui seul, comme nous l'avons dit, pourrait avoir le sens des deux mots et signifier *ciel et terre*), est une suite (une construction) de mots védique[4]. »

Âmantritasyâvidyamânatvena (*âmantritasya-avidya...*) *nighâtâbhâvaḥ*[5].

« Il y a absence d'accent grave, à cause de l'absence de terminaison (caractéristique) du vocatif[6]. »

Le duel *prithivî*, dans cet hémistiche, n'a point d'accent, est sans ton, ce que le *pada* indique par les traits horizontaux placés sous les trois syllabes dont le mot se compose. Le scoliaste donne pour cause de cette absence d'accent l'absence de toute terminaison distinguant le cas : le duel védique *prithivî* (pour *prithivyâu*) n'a rien en effet qui caractérise particulièrement le cas d'appel. Mais est-ce bien là la vraie raison? Le vocatif a en général l'accent sur la première syllabe; mais cet accent, il le perd lorsqu'il ne commence pas la proposition ou l'hémistiche. Ici il est précédé de *dyâvâ rakshatam* : il doit donc régulièrement être privé de son accent. Toutefois, M. Benfey cite dans sa Grammaire (§ 120) l'exemple d'une autre tmèse où le second vocatif est

1. Voy. *Zur Litt. u. Gesch. des Weda*, p. 43.

2. *Rakshitam* est sans doute une faute d'impression dans l'édition de M. Max Müller. Le commentateur, comme le prouve *iti*, cite le mot du texte, la 2e personne du duel *rakshatam*.

3. *Âdêçaḥ* est le terme technique pour désigner un substitut (grammatical). Voy. Pâṇini, I, 1, 48.

4. Voy. plus bas, p. 28, note 1.

5. *Nighâta* (de *han*, « frapper, » et *ni*, « de haut en bas ») désigne l'accent *bas* ou *grave*. Voyez la glose de Pâṇini VIII, 1, 37, et celles que cite M. Böhtlingk, à la page 355 du t. II. L'accent aigu, qui est le véritable accent tonique, n'a point de signe qui marque sa place. On la reconnaît au moyen des signes qui indiquent les autres modifications du ton.

6. Ou de terminaison du nominatif employé pour appeler. Voy., dans l'édition de Pâṇini de M. Böhtlingk, l'index des termes grammaticaux, p. 421.

accentué. (Voyez, pour l'accent du vocatif, la règle et l'exception, dans Pâṇini, VI, 1, 198, et VIII, 1, 19.)

Dans l'hémistiche dont nous venons d'expliquer le commentaire, le fait le plus remarquable est la tmèse du dvandva. Voyez, au sujet de cette liberté poétique, la Grammaire comparative de M. Bopp, au § 973, que nous avons déjà cité. L'auteur y donne, d'après M. Benfey, un autre exemple d'une semblable division du même mot : *dyâvâ jajñânaḥ prĭthivî ame dhâḥ*. Dans cet exemple, les deux duels sont à l'accusatif, comme compléments du verbe *dhâ*, que Sâyaṇa traduit par *dhrĭ*, « soutenir[1]. »

Dans toute la seconde stance, il n'y a guère qu'*abhvât* qui puisse donner lieu, ce me semble, à quelque incertitude; j'ai suivi l'interprétation du scoliaste, en rendant tous les mots du texte, entre autres *padvantam.... apadî*, avec la plus grande fidélité.

TROISIÈME STANCE.

1° *Aditeḥ* | *etad antarikshasyâpy* (*....asya-api*) *upalakshaṇam* | *akhaṇḍanîyâyâḥ prĭthivyâs tâdrîçasyântarikshasya* (*....sya - antar....*) *ca sambandhi dâtraṁ* = *dhanam âhvayâmi* = *sprĭhayâmîty* (*....mi-iti*)-*arthaḥ*.

« D'Aditi [ce mot désigne aussi par synecdoque l'air, *littér.* le transparent] j'appelle = je demande, le don = la richesse, (la possession) de la terre indestructible et de l'air ayant même qualité : voilà le sens. »

Sâyaṇa prend *Aditi* dans le sens de terre : ce mot a place en effet dans l'énumération de 21 noms de la Terre (*prĭthivînâmadheyâni*), par laquelle commence le *Naighaṇṭuka* (I, 1); mais M. Benfey (*Gloss. du S. V.*, p. 7) dit qu'il ne connaît aucun passage où ce sens soit bien sûr. C'est un nom de divinité, une personnification du *Tout*, la mère des dieux[2], *devamâtâ*, comme il est dit dans le *Nirukta*, IV, 23. Yâska cite, à cet endroit, une stance du *Rig-Véda*,

1. Voy. *Rig-Véda*, I, 63, 1. Le scoliaste fait, au sujet de cette autre tmèse, une remarque à peu près identique à celle que nous avons traduite plus haut : *dyâvâprĭthivî ity asya samastapadasya madhye jajñâna ity asya pâṭhaç châṇdasaḥ*, « la construction de ce mot *jajñânaḥ*, au milieu du mot composé *dyâvâprĭthivî*, est (une construction) védique. » Voyez aussi des exemples de tmèses védiques dans la Grammaire sanscrite de M. Benfey, §§ 619 et 635.

2. *Âditya* signifie proprement « fils d'Aditi. » Les douze *Âdityas* sont les dieux des mois.

(I, 89, 10), où cette qualité de personnification du Tout est développée dans une assez longue énumération.

Aditir dyâur aditir antariksham aditir mâtâ sa pitâ sa putraḥ
Viçve devâ aditiḥ pañca janâ aditir jâtam aditir janitvam.

« Aditi (est) le ciel; Aditi, l'air; Aditi, la mère; elle (est) le père; elle (est) le fils; Aditi (est) tous les dieux; Aditi (est) les cinq races[1]; Aditi (est) ce qui est né (ou, comme l'entend Sâyaṇa, *la naissance*); Aditi est ce qui naîtra (*quod natum*, *quod nasciturum*). »

Dans ces vers se trouve compris, comme l'on voit, l'air, *antariksha*, que le commentateur joint à *prĭthivî*, pour traduire *aditi*, dans la glose de notre stance. L'épithète *akhaṇḍanîya*, par laquelle la scolie commence, serait, selon lui, la traduction des éléments mêmes dont le mot *aditi* se compose (*adînâkhaṇḍanîyâvâ*, c'est-à-dire *adînâ-akhaṇḍ...*, sont les deux adjectifs par lesquels il interprète le mot, dans le commentaire de l'hymne que nous venons de citer; il le dérive de la racine *dî*, détruire, précédée d'*a* privatif : « l'indestructible, » comme nous avons traduit *akhaṇḍanîya*[2]).

Dans la scolie, *sambandhi* est l'explication et le substitut de la désinence du génitif; nous trouverons, pour d'autres cas, des gloses du même genre, paraphrasant, pour le bien préciser, le rapport marqué par la terminaison.

La forme védique *huve* (ailleurs *have*[3]), de la racine *hve*, « appeler, prier, » est remplacée, dans le commentaire, par la forme ordinaire (*â*)*hvayâmi*.

Le substantif *dâtram* n'a pas, dans le sanscrit ordinaire, le sens de « don. » C'est un emploi intéressant du suffixe *tra* (grec τρον, latin *trum*), forme collatérale de *trĭ* (*tar*, *târ*). M. Benfey cite un exemple tiré du *Rig-Véda* (VII, 4, 21, 5), où les deux suffixes sont élégamment rapprochés : *Asi dâtrasya dâtâ*, « (tu) es le donateur du don[4]. »

1. Yâska et Sâyaṇa, d'après lui, proposent pour *pañca janâḥ* une double interprétation. Le sens qu'ils préfèrent, est celui des « cinq castes, en prenant pour cinquième les Nichâdas : » *nishâdapañcamâç catvâro varṇâḥ*, « les quatre castes, ayant pour cinquième les Nichâdas, » emploi fréquent, mais logiquement remarquable, du composé possessif, pour remplacer, en quelque sorte, la conjonction *et*. Voyez sur la vraie signification de *pañca janâḥ*, le *Glossaire du Sâma-Véda*, à l'article *kshiti*.

2. Yâska, dans le passage du *Nirukta* (IV, 22) que nous venons de citer, donne la même étymologie : *Aditir adînâ devamâtâ*.

3. M. Westergaard (*Radices linguæ sanscritæ*, p. 80) considérait *huve* comme une forme de la 1re pers. sing. du présent; c'est proprement, comme le dit M. Benfey, un aoriste sans augment : *huve* pour *ahuve*, *ahve*. Pâṇini (VI, I, 34), cité dans le *Gloss. du Sâma-Véda*, p. 210, donne la forme *huve*, comme employée pour le présent.

4. On pourrait, dans ce mot *dâtram* et dans tous ceux qui sont formés de même et ont une signifi-

Kîdrîçaṁ tad dhanam | *anehaḥ* = *apâpaṁ duḥkharahitaṁ sukhâtmakam* | *anarvam* = *anaraṇam akshîṇam ity arthaḥ* | *svarvat*[1] = *phalabhûtena svargeṇa tadvat* | *avadham* = *ahiṁsitaṁ* | *namasvat* = *annavat* | *îdrîçaṁ dhanaṁ huve*.

« (Et) cette possession, (ce don) quel (sera-t-il? quelles qualités doit-il avoir)? » — La suite est une explication, par des synonymes, des divers adjectifs du texte.

Par *anehaḥ*, qui paraît venir de la racine *îh*, « faire effort, désirer, » et signifier proprement « sans désir » (peut-être ici « non envié, à l'abri de l'envie »), il entend « sans péché, » et, par suite, « exempt de malheur, essentiellement heureux[2]. »

Anarvam, qui vient de la racine *arv*, *arb* « endommager » (cf. *ripu*, « ennemi »), il l'explique par *anaraṇa*, qui n'est point dans le dictionnaire de M. Wilson, mais dont le simple, *araṇa*, se trouve dans le *Glossaire du Sâma-Véda*, avec le sens de « désagréable, ennemi (*hostilis*). » Ailleurs (RV.,I, 164, 2 [3]) Sâyaṇa traduit le mot par *apratihata*, « non frappé, non attaqué, » sens conforme à celui du second synonyme qu'il ajoute, *akshîṇam*.

Svarvat est expliqué par *svargeṇa phalabhûtena tadvat*, « comme le ciel qui est le fruit (des œuvres). » *Phalabhûmi* désigne les régions non renfermées dans le monde visible, telles que le ciel (le paradis, si l'on peut ainsi parler), l'enfer, etc. Par cette épithète, il distingue donc ce ciel qu'on gagne par les œuvres, du ciel visible[4]. *Svarvat* est proprement un adjectif, signifiant « cé-

cation semblable, considérer le suffixe *tra* comme étant en quelque sorte le passif du suffixe d'agent *trĭ*. Les suffixes, comme les racines, ont, dans leur état abstrait, le sens des deux voix. Mais la signification ordinaire de cette formative, qui est de marquer l'instrument, le moyen, suffit à rendre compte de sa valeur : *dâtram*, « le don, » c'est « ce par quoi, au moyen de quoi, l'on donne. » Comparez le grec δίδακτρον, « les honoraires d'un maître, » ce « par quoi, avec quoi, l'on fait instruire. »

1. Il y a *sarvataḥ* dans l'édition de M. Max Müller. Je pense que c'est *svarvat*, c'est-à-dire, le mot du texte, qu'il faut lire. Cependant je dois faire remarquer que les commentateurs traduisent souvent *svar* par *sarva*.

2. L'adjectif *âtmaka* devient, en composition, un véritable suffixe, comme les finales grecques -ειδής, -άρης, etc.

3. Le thème ordinaire du mot est *anarvan*. Ce passage, cité dans le Nirukta, nous offre, aussi bien que notre hymne, un radical *anarva*. Sur *araṇa*, voyez les dissertations de M. Roth, *zur Litt. u. Gesch. des Weda*, p. 41.

4. Cette interprétation nous offre un emploi ordinaire, mais logiquement remarquable de l'instrumental ; ce cas sert de complément à certains adjectifs et adverbes de comparaison, par exemple à *tulya*, *sama*, « semblable, » *samam* (employé comme adverbe), « semblablement, comme, » etc. Ainsi Manu (II, 172) a dit : *çûdreṇa samaḥ*, « semblable à un Çûdra, » ce que Kullûka explique par *çûdreṇa tulyaḥ*. Ailleurs (V, 65) le même cas sert de régime à *samam*, dans le sens de « comme. » La tournure est très-légitime : le terme de comparaison est l'agent, l'instrument de la similitude. D'ailleurs l'instrumental s'emploie souvent dans le

leste, doué de qualités, de biens célestes. » — Le scoliaste explique d'abord le mot *svar*, puis résume son explication par le pronom *tat*, auquel il ajoute le suffixe qui termine le mot expliqué. Cette manière de résumer l'interprétation par un pronom démonstratif, après avoir séparé les divers éléments des mots, est le procédé habituel des interprètes, et nous en verrons d'autres exemples.

L'adjectif *avadham*, de la racine *vadh*, « frapper, tuer, » est expliqué par un dérivé de la racine *hiṁs*, qui est proprement une sorte de désidératif de *han* et a absolument le même sens.

Namasvat = *annavat*, « comme de la nourriture. » *Namaḥ*, qui signifie proprement « action de se courber, d'honorer, » puis « offrande, hymne, » est rangé dans le *Naighaṇṭuka* (II, 7) parmi les noms qui signifient « nourriture » *annanâmâni*[1]. J'ai peine à adopter ici cette signification, mais j'avoue que le mot, dans son sens propre que je lui ai conservé, ne trouve pas aisément place dans la phrase avec une valeur bien précise.

Toute cette énumération de qualités est résumée par ces derniers mots : « Je demande ce bien tel, » c'est-à-dire, ayant toutes les qualités que je viens de dire.

2° *Tad asmâbhiḥ kâñgkshitam*[2] *uktalakshaṇaṁ dhanaṁ he rodasî* = *dyâvâpṛthivyâu jaritre* = *stotre yajamânâya janayatam* = *utpâdayatam*.

« Ce bien désiré par nous, ayant les caractères (sus-)dits, ô Ciel et Terre (il explique par le dvandva *dyâvâpṛthivyâu* le duel collectif *rodasî*), faites-le naître, produisez-le, au chantre, à (celui) qui (vous) loue, qui fait (cette) offrande. »

Dans ce premier hémistiche, il n'y a à remarquer que le duel *rodasî*, dont nous avons parlé. On le traduit par ciel et terre, mais M. Bopp suppose que le thème *rodas* ne désigne proprement que le ciel, et il le dérive, comme fait aussi le dictionnaire de M. Wilson, de la racine *rud*, « pleurer. » La pluie serait considérée comme les larmes du ciel[3]. M. Benfey le fait venir de *rudh* « enfermer, entourer, » *rodasî*, pour *rodhasî*.

sens d'*avec*, ce qui suffirait à expliquer cette manière de parler.

1. M. Benfey regarde avec raison ce sens de « nourriture » comme incertain. Il cite un passage du *Sâma-Véda*, où le scoliaste rend également *namas* par *annam*, mais cela ne l'a pas empêché lui-même de préférer la signification ordinaire et naturelle : « *Verehrung*. »

2. Comparez à *kâñgksh*, « désirer, » qui a la sifflante des formes désidératives, la racine plus simple *kam*, « aimer, vouloir, » à qui manquent les temps spéciaux.

3. Voy. *Grammaire comparative*, § 974. — Le grec οὐρανός, comme le remarque M. Bopp au même endroit, peut se dériver également d'une racine qui, en sanscrit, signifie pleuvoir (*varsh*, *vṛish*). Le nom

Le second hémistiche est le refrain :

Dyâvetyâdi[1] (*dyâvâ-iti-âdi*) *vyâkhyâtam.*

« (Le refrain) *dyâvâ*, etc., a été expliqué (plus haut). »

QUATRIÈME STANCE.

1° et 2°[2] *Avasâ svato adhikena kenacit kritenâvanena* (*kritena-avanena*) *samriddhyâtapyamâne* (.... *mriddhyâ-atapya*....) | *tapa aiçvaryakarmaṇa idam rûpam* | *atapyamâne anyâir apîdyamâne.*

« Non vexés par aucun acte de pouvoir, par aucun acte de suprématie, fait par un (être) quelconque supérieur à eux. (La racine) *tap* (conjuguée de cette manière) exprime action de domination[3] : *atapyamâne* = non opprimés par d'autres. »

Les substantifs *avas*, et *avanam*, par lequel Sâyaṇa explique *avas*, terminés l'un par le suffixe *as*, l'autre par le suffixe *ana*, viennent tous deux de la racine *av*, qui signifie proprement « saisir. » *Avas*, comme un grand nombre des mots qui sont le plus usités dans les Védas, est expliqué de façons très-diverses[4]. Son premier sens paraît être « puissance, secours, pro-

du nuage, *megha*, est une métaphore qu'on peut trouver encore plus hardie ; il veut dire *mingens* et est formé de la racine *mih*, qui signifie en général *effundere*, et en particulier *mingere*. — Le mot *jaritre* (datif de *jaritri*, de la racine *jri*) nous offre un radical bien voisin du grec γῆρυς, *son*, *chant*, γηρύω, *parler*, *chanter*, et dans le synonyme *stotre* (datif de *stotri*), par lequel Sâyaṇa traduit ce substantif, et qui vient de *stu*, « louer, chanter, » nous avons la même racine que dans le grec στόμα. Nous aurions à chaque ligne l'occasion de faire des rapprochements de ce genre, mais j'en serai très-sobre : on se laisse aisément, en pareille matière, entraîner trop loin.

1. Ces composés terminés par *âdi* sont des *bahuvrîhis* ou composés possessifs : ils signifient proprement : « ayant pour partie initiale, pour commencement, commençant par...., » et remplacent, comme l'on sait, notre « etc. » Comparez plus haut *nishâdapañcamâḥ*, p. 29, note 1.

2. Le commentaire réunit les deux divisions de la stance, par la construction qu'il adopte.

3. Voy. le *Dhâtupâṭha* qui est à la fin des racines sanscrites de M. Westergaard, p 363 (Classis IV, D, 50) : *tapa âiçvarye*. Le *Naighaṇṭuka* (II, 21) donne *patyate* (et non *tapyate*) dans les quatre verbes de domination (*âiçvaryakarmaṇaḥ*). Je n'ai pas besoin de faire observer que *tapyate*, passif de *tap*, est tout semblable, quant à la forme, à la flexion de la racine d'après la 4e classe. — Au sujet de *tapa* que nous avons dans le scoliaste, je ferai remarquer que les grammairiens indiens terminent par *a* bref les racines qui finissent par une consonne. M. Wilson les écrit de cette manière dans son dictionnaire. Voy. les racines de M. Westergaard, p. x. — Le substantif *rûpam* désigne, comme terme technique, la flexion nominale et verbale.

4. C'est à cause de cette variété de sens d'*avas* que le scoliaste ajoute au synonyme *avanena*, un

tection. » Le verbe *tap*, à la 1re classe, signifie « brûler, tourmenter, » et, à la 4e, on lui donne, comme nous l'avons vu, le sens d'« être le maître, régner. » Il est donc parfaitement approprié, par sa double signification, à prendre pour complément *avasâ*. Voyez cependant la suite de la glose.

Pour le style du commentaire, je ferai remarquer la subordination d'un instrumental à un autre (*avanena kritena kenacit*), et le suffixe *tas* qui est d'un emploi très-fréquent en sanscrit, et particulièrement chez les scoliastes, pour marquer l'ablatif[1].

Avasânnenâvantî (*avasâ* = *annena-avantî*) *tarpayantyâu*[2].

« Vous réjouissant, rassasiés par la nourriture (de l'offrande). »

Sâyaṇa, comme l'on voit, fait un double emploi de l'instrumental *avasâ*. Il le donne pour régime, et, ce qui est assez étrange, dans deux sens différents, à la fois aux deux participes *atapyamâne* et *avantî*. Avec le dernier, il le prend, d'après le *Naighaṇṭuka* (II, 7), dans l'acception de « nourriture. [3] » La racine *av* paraît avoir elle-même quelquefois une acception analogue (voyez plus bas, le commentaire de l'hymne à Agni, st. 5), et j'ai adopté la construction qui combine ensemble, par le sens, l'allitération *avasâ-avantî*. Dans l'hymne 22 du premier maṇḍala du *Rig-Véda* (st. 10 et 11), M. Rosen donne successivement à *avase* et *avasâ* les deux significations dont nous venons de parler.

Devaputre | *devâ* = *vyavahartâro manushyâḥ putrasthânîyâ yayos tâdrîçyâu* | *lokadvayasthâ manushyâçca devâçca tadupajîvyatvât putrâ ity utcyante*.

Le scoliaste explique d'abord le composé possessif *devaputre* de la manière suivante : « (ceux) à qui les dieux (ou plutôt, d'après Sâyaṇa, *devâḥ*, c'est-à-dire, les hommes engagés dans les affaires, les hommes des professions actives[4]) sont tenant lieu d'enfants[5]. » Puis il rapporte l'épithète, ainsi expli-

second équivalent, *samrîddhyâ*, pour qu'il ne reste aucun doute.

1. Les grammairiens disent que le suffixe *tas* peut aussi, construit avec certains mots, suppléer d'autres cas. Voy. la *Grammaire sanscrite* de M. Benfey, § 572.

2. La racine *trîp*, qui peut suivre diverses classes pour sa conjugaison, et entre autres la 10e, a le sens à la fois transitif et intransitif, *saturare* et *saturari*, *exhilarare* et *exhilarari*.

3. Voy. aussi, sur ce sens d'*avas*, les dissertations de M. Roth, *Zur Litt. u. Gesch. des Weda*, p. 39, note.

4. *Vyavahartrî*, dans le sens restreint, désigne « les juges, les hommes de justice. »

5. Le locatif *sthâne* signifie adverbialement « à la place de » et « semblablement. »

quée, au duel *rodasî : tâdriçyâu*, « (il les dit) tels, ayant cet attribut. » C'est la manière ordinaire des interprètes, de commencer par traduire ainsi d'une façon absolue, et d'appliquer ensuite leur traduction au texte.

Malgré l'explication qu'il a donnée du mot *devâḥ*, il y renferme l'idée complexe de dieux et d'hommes, et ajoute : « ceux qui sont (*qui stant*) dans les deux mondes (le ciel et la terre), c'est-à-dire, et les hommes et les dieux, sont dits leurs enfants, par la qualité qu'ils ont de tenir d'eux le vivre, l'existence[1]. » M. Benfey ne donne pas au mot *deva* d'autre signification que celle de « céleste, » comme adjectif, et celle de « dieu, » comme substantif, et c'est à ce sens que nous nous en sommes tenu dans notre traduction.

La première moitié de la ligne suivante est plus difficile. Le commentateur la rattache, inutilement, ce me semble, à *anu syâma*. Il vaut mieux, si je ne me trompe, surtout à cause de la reprise de l'interpellation, par *ubhe*, la construire, comme nous l'avons fait, avec le refrain :

Idriçâvubhe (*idriçâu-ubhe*) *rodasî = dyâvâprïthivyâu devânâm ahnâm* | *etad râtrer apy upalakshaṇaṁ* | *dyotamânânâm ahnâm râtrîṇâṁ ca sambandhibhir ubhayavidhâiḥ çîtoshnâdirûpâir vilakshaṇâir dhaṇâir nimittabhûtâiḥ* | *teshâm lâbhâyetyarthaḥ* (*lâbhâya-iti-arthaḥ*) | *tadarthaṁ yuvâm anu syâma = anubhavema* | *çishṭo vyâkhyâtaḥ.*

« (Étant) tous deux tels, (ô) Ciel et Terre, par les biens de deux sortes, de nature distincte, tels que le froid et le chaud, etc., biens relatifs aux jours célestes [le mot *jour*, ajoute le commentateur, désigne aussi par synecdoque la nuit[2]], biens qui dépendent des jours brillants et des nuits. » Le rapport établi par *sambandhibhiḥ* est simplement, comme nous l'avons déjà vu, la glose de la désinence du génitif ; et *nimittabhûtâiḥ* celle de la désinence de l'instrumental[3]. Il résume, selon son habitude, cette longue explication, et la rattache, comme nous l'avons dit, au verbe *anu syâma* de la ligne précédente : « Pour la réception (la jouissance) de ces biens, en vue

1. L'adjectif *upajîvya* signifie : « procurant l'existence, un moyen de vivre, » *affording a livelihood*, et le neutre, employé substantivement, signifie « cause ».

2. Il semble que ce devrait être plutôt au génitif duel *ahnos* qu'au génitif pluriel *ahnâm*, à jouer ce rôle de dvandva elliptique dont nous avons déjà parlé plusieurs fois. On comprend aisément que le fréquent usage ait u donner lieu à cette extension. L'idée qu'aurait à rendre le duel est déjà exprimée d'ailleurs par l'adjectif *ubhayebhiḥ*, dans le sens où nous l'avons pris.

3. *Nimitta* veut dire *cause, cause instrumentale*. L'épithète *nimittabhûta* signifie donc : « le nom a ici le sens de nom de cause, de nom d'instrument : que nous soyons après vous, que nous soyons à vous, à cause de ces doubles biens, pour les obtenir de vous. »

de cela, que nous soyons après vous (que nous soyons à vous[1]), que nous soyons sous votre garde[2]. La fin de la stance a été expliquée. »

Le duel *ubhayehhis* (védique *-ebhis* pour *-âis*) est obscur. L'hémistiche veut dire, traduit littéralement en latin : *ambæ ambobus divinorum dierum*. Les catégories, les dualités que le scoliaste veut voir ici me semblent bien fines et bien modernes. J'ai considéré, sans être, je l'avoue, entièrement satisfait de cette signification, l'instrumental *ubhayebhiḥ* comme un neutre abstrait, exprimant l'idée de « dualité » et, par conséquent, de « couple, » de « paire[3]. »

CINQUIÈME STANCE.

La première moitié de la stance est facile; la seconde nous offrira encore deux mots obscurs. Voici comment Sâyaṇa explique le commencement :

1° et 2°[4]. *Saṁgacchamâne*=*parasparamupakâritvena saha yujyamâne* | *vrishṭihavishoçca parasparamupakâryopakârakabhâvaḥ* | *yadvâ pûrvaṁ saṁsrishṭe eva satyâu paççâd viyujya vrishṭihavishî akurvantyâu paççâd manushyâiḥ prârthitâir devâir vivâhite satyâu saṁgate abhûtâm ity âhuḥ* | *ayam artho dyâvâprithivî sahâstâm* (*saha-âstâm*) *ityâdi brâhmaṇe samâmnâtaḥ*.

« Allant ensemble, cela veut dire unies ensemble par une mutuelle assistance : il y a entre la pluie et l'offrande (de beurre clarifié, etc.) état réciproque d'assisté et d'assistant (d'assistance reçue et donnée; ces deux choses se provoquent et se font naître l'une l'autre[5]). — Ou bien (d'autres) disent

1. Voy. Westergaard, *Rad. l. S.*, p. 301.

2. *Anubhû* signifie aussi « jouir; » voy. les Racines de M. Westergaard. La particule *anu*, qui est tantôt préfixe, tantôt adverbe, tantôt préposition, se construit, dans ce dernier emploi, dans le sens d'*après*, avec l'accusatif. M. Benfey (*Gloss. du S. V.*) cite aussi un exemple où *anu*, dans le sens de « par, » est construit avec le génitif. Quant au verbe *as*, accompagné de ce préfixe, il ne lui donne que le sens d'*être derrière*, *protéger*. Ce serait le sens inverse que nous aurions ici, et cela n'a rien d'étonnant : « être derrière » peut signifier tout aussi bien « se mettre à l'abri, être à l'abri derrière » que « suivre pour protéger. »

3. Le neutre abstrait est quelquefois employé avec beaucoup de hardiesse dans les Védas. Voyez par exemple RV., I, 117, 10 : *etâni vâṁ çravasyâ*, « hæc vestrî (facinora) celebranda (sunt). »

4. Sâyaṇa réunit encore par la construction les deux parties de la stance et joint, comme nous le verrons, *pitror upasthe* à *bhuvanasya nâbhim*.

5. Si l'on pouvait prendre ici *havis* tout simplement pour un des noms de l'eau, *udakanâma*, comme le dit le *Naighaṇṭuka* (I, 12), nous aurions dans cette explication du commentateur de la très-bonne physique. Voy. les Éclaircissements de M. Roth sur le *Nirukta*, p. 110.

(expliquent ainsi ce mot) : (le Ciel et la Terre) ayant été d'abord simplement unis, puis s'étant séparés, (et) ne produisant plus la pluie ni l'offrande, (ils furent) ensuite mariés par les dieux, (qui avaient été) implorés par les hommes, (et) eurent commerce ensemble[1]. Ce sens est répété dans un Brâhmaṇa[2] en ces termes : « le Ciel et la Terre furent ensemble, etc.[3] »

Yuvatî = nityataruṇyâu miçrayantyâu vâ sarveshu bhâveshu | *samante = samânântike samânaparyante vâ* | *svasârâ = parasparaṁ svasṛîbhûte* | *jâmî = bandhubhûte.*

« *Yuvatî*[4] (signifie) toujours jeunes, ou bien (en dérivant le mot de la racine *yu*, qui veut dire *unir*, et, particulièrement à la forme intensive, *mêler*)[5] se mêlant à tous les êtres. — *Samante*, c'est-à-dire, ayant un commun voisinage (étant réciproquement voisines), ou bien ayant de communes limites. — *Svasârâ*, étant mutuellement sœurs ; *jâmî* = étant parentes. »

Le scoliaste interprète habituellement *jâmi*, comme il le fait ici, par *bandhu*. L'adjectif *jâmi* signifie « uni par des liens fraternels (de frères ou de sœurs), » *verschwistert* ou *verbrüdert*, comme le traduit M. Benfey dans son Glossaire ; c'est un développement poétique du duel védique *svasârâ* (sorores), une épithète par laquelle le poëte insiste sur l'idée d'union : « (comme deux) sœurs tendrement unies, dans le sein de leurs parents. »

Les mots *pitror upasthe* se rattachent, comme l'on voit, très-naturelle-

1. Comme dans la Théogonie grecque :

.... αὐτὰρ ἔπειτα
Οὐρανῷ εὐνηθεῖσα....
(Hésiode, *Theog.*, 132).

Un des sens de *gam* avec le préfixe *sam* est « coire, concumbere. » — La forme spéciale *gacch* est une espèce d'inchoatif. Comparez le grec βασκ- (βάσκε, dans *les Perses* d'Eschyle, βάσκ' ἴθι, dans Homère), et voyez le *Glossaire du Sâma-Véda*, au mot *gam*.

2. Les citations des Brâhmaṇas sont souvent faites ainsi d'une manière générale. Voyez l'Introduction au *Nirukta* de M. Roth, p. XXIV.

3. Je ne ferai qu'une seule remarque grammaticale sur cette longue explication du mot *saṁgacchamâne*. Les scoliastes, pour plus de clarté, accompagnent ordinairement les participes passifs du participe auxiliaire *sat* (du verbe substantif *as*, « être, *esse*, ») : *saṁsrishṭê satyâu, viyâhite satyâu.* C'est exactement notre périphrase française : « étant unis, étant mariés. » Notre participe n'a pas assez gardé la valeur verbale pour pouvoir s'employer habituellement seul : il n'exprime même plus bien le temps passé ; pour rendre le passé, il faut que nous remplacions *étant* par *ayant été* : « ayant été unis, ayant été mariés. » Ce n'est plus le verbe, mais, par suite des progrès de l'analyse, l'auxiliaire, un exposant détaché, qui exprime les rapports. Il est curieux de voir les grammairiens indiens recourir déjà à cette manière de préciser le sens.

4. Dans un autre hymne du Rig-Véda (III, 5, 1, 7), que nous aurons occasion de citer plus loin, le Ciel et la Terre sont nommés également *svasârâ yuvatî.*

5. Voy. le *Gloss. du Sâma-Véda*, p. 154, et le Commentaire de l'hymne *Agne naya*, st. 1 et 2. M. Benfey cite d'autres gloses où *yu* est interprété par *miçr*.

ment à *svasârâ jâmî*, et complètent la comparaison, l'idée d'union de famille : cela n'a pas empêché Sâyaṇa de les porter au vers suivant et de les construire avec *abhijighrantî bhuvanasya nâbhim*. Nous verrons tout à l'heure que cette construction n'éclaircit guère le texte.

Aux synonymes qu'il vient de donner des termes figurés *svasârâ* et *jâmî*, il ajoute les raisons mythologiques ou cosmogoniques de la métaphore :

Prajâpateḥ sakâçât sahotpannatvât (*saha-utpannatvât*) *parasparaṁ jâmitvaṁ* | *tathâ ca nigamo divam ca prĭthivîm cântariksham* (*ca antar...*) *atho svaḥ yato dyâvâprĭthivî nishṭatakshur iti*[1].

« La mutuelle qualité de parentes leur vient de ce qu'elles ont été produites ensemble par *Pradjâpati* (le maître des créatures). Ainsi le Véda[2] (nous dit) : Ils construisirent le ciel (visible), et la terre, et l'atmosphère, et le ciel (appelé *svar*), d'où (c'est-à-dire, de la réunion desquels ils composèrent cet ensemble nommé) *dyâvâprĭthivî*. »

La suite du commentaire est relative à des mots beaucoup moins faciles à entendre, et il me semble que Sâyaṇa, outre qu'il ajoute à l'obscurité, comme je l'ai dit, par la construction qu'il adopte, les traduit, si je le comprends bien, d'une manière peu satisfaisante. Je me suis écarté de son interprétation, au moins du sens que j'y ai trouvé, et je dirai sur quoi je me fonde pour entendre ce passage comme je le fais; mais voyons d'abord la glose sanscrite :

1. Sur *atho*, pour *atha u*, voy. le *Glossaire du Sâma-Véda*. — *Sakâçât*, avec un génitif, est, dans les scoliastes, une paraphrase de la désinence de l'ablatif, comme *sambandhi* et *nimittabhûtena* ou *nimittena* seul, que nous avons vus plus haut, développent celle du génitif et de l'instrumental. Ces développements des désinences de cas ne sont pas particuliers à la langue des scoliastes indiens. Ils abondent, par exemple, dans les traductions de l'hébreu. Voyez surtout cette ancienne version des psaumes que l'Église, dans le corps des Écritures, a préférée à celle de saint Jérôme : « Non est sanitas in carne mea *a facie iræ tuæ;* non est pax ossibus meis *a facie peccatorum meorum* (pour : *ab ira tua, a peccatis meis*). » *Psalm.* XXXVII, 4. « *De vultu tuo* judicium meum prodeat (pour : *de te*). » *Psalm.* XVI, 2. Ce sont bien là, comme le *sakâçât* de Sâyaṇa, des substituts de la terminaison de l'ablatif. — En voici un du datif : « tradentur *in manus gladii* (= *gladio*). » *Psalm.* LXII, 11. — *Taksh* paraît signifier proprement « aiguiser, » puis « rendre brillant ; » il s'emploie aussi dans le sens de « bâtir » (voy. le *Sâma-Véda*, I, 5, 1, 6, 4). — M. Benfey (II, 5, 1, 14, 2) a traduit le composé que nous avons ici, par le sens du simple, *wetzten*, « aiguisèrent. » — Pâṇini, au livre huitième (55 à 119), donne les règles de la permutation des dentales en cérébrales. Au 103ᵉ sûtra, où le parfait *tatakshuḥ* est donné parmi les mots dont le *t* initial est sujet à ce changement, la glose cite précisément notre exemple : *dyâvâprĭthivî nishṭatakshuḥ* (pour *nish tatakshuḥ*).

2. Faut-il, comme nous avons fait ici, lire *nigamo*, ou bien le duel *nigamâu* aurait-il un sens particulier? L'*Amarakôsha* (III, 5, 23) donne de même au duel le dérivé *nâigamâu* (*dvâu*). — Pâṇini a em-

Pitroḥ sarvasya pitṛisthânîyayoḥ pâlakayos tayor upasthâ utsañgge sthitam bhuvanasya bhûtajâtasya nâbhim bandhakam udakam abhijighrantî=abhighrâṇam kurvantyâu spṛiçantyâu.

« *Des pères* (*des parents*, s'applique au ciel et à la terre et signifie) : semblables aux parents, protecteurs du tout[1]. *Abhijighrantî*, c'est-à-dire (d'après la décomposition que la glose fait de ce participe en un nom verbal accompagné de *kṛi*, « faire, » faisant l'embrassement), embrassant[2], touchant l'eau, qui est le lien du monde, collection des êtres, (l'eau) placée dans leur sein (*upasthe* est expliqué, comme plus haut, par *utsañgge*). » J'ai entendu et traduit *abhijighrantî bhuvanasya nâbhim* d'une manière qui me paraît simple et naturelle, et qui est justifiée par d'autres passages des Védas : « Flairant, sentant, le (Sôma qui filtre au) centre de l'eau. » *Nâbhi* signifie proprement « nombril, » et, par extension, « centre, » comme dans bien d'autres langues[3]. Il désigne, dans un passage du *Sâma-Véda* (II, 4, 2, 1, 11), le Sôma, probablement le filtre, la passoire placée au-dessus du bassin rempli d'eau dans lequel le Sôma tombe goutte à goutte, par d'innombrables voies, par le centuple chemin, comme il est dit dans un hymne (I, 6, 2, 2, 4) :

. . . *samarshati somaḥ kalaçe çatayâmanâ*[4] *pathâ.*

La métaphore de *nâhbi*, « nombril » et « centre, » convient parfaitement

ployé plusieurs fois *nigama* dans l'acception de « Véda » (VI, 4, 9; VII, 2, 64; — 4, 74). Sur le sens de ce mot, d'où l'on dérive *nighaṇṭu*, voy. le *Nirukta* I, 1, et le commentaire de M. Roth, p. 4.

1. Dans son interprétation, il ramène *pitṛi* à sa racine, qui est *pâ*, « protéger. » Au sujet du *l* que prend la racine *pâ*, pour passer à la signification causale, voy. la *Grammaire comparative* de M. Bopp, § 748, et les rapports qu'il établit entre cette formation et certains radicaux grecs. — Nous avons déjà vu plus haut (stance 4, p. 33) le même emploi de *sthânîya*, pour exprimer qu'un mot est pris dans le sens métaphorique. C'est encore un des termes techniques du langage des scoliastes.

2. Je n'ai pas vu d'exemples de la racine *ghrâ* accompagnée du préfixe *abhi*. Ce composé manque dans les Racines de M. Westergaard, etc. ; avec *â*, ainsi qu'avec *upa*, *ghrâ* prend, outre son sens propre de « flairer, sentir, » celui d'*osculari*.

3. *Nâbhi* se trouve deux fois dans le *Nirukta* (IV, 21 et VI, 21), mais chaque fois avec le sens de « parent, parenté, » qui ne peut pas convenir à notre passage. On le dérive (voy. le Dict. de M. Wilson) de la racine *naḥ* (pour *nabh*), « lier », cf. *nectere*. C'est sans doute à cause de cette étymologie que Sâyaṇa traduit ce mot par *bandhaku*. Je suppose qu'il veut parler « de cet océan mobile qui sépare le ciel et la terre, de la vaste mer atmosphérique, » qu'ils embrassent, en effet, dans leur sein. Voyez l'article inséré par M. le baron d'Eckstein dans l'*Athenæum* du 13 janvier 1855.

4. *Çatayâman*, adjectif composé possessif qui signifie : « ayant cent voies, cent passages; » *çatayâmanâ pathâ*, « par la route aux cent voies, » expression poétique et d'une précision fort élégante, pour peindre le filtre, par où dégoutte le jus du Sôma. Ce filtre est une queue de brebis, que les hymnes nomment *mesha*, *pavitra*, etc. De là des

à cette image. Quant au substantif *bhuvana*, proprement « créature, » que le *Naighanṭuka* (I, 12) place dans la longue énumération des noms de « l'eau » (*ekaçatam udakanâmâni*[1]), il marque évidemment, dans plusieurs hymnes du *Sâma-Véda*, l'eau placée dans un vase (*droṇa*, *koça*, ou *kalaça*[2]), au-dessous du Sôma, et dans laquelle le Sôma filtre :

tubhyema bhuvanâ kave mahimne Soma tasthire tubhyaṁ dhâvanti dhenavaḥ (II, 2, 1, 1, 3);
ayaṁ viçvâni tishṭati punâno bhuvanopari somo devo na sûryaḥ (II, 1, 2, 16, 3[3]).

Ces citations sont, je crois, plus que suffisantes pour nous autoriser à nous écarter ici de Sâyaṇa et pour justifier le sens que nous avons adopté[4].

La glose de la 5e stance se termine par une citation destinée à prouver que l'eau, qui est nommée dans un mantra « cette eau commune, etc., » est réellement un don commun au Ciel et à la Terre :

Samânam etad udakamityâdi mantravarṇâd ubhayor udakapradatvam prasiddham.

Les derniers mots *îdrîçyau no rakshatam*, « étant tels, protégez-nous, » rattachent le refrain au reste de la stance.

épithètes comme *atyavi* (*d'ati+avi*, « brebis, *ovis* »), « placé au-dessus de la brebis, » c'est-à-dire, de cette queue qui sert de passoire.

1. Il donne ce sens à trois mots tirés de la racine *bhû* : *bhûtam*, *bhuvanam*, *bhavishyat*, formes qui, par la manière dont elles sont dérivées, marqueraient l'une le passé, l'autre le présent, l'autre l'avenir, et renferment toutes l'idée fondamentale de « créature, d'élément. » — Dans le *Nirukta*, le substantif *bhuvanam* est généralement expliqué par *bhûtam*; une fois (X, 34) le pluriel *viçvâ bhuvanâni* est rendu par *sarvâṇi bhûtâny udakâni*.

2. L'image du Sôma filtrant dans le vase est exprimée souvent dans les hymnes avec diverses figures et comparaisons. Voici un vers, par exemple, où l'idée est rendue avec une expressive et poétique élégance :

esha pra koçe madhumân acikradad (I, 6, 2, 2, 3);

acikradad est un aoriste, de signification causale, de la racine *krand*, qui signifie proprement « hennir, » et par extension « retentir » en général. (voy. le *Glossaire du Sâma-Véda*, p. 50).

3. Voici comment M. Benfey traduit ces deux passages : « Dir stehen, Soma, zur Herrlichkeit, o Weiser, diese Schöpfungen; dir eilen die Säugekühe zu. » — « Dieser stehet gereiniget uber den Wesen allesammt, Soma gleichwie, der Sonnengott. » Dans la première phrase, il rend *bhuvanâ* par « Schöpfungen; » dans la seconde, *bhuvanôpari* par « über den Wesen; » mais il a soin d'ajouter en note : « Schöpfungen=Wasser in den Becken, » et dans un autre hymne encore (I, 2, 2, 16, 3), où il traduit également *bhuvaneshu* par « Schöpfungen, » il l'explique par une note semblable : « Schöpfungen=Wasser » Comparez en outre I, 6, 2, 2, 7.

4. Je m'aperçois, au reste, que M. Benfey, dans son *Glossaire*, à l'article *nâbhi*, renvoie aussi à ce passage de notre hymne, et qu'il a pensé, avant nous, à ce sens auquel nous nous sommes arrêté.

SIXIÈME STANCE.

1° *Urvî = vistîrṇe sadmanî = sadanâdhârabhûte*[1] *brihatî = mahatyâu = mahânubhâve | devânâm | upalakshaṇam etat | devamanushyâdînam avasâ prîtyâ nimittena janitrî vrishṭisasyayor janitryâu | vrishṭyâder devânâm avasâ = tarpaṇena nimittena ṛitena = yajñena ca nimittabhûtena huve = âhvayâmi | devânâṁ havirartham asmadyajñâyety (yajñâya-iti) arthaḥ.*

Les premiers mots de la stance sont expliqués par des synonymes, « *urvî* (larges), c'est-à-dire, étendus; *sadmanî* (demeures), c'est-à-dire, étant les supports des demeures; *brihatî*[2] (amples), c'est-à-dire, *mahatyâu*, grands, ayant une grande dignité[3]. — (Le mot) *devânâm* (des dieux) est une synecdoque[4], et signifie des dieux, des hommes, etc. — *Janitrî* (mères), à savoir, productrices de la pluie et du grain; *avasâ*, c'est-à-dire, par amour (*nimittena*, comme nous l'avons dit, marque que le mot est à l'instrumental) pour les dieux, les hommes, etc. »

Dans ce qui suit, il semble qu'il donne, comme il l'a fait à la 4e stance, un second sens, ou du moins un second emploi dans la phrase, au substantif *avasâ*.

« (En ce qui nous concerne, c'est) pour la pluie, etc. (pour que vous nous accordiez la pluie, etc.), et, pour les dieux, (c'est) en vue de l'offrande (que) je vous invite (*huve = âhvayâmi*[5]) à notre sacrifice, par la satisfaction, le

1. *Sadmanî sadanâdhârabhûte*. Cette apposition, et la manière dont l'explique le scoliaste, rappelle le beau vers d'Hésiode (*Théog.* 117) :

Γαῖ' εὐρύστερνος, πάντων ἕδος ἀσφαλὲς αἰεί.

Un peu plus bas (128), il donne, comme fait notre hymne, le même attribut au Ciel :

Οὐρανὸν ἀστερόεντ',....
Ὄφρ' εἴη μακάρεσσι θεοῖς ἕδος ἀσφαλὲς αἰεί.

2. *Brihat* (dans le sanscrit ordinaire *vrihat*), de la racine *brih*, *vrih*, « croître; » *sadman*, de *sad*, « être assis, placé, » lat. *sed-ere; urvî*, de l'adj. *uru*, dont la forme primitive est *varu*, comme le montre le superlatif *varishṭha*, de la racine *vri* (*var*), « entourer, couvrir » et du suffixe *u*. Je n'ai pas besoin de faire remarquer l'identité d'*uru* et du grec εὐρύ(ς), pour le sens comme pour la forme.

3. Le substantif *anubhâva*, du préfixe *anu*, « après » et de *bhâva*, qui vient de la racine *bhû*, signifie d'abord, d'après le sens des éléments dont il est composé, « résultat, conséquence; » de là au sens de « poids, d'importance, d'autorité, » il n'y a pas loin.

4. Nous avons déjà vu *upalakshaṇam* dans le même sens. Le mot est bien formé : *upa*, « (de bas en haut) sous : « une synecdoque, une désignation générique, est celle qui comprend, sous l'idée exprimée, d'autres idées subordonnées.

5. Voy. plus haut stance 3, p. 29, note 3.

rassasiement des dieux (*avasâ* = *tarpaṇena*[1]), et par le sacrifice (*rĭteṇa*[2] = *yajñena*) [en d'autres termes : ô Ciel et Terre, je vous invite à notre sacrifice, je vous y attire par l'offrande, par les mets qui rassasient les dieux, afin que, par votre faveur, nous ayons la pluie, etc. ; et les dieux, l'offrande.] » C'est à peu près, comme l'on voit, le sens que nous avons adopté. Seulement nous n'avons rien suppléé pour compléter *janitrî*. Le mot se comprend très-bien absolument et sans régime. C'est une épithète ordinaire du Ciel et de la Terre. Voyez dans le *Nirukta* (VIII, 14) une citation du *Rig-Véda* (VII, 1, 2, 9), où le dvandva *dyâvâprĭthivî* est également accompagné de *janitrî* :

ya ime dyâvâprĭthivî janitrî, etc.

D'un autre côté, il va sans dire que nous n'avons pas fait figurer deux fois dans la construction l'instrumental *avasâ*. Au reste, le sens que Sâyaṇa donne à ce nom, dans sa première explication, est un de ceux de la racine *av*, d'où il est tiré : elle signifie : « saisir, embrasser, aimer. »

2° *Ye supratîke* = *çobhanarûpe*[3] *amrĭtam* = *udakaṁ dadhâte* = *dhârayataḥ* | *te*[4] *yuvâṁ âhvayâmi* | *çishṭaṁ spashṭam*.

« Vous qui, beaux, c'est-à-dire, ayant une belle forme, soutenez, c'est-à-dire, portez, *amrĭtam* = l'eau, (c'est vous que) j'invite. Le reste est clair (a été expliqué). » Ici nous ne différons de Sâyaṇa que pour la traduction du neutre *amrĭtam*, « immortalité. » Le *Naighaṇṭuka* donne à ce nom des sens divers : entre autres, celui d'« eau » et d'« or. » Sa véritable signification, dont il ne faut s'écarter, je pense, que lorsqu'il est impossible de faire autrement, est « immortalité, » puis « breuvage d'immortalité. »

1. Nous avons ici les deux gloses de la désinence de l'instrumental, dont j'ai parlé plus haut : je ne les traduis plus, elles ne servent qu'à bien préciser le rapport que marque le cas.

2. *Rĭta(m)* est d'un usage très-fréquent dans les Védas. Rosen, dans ses notes sur le 8e vers du 1er hymne du *Rig-Véda* (p. VII), l'explique ainsi : « *Rĭta* proprie id quod purum est designat, ut limpidam aquam (vid. *Nigh.*, I. 12); deinde quidquid sincerum, integrum, rectum, et justum est : hinc transfertur modo ad ipsam puram ceremoniam, modo ad justos et meritos pietatis fructus. » C'est proprement le participe neutre de la racine *rĭ*, « aller, » employé substantivement : il signifie « allé, droit, » et par extension « le droit, le vrai, le saint. » Il désigne particulièrement l'offrande, la cérémonie sainte. » Voy. le *Glossaire du Sâma-Véda*, p. 35.

3. *Su-pratîke* = *çobhanarûpe*. Il y a pour les particules et les préfixes des gloses consacrées : *çobhana*... est l'interprétation ordinaire de *su*.

4. Le duel *te* résume, comme à l'ordinaire, l'explication qui précède, et en même temps il sert d'antécédent logique à *ye*. Il est bien rare que les commentateurs laissent le conjonctif sans antécédent, et qu'ils le rattachent à un autre mot que son corrélatif propre, *sa*, *tat*; comme nous faisons en français, en latin, quand nous disons, par exemple : *yuvâm*, « vous qui, *vos qui*. »

M. Benfey ne donne *supratîka*, dans son Glossaire, qu'avec le sens de « ayant une belle trompe, » le seul sans doute où il soit employé dans le *Sâma-Véda*. Ici il a évidemment une signification plus générale, celle que lui donne le commentaire : *cobhanarûpa*, « ayant une belle forme. » *Pratîka*, dérivé du préfixe *prati* (προτί, πρός), signifie, comme adjectif, « tourné vers ; » comme substantif neutre, « face ; » dans le sanscrit ordinaire, où il s'emploie au masculin, il a le sens de « membre. » Comparez, quant à la forme et à la dérivation du mot, les thèmes *abhîka*, *samîka*, *parâka*, etc., tirés des préfixes *abhi*, *sam*, *parâ*.

SEPTIÈME STANCE.

1° *Urvî* = *urvyâu* = *mahatyâu prithvî* = *prithivyâu bahule* = *anekaprakâreṇa prathamâne bahvâkâre dûreante* = *viprakrishṭântadeçe* | *apâre ity arthaḥ* | *îdriçyâu yuvâm asmin yajñe namasâ* = *namaḥsâdhanena* = *stotreṇopabruve* (*stotreṇa-upabruve*) = *upetya bravîmi* = *staumîty* (*stâumi-iti*)-*arthaḥ*.

Il remplace la forme védique *urvî* par la forme ordinaire *urvyâu* et la traduit par *mahatyâu*, « grande, » qu'il a donné pour synonyme, dans la stance précédente, à *brihatî*. Quant à *prithvî*, de l'adjectif *prithu*, on dirait qu'il ne le considère pas comme une épithète, mais comme le nom auquel les autres adjectifs se rapportent. Le singulier *prithvî* se trouve dans le *Naighanṭuka* (I, 1) comme nom de la Terre, et la même forme, au duel, est donnée plus loin (III, 30) parmi les synonymes de *dyâvâprithivî*[1] (*dyâvâprithivînâmadheyâni*), et c'est dans ce sens que semble le prendre ici Sâyaṇa, quand il le commente par *prithivyâu*. *Bahule*, qui répond à *multus*, πολύς, il le traduit : « étendues de diverses façons, ayant des formes nombreuses ; » et le composé védique *dûreante*, « ayant des régions aux limites éloignées, » c'est-à-dire, « immenses. » Dans l'explication d'un autre passage du *Rig-Véda* (III, 5, 1, 7), cité par le *Nirukta* (IV, 25) :

samânyâ viyute dûreante,

1. Les adjectifs *urvî*, *bahule*, *apâre*, que nous avons ici dans le scoliaste, le composé *dûreante*, le nom *sadmanî*, que nous avions à la stance précédente, *rodasî*, que nous avons vu deux fois, se trouvent également dans cette énumération de synonymes du *Naighanṭuka*.

Sâyaṇa analyse le mot *dûreante* et en interprète les éléments : *dûre-anto 'vasânaṁ yayos te dûreante*, « (ceux) dont la fin, la limite est loin, ceux-là sont *dûreante* (littér. ayant leur limite loin)[1]. »

Les mots *upa bruve*, etc., ne présentent aucune difficulté : « Vous (qui êtes) telles, je vous célèbre, par (mon) adoration, par l'accomplissement de l'adoration [autre manière de rendre l'instrumental], c'est-à-dire, par mon hymne, dans ce sacrifice; je chante, m'adressant (à vous)[2], je vous loue : tel est le sens. »

2° *Punaḥ kîdrïçyâu | ye subhage = çobhanabhâgye supratûrtî = supratarane çobhanadâne*[3] *dadhâte viçvaṁ jagat te yuvâm upa bruve | stâumi.*

« Quelles encore? » Le scoliaste emploie souvent ces transitions interrogatives : « (vous) qui, bien partagées, ayant un beau destin, *supratûrtî* = *supratarane*[4] (ayant, assurant un beau passage), ayant de beaux dons, soutenez, c'est-à-dire, supportez le monde entier, (c'est) vous (que) je célèbre, (que) je loue. »

HUITIÈME STANCE.

1° *He dyâvâprïthivyâu vayaṁ devân = devân prati yat kaccid âgo = 'parâdhaṁ*[5] *tattadyâgakâle teshâṁ teshâṁ*[6] *ayâgalakshaṇaṁ sadamit sarvadâiva (sarvadâ-eva) cakrïma | krïtavanto vayaṁ*[7] *| sakhâyaṁ vâ =*

1. M. Roth (*Erläuterungen*, p. 50) traduit ainsi les trois mots que nous avons cités d'après le *Nïrukta* : « Vereint und doch getrennt, *in weiter Ferne endend.* » Le locatif *dûre* figure en tête de plusieurs composés : voyez ceux que cite M. Benfey, dans sa Grammaire sanscrite, § 621.

2. Il décompose *upa bruve* en *upetya bravîmi*. *Upetya* (*upa*, plus le gérondif de la racine *i*, « aller ») est laglose du préfixe *upa*. Voy. p. 41, note 3.

3. *Çobhanabhâgye*, *çobhanadâne*. Voy p. 41, note 3.

4. On voit que le scoliaste dérive *supratûrti* de la racine *trî* (avec un *rï* long), *tarati*, qui signifie « traverser, passer au-dessus. » M. Benfey, qui traduit *suprâturti* par « schön uberwältigend, » rattache *pratûrti*, « combat, » à la racine *turv* (voy. *Gloss.*, p. 131). — *Taraṇa*, que nous avons dans la traduction de Sâyaṇa, et qui veut dire proprement « passage, » est un des mots qui désignent le *svarga* ou paradis.

5. M. Wilson ne donne dans son Dictionnaire que la forme *aparâddham*. MM. Böhtlingk et Roth, dans le leur, ont les deux orthographes, *ddh* et *dh* seul, mais c'est à cette dernière, avec raison, qu'ils donnent la préférence. — Le nom est composé du préfixe *apa* (ἀπό) et de *râdh*, « faire, accomplir. »

6. *Tadtad...*, *teshâṁ teshâm...*, répétition dans le sens distributif : c'est, comme l'on sait, la tournure qui rend le plus ordinairement, en sanscrit, l'idée de *chaque*, *chacun*. En latin, la copule *que* (*quis-que*, *ubi-que*, etc.) forme des locutions du même genre : c'est une répétition, simplement indiquée; il y a ellipse du premier ou du second terme.

7. *Krïtavanto vayam*. Le verbe est remplacé,

priyam mitraṁ vâ prati yaccakrĭma | jâspatim jâḥ = putryaḥ | tâsâm patiṁ jâmâtaraṁ vâ | jâyâpatim[1] *prati doshâropaṇakalahotpâdanâdirûpaṁ*[2] *yat sarvadâiva*[3] (*sarvadâ-eva*) *cakrĭma.*

« O Ciel et Terre, toute faute, tout péché que nous avons pu faire, que nous (sommes) ayant fait jamais (*sadamit = sarvadâ-eva*) envers les dieux (*devân = devân prati*), dans le temps de tel ou tel sacrifice, faute ayant pour caractère le non-sacrifice à tels ou tels dieux (consistant dans l'omission de l'offrande à tels ou tels dieux); ou (toute faute) que nous avons faite envers *sakhâyam*, c'est-à-dire, une personne chère, un ami.... »

Avant de continuer l'explication de la phrase, il s'arrête pour analyser le substantif composé *jâspatim* et en déterminer le sens : « *jâḥ* (est synonyme de) *putryaḥ*, filles; *jâspatim* (désigne donc) le mari de celles-là ou le gendre. » Après cette décomposition, il reprend la phrase : « ou (encore) toute faute que nous avons commise en aucun temps envers le mari d'une fille, faute consistant, par exemple, à avoir implanté quelque vice (à lui avoir caché, en lui donnant sa fille, quelqu'une de ces maladies héréditaires qui doivent empêcher le mariage[4]), à avoir fait naître des querelles, etc.... » Ici finit la proposition relative : la suite du commentaire va nous donner la proposition antécédente.

2° *Eshâm uktarûpâṇâm pâpânâm apagamaṁ kartum iyaṁ dhîr yushmat*

comme de coutume, par un participe, sans auxiliaire : ce participe, dérivé de la forme *krĭta*, marque le temps du parfait redoublé dont il tient la place (*cakrĭma*). Les finales *tavat*, *navat*, qui servent à former ces sortes de participes, sont composées du suffixe du participe passé passif *ta* ou *na* et du suffixe possessif *vat* : ils reproduisent donc exactement notre participe passé actif, *ayant fait* (*ayant*, mot possessif; *fait*, participe passé passif). Voyez Bopp, *Kritische Grammatik der Sanskrita-Sprache*, § 553.

1. Je suppose qu'il faut lire *jâyâḥ patim*, « le mari de la fille. » C'est la coutume des scoliastes, après avoir expliqué un composé de dépendance (*tatpurusha*), de le reproduire, ainsi décomposé, en donnant au premier terme la désinence du cas qui marque son rapport de dépendance : *jâyâḥ* est le génitif du mot védique *jâ*, « enfant, rejeton. » M. Benfey, dans l'introduction qu'il a mise en tête de son édition des hymnes du *Sâma-Véda* (p. XLIV), rapproche de *jâspati* le grec δεσπότης. Ailleurs, dans son *Glossaire* (p. 89), il compare δέσποινα à *dâsapatnî*.

2. Le substantif *rûpa*, « forme, » joue véritablement, comme l'on voit, le rôle d'une simple formative : aussi les grammairiens le placent-ils, ainsi que son dérivé *rûpya*, dans la liste des suffixes.

3. Voilà un emploi d'*eva* qui est différent, en apparence, de la valeur restrictive que nous lui avons vue plus haut; mais, en réalité, le sens de la particule est toujours le même. Elle sert à déterminer l'étendue, la compréhension des mots : tantôt elle marque à quoi leur signification se borne; tantôt, comme ici, jusqu'où elle s'étend : *sarvadâ-eva*, « même toujours, » c'est-à-dire, « *en étendant* ceci *à* tous les temps, à toutes les fautes de ce genre, commises en quelque occasion que ce soit. »

4. *Sañgkrâmiṇo rogâḥ*, comme disent les livres de médecine : voyez les Lois de Manu, III, 7, et le commentaire de Kullûka Bhaṭṭa.

stutirûpam idam karma bhûyâḥ = bhûyât = bhavatu | dyâvety (dyâvâ-iti)-âdi gatam.

« Que cette dévotion, c'est-à-dire, cette œuvre (sainte), qui a pour forme votre célébration (cette prière, cet hymne à vous adressé), soit [*bhûyâḥ*, dit le scoliaste, est pour *bhûyât*, qui équivaut, quant au sens, à *bhavatu*], qu'elle soit, dis-je, pour faire l'éloignement de tous ces péchés dont nous avons dit la nature (qu'elle éloigne de nous tous ces péchés). Le reste est connu. »

Suit une petite instruction liturgique que je ne copie pas, parce que je me propose uniquement ici de donner l'interprétation du texte de l'hymne, mais qui signifie, si je ne me trompe, qu'il suffit partout, au refrain, de dire « *rakshatam, rakshatam,* » parce que toute amphibologie, toute confusion avec les *Açvins*, ou tout autre couple divin, est impossible.

Pour toute cette stance, notre traduction est parfaitement conforme à celle de Sâyaṇa. On pourrait être tenté de s'écarter de sa manière d'entendre, pour un seul mot, pour *jâspatim*, et, tout en laissant à ce terme son sens propre, de le regarder comme une sorte de synecdoque ou de métonymie, désignant tous les parents ou au moins tous ceux qui sont entrés dans la famille par alliance. Le sens restreint et tout particulier a peut-être quelque chose de plus antique.

Dans le second vers, mais il ne s'agit ici que de la tournure (au fond, le sens est le même), le commentateur considère la 2ᵉ personne *bhûyâḥ*, comme employée pour la 3ᵉ. Ne pourrait-on pas le laisser à la 2ᵉ personne et faire de cette proposition une apostrophe, qui serait, je l'avoue, un peu brusque et hardie (surtout à cause de la présence du pronom démonstratif *iyam*, s'accordant beaucoup mieux avec la 3ᵉ personne), mais qui cependant n'aurait rien de trop étrange ni d'impossible dans la poésie lyrique? Je dois ajouter toutefois que ce qui rend vraisemblable l'interprétation du commentateur, c'est qu'on trouve, dans les Védas, d'assez nombreux exemples de la 2ᵉ personne du potentiel prise dans le sens de la 3ᵉ. Voyez ceux que cite M. Roth dans ses *Éclaircissements sur le Nirukta*, p. 85, note 1.

Le verbe *cakrîma*, « fecimus, » gouverne dans le texte de l'hymne un double accusatif, celui de la chose et celui de la personne (ποιεῖν τινά τι); Sâyaṇa détermine le rapport en ajoutant à l'accusatif de la personne la préposition *prati*, « envers. » Outre cette construction, la première moitié de la stance nous offre deux formes remarquables : les anciens neutres *kad* (*kat*) et *id* (*it*), des thèmes pronominaux *ka* et *i* (comparez le latin *quod*, *quid* et *id*). *Kad* ne s'est conservé que dans le pronom indéfini *kaccid* (*kat-cid*), « quodcumque, » qui est remplacé, dans le sanscrit ordinaire, par *kiñcit*; quant à l'ancien accusatif *id*, *it*, il ne s'emploie que comme particule postpositive et pour fortifier et accentuer en quelque sorte l'affirmation [1]. L'adverbe temporel *sa-dam* nous offre un vestige de l'ancien thème pronominal *sa*, qui est resté dans la déclinaison du démonstratif *tat* (comparez l'article grec ὁ), et dont le locatif *sâsmin* se trouve encore dans les Védas (voy. le *Glossaire du Sâma-Véda*, p. 75).

Dans la seconde partie de la stance, *dhîh*, qui signifie proprement « esprit, » prend le sens qui lui est ordinaire dans les hymnes védiques, de « pensée, attention, dévotion, » et, par le passage si facile et si naturel du sens abstrait au sens concret, celui d'« œuvre pieuse, prière, chant sacré, offrande [2]. »

NEUVIÈME STANCE.

1° *Ubhâ çamsâ = dyâvâprithivyor ubhayor vishayâvubhâvapi* (*vishayâu-ubhâu-api*) *çamsau* | *naryâ = narebhyo hitâu* | *îdrîcyâvubhayâçraye* (*îdrîcyâu-ubha....*) *stutî mâm avishṭâm = rakshatâm.*

Il remplace, comme à son ordinaire, les formes védiques par les formes devenues seules régulières plus tard : « que les deux chants, oui, l'un et l'autre [3], qui s'adressent à ces deux (divinités), au Ciel et à la Terre [4]; que ces (chants) utiles aux hommes [5], ces bénédictions adressées à (toutes) deux (et

1. Voyez, sur la valeur de ces sortes de particules qui accentuent le discours, mon introduction au *Traité de la formation des mots* dans la langue grecque, p. 33.

2. Pour compléter les remarques auxquelles peut donner lieu le texte de cette stance, il me reste à dire que le substantif *avayânam* n'est ni dans le dictionnaire de M. Wilson, ni dans le *Glossaire du Sâma-Véda*, mais il se tire régulièrement de la racine *yâ*, « aller, » combinée avec le préfixe *ava*, qui marque éloignement. Le verbe composé *ava-yâ* est donné dans les racines sanscrites de M. Westergaard, avec le sens de « descendre » et d'« éloigner. »

3. Cet emploi d'*api*, qui est très-fréquent, a, comme l'on voit, beaucoup d'analogie avec celui d'*eva* dont nous avons parlé un peu plus haut, p. 44, note 3.

4. Le substantif *vishaya*, « objet, » termine ordinairement des composés possessifs qui signifient : « ayant pour objet..., relatif à.... » Dans ces sortes d'adjectifs, il devient, quant au sens, un véritable suffixe. Voyez ce que nous avons dit plus haut (p. 44, note 2) d'un semblable emploi de *rûpa*.

5. M. Benfey, dans son *Glossaire*, traduit l'adjectif *narya* (qui est dérivé de *nara*, « homme, » au moyen du suffixe *ya*) par « agréable aux hommes. » Le mot *hita* (de la racine *dhâ*) dont Sâyaṇa se sert dans sa traduction, signifie *propre à*, *fait pour*, *utile*, *ami* : « ces chants, ces prières amies des hommes. »

qui sont) telles (que je viens de le dire), me protégent (*avishṭâm*[1], synonyme *rakshatâm*). »

Après cette première interprétation, que j'ai suivie, il en propose une autre qui est beaucoup moins naturelle, et qui prête au poëte une intention assez puérile.

Yadvâ dyâvâprïthivyabhimânidevayor eva çaṁsaçabdenâbhidhânât (.... *çabdena-abhi*....) *pulliñggatâ*[2].

« Ou bien, de la dénomination (qui est faite ici) au moyen du mot *çaṁsa* (auquel le scoliaste donne sans doute, dans ce cas, un sens passif[3]), résulte simplement pour les deux divinités qui sont tenues pour le Ciel et la Terre[4], la qualité d'être du genre masculin ; » ce qui veut dire, en d'autres termes, et en prenant une tournure plus simple et moins abstraite : « ou bien notre hymne, par cette épithète (*çaṁsâ*, qui a la désinence d'un duel védique masculin), nous fait simplement entendre que les deux divinités du Ciel et de la Terre sont du genre masculin (tandis que leurs noms *dyâvâprïthivî* et toutes les épithètes employées jusqu'ici pourraient faire croire qu'elles sont du genre féminin, ce qui serait au-dessous de leur dignité). »

Cette phrase du scoliaste est encore un exemple, relativement simple et peu complexe, de la répugnance que la prose du style technique semble avoir pour l'emploi du verbe, et de l'abus qu'on y fait de la synthèse. Littéralement traduite, la proposition veut dire : « Qualité de masculin de ces deux divinités (résultant) de la dénomination par le mot *çaṁsa*. » Encore

1. *Avishṭâm* est la 3e personne du duel, dans le sens de l'impératif, d'un aoriste multiforme de la racine *av*, que nous avons déjà trouvée dans plusieurs mots, et qui a, entre autres significations, celle de « protéger. » Voyez la *Grammaire sanscrite* de M. Benfey, § 862.

2. *Puṁliñgga* (par assimilation *pulliñgga*) signifie, dans la grammaire de Vopadêva, etc., le genre masculin. Pâṇini emploie dans le même sens le mot simple *puṁs*, « mâle » (*puṁsi*, II, 4, 29, signifie « au masculin ; » *puṁvat*, I, 2, 66, « comme le masculin »). De même le locatif de *strî*, « femme » (*striyâm*, IV, 1, 176) veut dire « au féminin. » *Napuṁsakam* (« non-mâle ») désigne le genre neutre.

3. *Çaṁsa*, « éloge, » pour « objet d'éloge, loué, louable. »

4. Le substantif *abhimâna* de *abhi-man*, qui, entre autres sens, a celui de « croire, » signifie « pensée, opinion, conscience, » et en particulier « l'idée, la haute idée qu'on a de soi, l'orgueil. » Il veut dire, par extension, « l'action de tenir pour..., de regarder comme.... » Nous pourrions traduire aussi, car c'est le sens le plus ordinaire du possessif *abhimânin*, et ce sens s'accorderait bien avec l'idée du scoliaste : « les fières, les augustes divinités du ciel et de la terre. » Le second emploi, que nous trouverons plus bas, du même adjectif, rend peut-être ce second sens plus probable. Enfin *abhimânitam*, un des dérivés d'*abhimânin*, veut dire « copulation, union. » Ne pourrait-on pas tirer de là le sens de « divinités unies au ciel et à la terre, » ou celui de « divinités unies du Ciel et de la Terre ? »

ai-je ajouté le mot *résultant*, dont l'idée n'est pas exprimée à part, mais contenue dans la terminaison de l'ablatif[1].

Voici la suite de la glose :

Tathobhe (*tathâ-ubhe*) *ûtî* = *rakshike dyâvâprìthivyâu mâm avasâ* = *rakshanena sacetâm.*

« (Qu') ainsi (toutes) deux, protectrices (*ûtî*[2] = *rakshike*), le Ciel et la Terre m'assistent (littéralement : me suivent) de leur secours, c'est-à-dire, de leur protection. »

Il propose ensuite encore un autre sens pour plusieurs mots de cette première moitié de la stance, changement qui en entraîne un aussi dans la construction :

Yadvâ prânibhyo hitakârâvubhâvâihikâmushmikavishayâu (*...kârâu-ubhâu-âihi...*) *çaṁsâu mâm avishṭâm* = *prâpnutâṁ* | *tathobhe apyûtî tayoh sambandhinyor abhimânidevatayor avasâsmattarpanena* (*avasâ-asmat....*) *nimittena sacetâm.*

« Ou bien, (que) les doubles bénédictions (les doubles biens, qui sont les) objets (de nos désirs), dans ce monde de la terre et dans l'autre monde (dans le monde du ciel[3], biens) salutaires[4] aux vivants (aux êtres animés), me saisissent = m'atteignent (puissent m'échoir). Et ainsi, (que ces) deux protectrices (le Ciel et la Terre), grâce à la nourriture[5], au rassasiement par nous, des deux augustes divinités relatives à elles deux (au ciel et à la terre), me protégent. »

1. Nous aurons ailleurs l'occasion d'insister longuement sur cet abus de la synthèse et de la force copulative des cas. Ce n'était peut-être pas ici le lieu d'en parler ; mais je n'ai pu m'empêcher de relever, en passant, ce genre de construction si contraire à nos habitudes.

2. Le substantif *ûti*, proprement nom abstrait, « secours, » puis nom d'agent, « protecteur, » est souvent appliqué par les scoliastes aux Maruts ou dieux des vents, et ils considèrent le mot (voy. le *Glossaire du Sâma-Véda*) comme un dérivé de la racine *dhû*, « ébranler : » *ûti* serait pour *dhûti*.

3. L'adjectif *âihika*, dérivé, comme l'on sait, d'*iha*, adverbe locatif, signifie *qui est ici*, « sur la terre ; » *âmushmika*, mot qui manque dans le dictionnaire de M. Wilson, dérive d'*amushmin*, locatif d'*adas* (*ille*), qui, à la plupart de ses cas, a pour radical *amu*. MM. Böhtlingk et Roth, dans leur dictionnaire, donnent un certain nombre de dérivés et de composés où figure ce thème pronominal, entre autres le composé, formé du génitif (qui se trouve au reste aussi dans le dictionnaire de M. Wilson), *amushyaputra*, « fils de tel ou tel » ou « fils d'un homme célèbre » (comparez, pour cette seconde acception, le sens emphatique que prend souvent *ille* en latin).

4. *Hitakâra* veut dire littéralement « faisant, produisant des choses appropriées, salutaires. »

5. Nous avons déjà vu plus haut, à la 6e stance, le substantif *avasâ* interprété de cette façon. — Notre mot français *grâce* rend assez exactement, dans cette manière de parler, l'idée exprimée par le substitut de l'instrumental *nimittena*.

Nous nous en sommes tenu pour cette moitié de la neuvième stance à la première interprétation du scoliaste. Voici la suite de son commentaire :

2° *He devâ dyâvâprïthivyor antarbhûtâḥ sarve'pi*[1] *devâḥ* | *aryaḥ=stotâro vayaṁ sudâstarâyâtiçayena* (.... *tarâya-atiçayena*) *çobhanadâtrïtvâye-shânnena* (... *tvâya-ishâ=annena*) *somalakshanena madanto mâdayantaḥ santo*[2] *bhûri cit*|*cit pûjâyâm*[3] | *abhipûjitaṁ dhanam ishayema=icchema*[4].

« Hé! dieux, oui, tous les dieux qui sont dans le ciel et la terre[5], nous, adorateurs = chanteurs de louanges, *sudâstarâya*, c'est-à-dire, pour un donateur excessivement généreux, vous réjouissant (*madantaḥ = mâdayantaḥ*) par cette nourriture, cette offrande (*ishâ = annena*), qui consiste dans le Sôma, que nous désirions (*ishayema = icchema*) un (bien) très-grand [*cit* est dans le sens de vénération], un bien très-honoré. »

Nous nous sommes conformé, pour cette seconde moitié de la stance, au sens adopté par Sâyaṇa, et qui, dégagé de toutes les synonymies qui embarrassent la glose, se réduit, ce me semble, à ceci : « O dieux, que nous vous demandions, pour le très-généreux donateur, tout grand bien, une richesse honorée, nous, vos adorateurs, qui vous réjouissons par l'offrande du Sôma. » Il y a deux mots qui pourraient donner lieu à quelque incertitude : d'abord *aryas*, pour lequel le scoliaste lui-même va nous proposer une autre traduction ; puis le datif *sudâstarâya*. Ce second terme se composerait, d'après Sâyaṇa, de la particule *su*, « bien, » de la racine *dâs*[6], « donner, » et du

1. *Sarve'pi*. Voyez plus haut, p. 44, la note sur *êva*. *Api* a, comme l'on voit, et comme nous l'avons déjà dit, une valeur analogue, et détermine également l'étendue de la signification.

2. *Mâdayantaḥ santaḥ*. Voyez sur cette glose, p. 43, note 7. — Au participe présent, formé d'après la conjugaison de la 1re classe (dans les Védas), Sâyaṇa donne pour synonyme le même mode du même verbe conjugué d'après la 10e.

3. *Cit pûjâyâm*. Cette interprétation est tirée du *Nirukta*, I, 4. Ce pronom neutre (du thème *ci*), qu'on peut rapprocher de *kad* et d'*id*, dont nous avons parlé plus haut (stance 8), donne aux mots qu'il accompagne un sens indéterminé ; il en étend, en généralise et en fortifie la signification, ce qui peut expliquer la glôse du commentateur. On le construit avec les adjectifs qui signifient « beaucoup, tout », tels que *puru*, *bhûri*, *viçva*, etc.

4. Il donne pour synonyme à *ishayema*, d'*ish*, « désirer », le potentiel de l'inchoatif *icch*, qui, infléchi d'après la 6e classe, remplace, dans le sanscrit ordinaire, la racine *ish*, aux formes spéciales. Comme le fait remarquer M. Benfey, dans son *Glossaire*, *ish* est proprement un ancien désidératif de la racine *i*, « aller, aborder, s'adresser à.... » — *Ishâ*... *ishayema* forme une allitération qui convient bien à l'idée de réciprocité exprimée ici par notre hymne : le substantif féminin *ish*, proprement « désir, » puis « objet du désir, » est, comme l'on voit, la racine même, qui prend, au lieu des terminaisons verbales, les désinences de la déclinaison.

5. Dans cet ensemble appelé le ciel et la terre.

6. M. Benfey a dans son *Glossaire* le dérivé *dâsvat* (*atiçayena dâtrï*), « donateur généreux. » — Dans le sens de « donner, » on dit aussi *dâç*, d'où viennent les dérivés *dâçva* et *dâçvat*, qui signifient tous deux aussi « libéral, généreux. »

suffixe de comparatif *tara*, qu'il interprète dans un sens de superlatif, par *atiçayena*[1]. M. Langlois a adopté un autre sens : il fait de *sudâstara* une espèce de comparatif du nom propre *Sudâs*[2], et traduit : « en faveur d'un serviteur plus dévoué que Soudas. » Cette manière de former le comparatif, en mettant le suffixe après le thème du terme de comparaison, au lieu de le rattacher au radical de l'adjectif de qualité, paraît étrange au premier abord, mais elle n'est pas contraire aux règles (voyez la *Grammaire sanscrite* de M. Benfey, § 605). Dans un comparatif ainsi formé, le radical sert en quelque sorte de régime à la formative *tara*, « plus que *Sudâs*[3], » tandis qu'ordinairement il est élevé à un degré supérieur de signification par le suffixe : « plus généreux, plus libéral. » Malgré cela, je n'ai pas osé, ne pouvant en ce moment consulter aucune autre glose, m'écarter ici du sens de Sâyaṇa, et j'ai traduit : « pour notre généreux donateur, » pour celui qui fait cette belle offrande.

Voici maintenant la seconde interprétation que le commentaire propose pour *aryas :*

Yadvâ arya iti shashṭhyâ rûpam | îçvarâd râjâder api sudâstarâyety arthaḥ (...tarâya-iti-arthaḥ) | çishṭaṁ samânam.

« Ou bien *aryah* est la forme de déclinaison du 6e cas (*shasṭhî*, sous-entendu *vibhaktiḥ*[4]). (Alors) le sens (serait) pour un donateur plus généreux que le seigneur, c'est-à-dire, que le roi, etc. Le reste est commun (c'est-à-dire, s'entend de la même manière, quelque sens qu'on adopte pour *aryas*). »

Suit une nouvelle indication liturgique sur le moment et la partie de la cérémonie où se chante l'invocation *ṛitaṁ dive*, etc.

1. Voyez le commentaire de Kullûka sur Manu : dans la glose du 186e çlôka du livre VII, il interprète de la même manière un comparatif pris dans le sens du superlatif. Le datif *çobhanadatṛîtvâya* pourrait aussi, n'était cette interprétation, se prendre pour un nom abstrait.

2. Sur le roi Sudâs, voyez la 3e des savantes dissertations de M. Roth, *Zur Litteratur und Geschichte des Weda*.

3. On peut aussi analyser logiquement cette forme de dérivé, de la manière suivante : « plus Sudâs (que Sudâs lui-même). »

4. Pâṇini nomme le génitif *shasṭhî*, « sixième cas. » *Aryas* se trouve en effet dans les Védas, soit pour le nominatif pluriel *arayas*, soit pour le génitif *ares*. Dans la déclinaison à laquelle *ari* appartient, l'ablatif (*pañcamî*) est, comme l'on sait, identique avec le génitif (*shasṭhî*). L'ablatif s'emploie comme régime du comparatif ; souvent même il supplée à l'emploi du comparatif et suffit à lui seul, après un positif, par exemple, pour exprimer la comparaison. — Pour le sens d'*ari*, voyez le *Glossaire du Sâma-Véda;* les scoliastes le rendent ordinairement par « adorateur. »

DIXIÈME STANCE.

1° *Sumedhâḥ* = *çobhanaprajño 'haṁ dive* = *dyudevatâyâi prithivyâi* = *prîthivîdevatâyâi tattatprîtikaraṁ rîtaṁ*[1] = *stotram prathamam* | *mukhyanâmâitat*[2] (...*nâma-etat*) | *pratamam prakrîshṭatamam avocam* = *bravîmi* | *kim artham* | *abhiçrâvâya* = *abhitaḥ* = *sarvataḥ çravaṇâya*.

« Moi, sage, c'est-à-dire, ayant une bonne intelligence, j'ai dit, j'adresse au Ciel, c'est-à-dire, à la divinité du ciel, à la Terre, c'est-à-dire, à la divinité de la terre, cet hymne[3] = ce chant, agréable (faisant plaisir) à l'un et à l'autre, cet hymne principal [le mot *prathamam*, premier, est ici dans le sens d'excellence], premier ou principal, c'est-à-dire, très-éminent. Pourquoi? Pour l'audition [*abhi* signifie *abhitaḥ*[4], entièrement], pour l'audition de toutes parts (pour qu'il soit entendu partout). »

Cette première partie de la stance est très-facile, et nous n'avons eu qu'à suivre fidèlement l'interprétation de Sâyaṇa.

2° *Kiṁ ca pitâ* = *pâlako dyuloko* | *mâtâ* = *sasyâder nirmâtrî*[5] *prîthivî cobhe* (*ca-ubhe*) *avadyânninditâd duḥkhaprâpakâd aṁhasaḥ*[6] *sakâçât pâtâṁ* =

1. Voyez ce que nous avons dit plus haut, p. 43, note 6, de la répétition dans le sens distributif.

2. La glose de *prathamam : mukhyanâma*, est tirée du *Nirukta* (II, 22), où le même adjectif est expliqué ainsi : *prathama iti mukhyanâma pratamo bhavati*. *Pratama* est le superlatif, comme *pratara* le comparatif, du préfixe *pra* (πρό), « devant. » Sur le suffixe *thama*, composé de *tha* et de *ma*, voyez la *Grammaire sanscrite* de M. Benfey, § 612. — Le comparatif *prataram*, *pratarâm* s'emploie dans le sens de « très, fort. »

3. Sur le sens et l'étymologie de *rîtam*, voyez plus haut, p. 41, note 2.

4. *Abhitaḥ*, formé d'*abhi*, « vers, » et du suffixe adverbial *taḥ*, *tas*, qui a une désinence d'ablatif et marque le point de départ, signifie proprement « des deux côtés » (voyez le dictionnaire de M. Wilson au mot *abhitas* et le *Glossaire du Sâma-Véda* au mot *abhi*). Ce sens de dualité paraît être aussi le sens primitif d'*abhi* : comparez le latin *ob*, dont la valeur dubitative est bien expliquée par cette signification.

5. Il ramène *mâtâ*, de même que *pitâ*, aux racines d'où l'on dérive ces deux noms.

6. *Aṁhas* (comparez *aṅgghas*, *âgaḥ* et *aghâ*) signifie à la fois « péché » et « malheur, » et contient, par conséquent, déjà, en quelque sorte, l'épithète dont il est accompagné ici. Je n'ai pas besoin de redire que *sakâçât*, qui suit, marque que le mot *duritât* exprime, en sa qualité d'ablatif, point de départ, éloignement. Voyez plus haut, p. 37, note 1. — Le mot du texte *durita*, que Sâyaṇa traduit par *duḥkaprâpakâd aṁhasaḥ*, se compose de *dus*, *duḥ*, et du participe passé de la racine *i*, « aller », et signifie, par ses éléments, « mal-allé, mal-venu ; » comme adjectif, « pécheur, pervers ; » comme substantif, « péché. » Comparez dans l'hymne *Agne naya* (2e stance), le neutre *durgâṇi* (*durga*), dont les éléments ont la même signification. L'opposé de *durita* est *suvita*, comme *suga*, celui de *durga*.

rakshatâm | *tathâbhîke* (*tathâ-abhîke*)[1] *antikanâmâitat* (*...nâma-etat*) | *samîpa evâvobhir* (*eva-avo...*) *abhimatatarpaṇâi*[2] *rakshatâm* = *pâlayatâm.*

« Puis quoi? (qu'ajoute-t-il?) que le père, c'est-à-dire, le protecteur, le monde céleste; (que la) mère, la créatrice des grains, etc. (ζείδωρος), c'est-à-dire, et (la) terre (aussi), (que tous) deux nous protégent (*pâtâm*, synonyme *rakshatâm*), nous préservent du péché, (qui est) vil, c'est-à-dire blâmé, qui fait obtenir le malheur (qui est une source de malheur). Et (que veut dire) *abhîke*? C'est un nom de proximité (et le sens est : qu'ils nous) protégent, nous assistent de près par le moyen de ces offrandes (en retour) de ces mets agréés. »

Dans cette seconde moitié de la stance, nous ne nous sommes écarté de la glose que pour l'interprétation d'*avobhiḥ*.

ONZIÈME STANCE.

1° *He dyâvâprithivî* = *dyâvâprithivyâu idam asmâbhiḥ kriyamâṇaṁ stotraṁ satyam astu* = *avitatham bhavatu* = *phalavad bhavatvity* (*bhavatu-iti*) *arthaḥ.*

« Hé, Ciel et Terre (il reproduit le mot sous sa forme usuelle), (que) *cela*, ce chant-de-louange, accompli par nous, soit bon, c'est-à-dire, qu'il soit vrai[3], qu'il soit efficace[4] (littéralement : ayant son fruit) : voilà le sens. »

Il a expliqué *idam*, « cela, ce, » par *stotram*; il va le déterminer davantage en le rattachant à la proposition relative :

Idam ityuktaṁ kiṁ tad ity âha | *he pitar dyâuḥ*[5] | *he mâtaḥ prithivi vâṁ* =

1. Pour le locatif *abhîke*, dérivé du préfixe *abhi*, comparez plus haut, p 42.

2. *Avobhiḥ*, instrumental pluriel d'*avas*, dont nous avons déjà vu, dans deux stances, l'instrumental singulier *avasâ*; ce mot a été considéré chaque fois par Sâyaṇa, au moins dans une interprétation, quand il en proposait deux, comme synonyme d'*annam* ou *tarpaṇam*.

3. *Avitatha* est une formation intéressante; on dérive cet adjectif de *vitatha*, « faux, » précédé de l'*a* privatif. *Vitatha* lui-même se compose de *tathâ*, « ainsi, » et du préfixe *vi*, employé dans le sens négatif : « n'étant pas ainsi, » c'est-à-dire, « faux. » De l'adverbe *tathâ* dérive encore l'adjectif *tathya*, « vrai, » littéralement « qui est ainsi, qui est réellement tel. » — Le mot *satyam*, que Sâyaṇa traduit par *avitatham*, est tiré, comme l'on sait, du participe présent du verbe *as*, « être. » Comparez le grec ὄντως.

4. Efficiatque ratas utraque Diva preces,

comme dit Ovide (*Fast.* I, 696), si l'on peut se permettre de citer, pour traduire ces chants rudes et antiques, le poëte bel esprit qui a si coquettement enjolivé la mythologie romaine.

5. Le thème *dyô* (nomin. et vocat. *dyâuḥ*, comme

yuvâm prathâsmin (*prati-iha-asmin*) *yajñe yat stotram upabruve* = *upetya bravîmi tat satyam astu.*

Ce ne sont guère que des synonymes, qu'il est presque inutile de traduire. « (Le mot) qu'il vient de dire, *idam*, cela, que (désigne-t-il)? Il (nous) le dit (en ces termes) : Hé, père, c'est-à-dire, Ciel ; hé, mère, c'est-à-dire, Terre, le chant de louange que j'adresse à vous, que je dis en m'adressant (à vous), ici, c'est-à-dire, dans ce sacrifice, qu'il soit bon (agréé et efficace). »

Le verbe *upabruve* a pour complément, comme plus haut (stance 8) *cakrîma*, un double accusatif, celui de la personne et celui de la chose. Le scoliaste, comme il l'a fait pour *cakrîma*, précise le rapport du verbe à l'accusatif de la personne, en ajoutant, après le pronom (*vâm* = *yuvâm*), la préposition *prati*. La valeur du préfixe *upa* est rendue (comme à la stance 5) par le gérondif composé *upetya*.

2° *Devânâm* = *stotrînâm asmâkam avame* | *antikanâmâitat* (...*nâma-etat*) | *nityasannihite yuvâm avobhis tarpaṇair yukte bhûtam*[1] = *bhavatam* | .

Sâyaṇa donne ici à *devânâm* le sens de *stotrînâm*, « chanteurs de louanges[2], » et il traduit ainsi la fin de l'hymne : « dans la proximité (*avame* veut dire « près[3], ») dans le perpétuel voisinage, de nous (qui sommes vos) adorateurs, soyez gratifiés de mets[4], d'offrandes (honorés par des offrandes qui vous réjouissent). »

Pour expliquer *avobhiḥ*, dans le sens qu'il lui donne, il supplée le participe *yukte* : l'instrumental peut en effet par lui seul exprimer l'idée d'*avec* ou *accompagné de;* mais cela n'empêche pas que la construction ne soit

gô fait *gâuḥ*) complète, dans le sanscrit ordinaire, les radicaux *div* et *dyu*. Voyez le *Glossaire du Sâma-Véda* de M. Benfey, p. 96.

1. *Bhûtam* est un impératif aoriste de la 1re forme simple, de *bhû* (voyez la *Grammaire sanscrite* de M. Benfey, § 862). — Sâyaṇa explique ailleurs cette forme (I, 14, 9, 7), en mettant, comme ici, *bhavatam* à la place, par la suppression de la formative *a* de la 1re classe, et il renvoie à Pâṇini (II, 4, 73) : *loṭi* | *bahulaṁ chandasîti* | *çapo luk*, « l'axiome qui dit que *luk* remplace souvent *çap*, dans le style védique, s'applique à l'impératif. » *Loṭ* est dans Pâṇini le nom de l'impératif, des désinences de l'impératif; *çap*, celui de la formative *a*; *luk* marque la suppression d'un affixe sans remplacement par un autre. Pour Pâṇini, il n'y a rien de négatif ; les suppressions, les retranchements ont leur nom, comme si c'était quelque chose de positif qui se mît à la place d'autre chose. Dans son algèbre, tous les *moins* sont des *plus*.

2. Comparez plus haut le commentaire de la stance 4.

3. C'est une glose du *Nâighaṇṭuka* (II, 16). *Avama* est un superlatif du préfixe *ava*, et signifie proprement « le plus bas. » Voyez plus haut, p. 51, note 2.

4. Le même sens qu'à la strophe précédente.

beaucoup plus simple, et le sens plus naturel, en prenant *avobhiḥ* dans son acception de « secours, protection ». Nous avons aussi laissé à *devânâm*, contrairement à l'avis du commentaire, sa signification habituelle de « dieux. » Outre le dieu ou les dieux adorés particulièrement dans chaque hymne, le Rïshi invoque souvent tous les autres dieux et les invite à l'offrande. On peut entendre ici, si je ne me trompe, qu'il demande aux divinités du ciel et de la terre, de venir toujours avec les autres dieux, de se joindre toujours à eux, pour assister celui par qui elles sont implorées en ce jour.

Les mots qui terminent la stance ne sont pas commentés, et le scoliaste se contente de dire : *avaçishṭaṁ gatam*, « le reste est connu, » parce que c'est une prière qu'il a déjà expliquée ailleurs et qui finit d'autres hymnes. Elle se trouve aussi à la fin de l'autre hymne : *Agne naya*, que nous allons traduire. En voici l'interprétation, telle que Sâyaṇa la donne, à la dernière stance de l'hymne 166 du 1er Maṇḍala :

Isham = annaṁ vrïjanam = balaṁ jîradânuṁ = jayaçîladânam etat sarvaṁ vidyâma = labhemahi.

Il entend par *isham* « nourriture (*annam*) » (voy. plus haut, p. 49, note 3), par *vrïjanam*, « force (*balam*), » par *jîradânum*, « don victorieux, » littér. « don doué de victoire, ayant pour nature d'être la victoire (*jayacîladânam*[1]), » et il ajoute, en donnant *labhemahi* pour synonyme au potentiel *vidyâma*, « que nous connaissions (que nous ayons en partage), que nous obtenions tout cela. »

1. Dans *jayaçîla*, nous avons encore pour second terme un de ces mots qui, à force d'être usités dans les composés, finissent par devenir, pour le sens, comme de véritables suffixes. — Le premier terme *jaya* nous montre que le commentateur dérive l'adjectif *jîra* de la racine *ji*, « vaincre. » M. Benfey le tirerait plutôt de la racine *jîv* « vivre, » d'où *jîva*, « vivant. » Le *Nâighaṇṭuka* (II, 15) range *jîra* parmi les *kshipranâmâni*, mots qui expriment « rapidité (vivacité). »

HYMNE A AGNI.

अग्ने नयेति दशमं सूक्तमर्धर्चमागस्त्यं त्रैष्टुभमाग्नेयं ॥

॥ तत्र सूक्ते प्रथमा ॥

अग्ने नय सुपथा राये अस्मान्विश्वानि देव वयुनानि विद्वान् ।
युयोध्य१स्मज्जुहुराणमेनो भूयिष्ठां ते नमउक्तिं विधेम ॥ १ ॥

अग्ने । नय । सुऽपथा । राये । अस्मान् । विश्वानि । देव । वयुनानि । विद्वान् ।
युयोधि । अस्मत् । जुहुराणं । एनः । भूयिष्ठां । ते । नमःऽउक्तिं । विधेम ॥ १ ॥

हे अग्ने अंगनादिगुणविशिष्ट देव द्योतमान विश्वानि वयुनानि सर्वाणि प्रज्ञानानि । अनेनैतदनुष्ठितमिदं प्रापणीयमिति यद्येतज्ज्ञानमस्ति तद्विद्वानित्यर्थः । यतो विद्वान् अतस्त्वमस्मान् सुपथा शोभनेन मार्गेण राये गंतव्याय स्वर्गादिधनाय ॥ द्वितीयार्थे वा चतुर्थी ॥ प्रापणीयं रयिं प्रति नय । तदर्थं जुहुराणं कुटिलकार्येनः पापं फलप्रतिबंधरूपमस्मत् अस्मत्तो युयोधि । पृथक् कुरु । ते तव वयं भूयिष्ठामतिप्रवृद्धां नमउक्तिं नमस्कारोक्तिं स्तुतिं विधेम । परिचरेम । कुर्मः ॥

॥ सैषा द्वितीया ॥

अग्ने त्वं पारया नव्यो अस्मान्स्वस्तिभिरति दुर्गाणि विश्वा ।
पूश्च पृथ्वी बहुला न उर्वी भवा तोकाय तनयाय शं योः ॥ २ ॥

अग्ने । त्वं । पारय । नव्यः । अस्मान् । स्वस्तिऽभिः । अति । दुःऽगानि । विश्वा ।
पूः । च । पृथ्वी । बहुला । नः । उर्वी । भव । तोकाय । तनयाय । शं । योः ॥ २ ॥

हे अग्ने त्वं नव्यो नवतरः स्तुत्यो वा त्वमस्मान् यागानुष्ठातॄन्पारय । कर्म समापय्यातिपारय । अतिक्रामय । केन साधनेन । स्वस्तिभिः । अस्तिरभिपूजितः । सुशब्दः शोभनवचनः । अत्यंतं पूजितैर्यज्ञादिसाधनैः । कानि । दुर्गाणि । दुर्गमनानि पापानि । अनतिक्रमणीयानि दुरिताख्यान्यतिपारय । किंच नोऽस्माकं पृथ्वी पृथुतरा पूश्च पुर्यपि भवत्विति शेषः । चशब्दो वक्ष्यमाणेन सह समुच्चयार्थः । पूरिति जात्येकवचनं । पुराण्यपि भवंत्वित्यर्थः । तथा नोऽस्माकमुर्वी पृथ्व्यपि बहुतरा भवतु । त्वं तु तोकायापत्याय तनयाय पुत्राय । तोकशब्दोऽपत्यसामान्यवचनः । तनयशब्दः पुत्रवचनः । शं सुखं योर्मिश्रयिता भव । यद्वा रोगाणां शमनं भयानां यावनं च भव । कुर्वित्यर्थः ॥

॥ अथ तृतीया ॥

अग्ने त्वमस्मद्युयोध्यमीवा अनग्नित्रा अभ्यमंत कृष्टीः ।
पुनरस्मभ्यं सुवितायं देव क्षां विश्वेभिरमृतेभिर्यजत्र ॥ ३ ॥

अग्ने । त्वं । अस्मत् । युयोधि । अमीवाः । अनग्निऽत्राः । अभिऽअमंत । कृष्टीः ।
पुनः । अस्मभ्यं । सुवितायं । देव । क्षां । विश्वेभिः । अमृतेभिः । यजत्र ॥ ३ ॥

हे अग्ने त्वममीवा रोगानस्मत् अस्मत्तो युयोधि । व्यावर्तय । या अनग्नित्रा अग्निनापालयिताः कृष्टीः प्रजा अभ्यमंत । अभिमिमतेऽस्मान् ॥ यच्छब्दाध्याहाराद्निघातः ॥ ता युयोधि । यद्वा ता अनग्नित्राः पापिन्यः कृष्टयः प्रजा अभ्यमंत । त्वयाभ्यमितुमभितो रोगैः प्रापयितुमर्हति ।

वयं तु न तादृशाः। अतोऽस्मत्तो वियोजयेत्यर्थः। न केवलं वियोगमात्रं। अपि तु पुनःपुनर्हिंदं कर्तव्यं। अस्मभ्यमस्मदर्थं सुविताय शोभनफलाय हे यजत्र यष्टव्य देव द्योतमानाग्ने विश्वेभिरमृतेभिः सर्वैरमरणधर्मभिरन्यैर्यष्टव्यैर्देवैः सह क्षां पृथिवीं देवयजनलक्षणामागच्छेति शेषः॥

॥ सैषा चतुर्थी ॥

पाहि नो अग्ने पायुभिरजस्रैरुत प्रिये सदन आ शुशुक्वान्।
मा ते भयं जरितारं यविष्ठ नूनं विदन्मापरं सहस्वः॥ ४॥

पाहि। नः। अग्ने। पायुऽभिः। अजस्रैः। उत। प्रिये। सदने। आ। शुशुक्वान्।
मा। ते। भयं। जरितारं। यविष्ठ। नूनं। विदत्। मा। अपरं। सहस्वः॥ ४॥

हे अग्ने नोऽस्मानजस्रैरनवरतैरविच्छिन्नैः पायुभिः पालनप्रकारैः पाहि। पालय। उत अपि च प्रिये सदने तव प्रियभूते यागगृह आ सर्वतः शुशुक्वान्। दीप्यमानो भवेति शेषः। किंच हे यविष्ठ युवतम ते तव जरितारं गरितारं स्तोतारं मां नूनमद्य भयं मा विदत्। मा लभतां। माप्नोतु। हे सहस्वो बलवन्नग्नेऽपरमपरस्मिन्काले भयं मा विदत्। अपरं मदन्यं वा मा विदत्॥

॥ सैषा पंचमी ॥

मा नो अग्नेऽवं सृजो अघायाविष्यवे रिपवे दुच्छुनायै।
मा दत्वते दशते मादते नो मा रीषते सहसावन्परा दाः॥ ५॥

मा। नः। अग्ने। अव। सृजः। अघाय। अविष्यवे। रिपवे। दुच्छुनायै।
मा। दत्वते। दशते। मा। अदते। नः। मा। रिषते। सहसाऽवन्। परा। दाः॥ ५॥

हे अग्ने नोऽस्मानघाय हिंसकायाविष्यवे। अविष्यतिरत्तिकर्मा। अन्नेच्छवे दुच्छुनायै। शुनं सुखं। दुष्टसुखकारिणे। दुःखकारिण इत्यर्थः। तस्मै रिपवे मावसृजः। मा त्याक्षीः। तदधीनं मा कुर्वित्यर्थः। तथा नोऽस्मान्दत्वते दंतवते दशते खादते सर्पादये मावसृजः। तथा नोऽस्मानदतेऽदं-

त्काय शृंगादिभिर्घातिने मावसृजः। तथा रिषते हिंसकाय तस्कराक्षसादये हे सहसावन् सहस्विन् मा परा दाः। पराभूतं मा देहि। सर्वथा न देहीत्यर्थः॥

॥ इति द्वितीयस्य पंचमे दशमो वर्गः॥

॥ अथ षष्ठी॥

वि घ त्वावाँ ऋतजात यंसद्गृणानो अग्ने तन्वे वरूथं।
विश्वाद्रिरिक्षोरुत वा निनित्सोरभिह्रुतामसि हि देव विष्पट्॥ ६॥

वि। घ। त्वाऽवान्। ऋतऽजात। यंसत्। गृणानः। अग्ने। तन्वे। वरूथं।
विश्वात्। रिरिक्षोः। उत। वा। निनित्सोः। अभिऽह्रुतां। असि। हि। देव। विष्पट्॥ ६॥

हे ऋतजात यज्ञार्थमुत्पन्नाग्ने वरूथं वरणीयं त्वां तन्वे शरीरपोषाय गृणानः स्तुवन् त्वावान् त्वया देवतया तद्वान् जनो वि घ यंसत्। विमुंचति खल्वात्मानं। कस्मात्सकाशात्। रिरिक्षोर्हिंसितुमिच्छोश्चोरादेः सकाशात्। उत वा अथवा निनित्सोर्निंदितुमिच्छतः। हे देव अभिह्रुतामाभिमुख्येन कुटिलं कुर्वतां द्विषां विष्पट् विशेषेण बाधको ऽसि हि। अतस्त्वदनुग्रहादयं जनो वियंसत्॥

॥ अथ सप्तमी॥

त्वं ताँ अग्न उभयान्वि विद्वान्वेषि प्रपित्वे मनुषो यजत्र।
अभिपित्वे मनवे शास्यो भूर्मर्मृजेन्य उशिग्भिर्नाक्रः॥ ७॥

त्वं। तान्। अग्ने। उभयान्। वि। विद्वान्। वेषि। प्रऽपित्वे। मनुषः। यजत्र।
अभिऽपित्वे। मनवे। शास्यः। भूः। मर्मृजेन्यः। उशिक्ऽभिः। न। अक्रः॥ ७॥

हे यजत्र यष्टव्याग्ने त्वं तान्यष्टृनयष्टृंश्चोभयान्मनुषो मनुष्यान्विविच्य विद्वान् जानन् प्रपित्वे संनिहित एव काले वेषि। कामयसे यष्टृन्। तथा कुर्वन् अक्र आक्रमिता त्वं मनवे॥ षष्ठ्यर्थे चतुर्थी॥ मनुष्यस्य यजमानस्याभिपित्वेऽभिप्राप्तकालेऽभिगमनवति यज्ञे वा शास्यो भूः। शिक्ष-

णीयो भव। इदं कुर्विदं कुर्विति विधेयो भव। मर्मृज्ञेन्यः शोधयिता यजमान उशिग्भिः कामयमानैर्ऋत्विग्भिरित्व॥

॥ अथाष्टमी ॥

अवोचाम निवचनान्यस्मिन्मानस्य सूनुः सहसाने अग्नौ।
वयं सहस्रमृषिभिः सनेम विद्यामेषं वृजनं जीरदानुं॥ ८॥

अवोचाम। नि॰वचनानि। अस्मिन्। मानस्य। सूनुः। सहसाने। अग्नौ।
वयं। सहस्रं। ऋषि॰भिः। सनेम। विद्याम। इषं। वृजनं। जीर॰दानुं॥ ८॥

वयमास्मिन्नग्नौ निवचनानि नियमपूर्वकाणि वचांसि स्तोत्ररूपाण्यवोचाम। ब्रूमः। अग्निर्विशिष्यते। मानस्य सूनुः। मीयत इति मानो मंत्रः। तस्य सूनुरग्निर्मंत्रेणोत्पद्यमानत्वात्॥ सप्तम्यर्थे प्रथमा॥ मानस्य सूनौ। सहसाने शत्रूणामभिभवितर्यग्नावबोचाम। वयमेभिर्ऋषिभिरतींद्रियार्थप्रकाशकैर्मंत्रैः साधनैः सहस्रमपरिमितं धनं सनेम। संभजेमहि। विद्यामेति गतं॥

॥ इति द्वितीयस्य पंचम एकादशो वर्गः॥

HYMNE A AGNI[1].

(Daçamaṁ sûktam ashṭarcam Âgastyaṁ trâishṭubham Âgneyam.)

TRANSCRIPTION EN LETTRES LATINES.

1. *Agne naya su-pathâ râye asmân viçvâni deva vayunâni vidvân*
Yuyodhi asmat juhurâṇam enaḥ bhûyishṭhâm te namaḥ-uktiṁ vidhema.

2. *Agne tvaṁ pâraya navyaḥ asmân svasti-bhiḥ ati duḥ-gâni viçvâ*
Pûḥ ca prïthvî bahulâ naḥ urvî bhava tokâya tanayâya çaṁ yoḥ.

3. *Agne tvam asmat yuyodhi amîvâḥ anagni-trâḥ abhi-amanta krïshṭîḥ*
Punaḥ asmabhyaṁ suvitâya deva kshâṁ viçvebhiḥ amrïtebhiḥ yajatra.

4. *Pâhi naḥ Agne pâyu-bhiḥ ajasrâiḥ uta priye sadane â çuçukvân*
Mâ te bhayaṁ jaritâraṁ yavishṭha nûnaṁ vidat mâ aparaṁ sahasvaḥ.

5. *Mâ naḥ Agne ava srïjaḥ aghâya avishyave ripave ducchunâyâi*
Mâ datvate daçate mâ adate naḥ mâ rishate sahasâ-van parâ dâḥ.

6. *Vi gha tvâ-vân rïta-jâta yaṁsat gṛṇânaḥ Agne tanve varûtham*
Viçvât ririkshoḥ uta vâ ninitsoḥ abhi-hrutâm asi hi deva vishpaṭ.

1. *Rig-Véda*, Maṇḍ. I, Anuv. 24, Sûkta 10; Ashṭ. II, Adh. 5, Varga 10 et 11.

HYMNE A AGNI.

(*Hymne dixième, composé de huit stances, dans le mètre trishṭubh, par Agastya, adressé à Agni.*)

TRADUCTION.

1. Agni, conduis-nous par la bonne voie à la richesse, Dieu qui sais toutes les sciences[1] !

Éloigne de nous le péché tortueux. Que nous t'honorions par l'adoration la meilleure.

2. Agni, mène-nous, jeune (Dieu), par (ces) salutaires offrandes, au delà de tous les mauvais pas.

(Que) la ville soit large, peuplée, grande, pour nous, pour notre race, pour nos enfants. Repos! salut!

3. Agni, éloigne de nous les maladies; (qu'elles) attaquent les tribus qui ne sacrifient point à Agni.

(Viens) encore une fois sur la terre, pour nous, pour notre salut, avec tous les immortels (ô) Dieu, ministre du sacrifice.

4. Protége-nous, Agni, par d'immuables protections, et viens briller dans cet agréable séjour.

Que la crainte, (ô Dieu, toujours) jeune, ne connaisse point ton adorateur, ni maintenant, ni dans la suite, (ô) puissant!

5. Ne nous livre point, Agni, au péché, à l'affamé, à l'ennemi, au malheur;

Ni à qui est armé de dents, à qui mord; ni à qui n'a pas de dents, ni à quiconque peut nuire, (Dieu) fort, ne nous livre pas.

6. Oui, (devenu) semblable à toi, (ô Dieu) né de l'offrande, (que) celui qui te loue (comme un) rempart pour son corps, se préserve de qui veut ravager, de qui veut blâmer; car tu es, (ô) Dieu, le fléau des (ennemis) hypocrites.

1. Ou peut-être plutôt : *toutes les voies, tous les chemins*. Voyez plus bas, p. 66, l'explication donnée par Mahîdhara.

7. *Tvaṁ tân Agne ubhayân vi vidvân veshi pra-pitve manushaḥ yajatra*

Abhi-pitve manave çâsyaḥ bhûḥ marmṛijenyaḥ uçik-bhiḥ na akraḥ.

8. *Avocâma ni-vacanâni asmin mânasya sûnuḥ sahasâne agnâu*

Vayaṁ sahasraṁ ṛishi-bhiḥ sanema vidyâma isham vṛijanaṁ jîra-dânuṁ.

---

7. Toi, (ô) Agni, connaissant ces deux sortes (de méchants), tu aimes, dans le moment présent, (ô) ministre du sacrifice, les hommes (qui t'honorent);

(Et) prochainement (encore), sois docile à l'homme, comme lorsque tu sacrifies avec les Uçiks[1] (impétueux) coursier.

8. Nous avons dit les chants sacrés sur ce feu vainqueur, fils de la prière. Puissions-nous, par les (hymnes des) Richis, obtenir mille biens, et avoir en partage la nourriture, la force, et le don de la victoire !

1. Voyez plus bas, le commentaire de la 7e stance.

COMMENTAIRE DE SÂYAṆA ÂTCHÂRYA

SUR L'HYMNE A AGNI.

La traduction du commentaire de l'hymne *Katarâ pûrvâ* suffit pour donner une idée de la méthode courante et ordinaire d'interprétation des scoliastes indiens. Pour l'hymne à Agni, nous ne relèverons dans la glose que ce qui sera relatif à des difficultés, à des formes propres au Véda, et nous insisterons particulièrement sur les endroits où nous nous sommes écartés de la manière d'entendre de Sâyaṇa.

PREMIÈRE STANCE.

Des deux sens proposés pour le datif *râye* (du thème *râi*, nomin. *râs*, latin *res*), j'ai adopté le second. Le scoliaste traduit d'abord ce mot comme datif d'attribution, signifiant « pour, » et lui donne un sens spirituel : « conduis-nous par le bon chemin, pour que nous arrivions aux biens célestes. » Puis il se demande si le datif ne serait pas ici dans le sens de l'accusatif : *dvitîyârthe vâ caturthî*[1], et s'il ne pourrait pas marquer le but et servir de complément direct à l'impératif *naya* (de *nî*, « conduire »). C'est cette seconde signification que nous avons adoptée, en laissant à *râye* son acception propre et première, et toute matérielle, de « richesse[2]. »

Le substantif neutre *vayuna* signifie, dans le sanscrit ordinaire : « temple ; » dans le sanscrit védique, « connaissances, œuvres. » La racine *vî*, qui prête des temps au défectif *aj*, « aller, » a, entre autres acceptions, celle de « conce

1. L'adjectif ordinal *dvitîyâ* (sous-entendu *vibhakti*), « le second cas, » signifie l'accusatif; *caturthî*, avec la même ellipse, « le quatrième cas, » désigne le datif.

2. M. Benfey, dans son *Glossaire*, dérive le substantif *râi* d'une racine *rih*, « croître », et le considère comme une syncope de *râhi*. M. Wilson le tire de *râ*, donner. — M. Westergaard, dans ses *Racines sanscrites* (p. 17), cite une forme de verbe nominal tirée de *râi*.

voir, » qui, au figuré, peut rendre raison du sens de *prajñânam*, que lui donne la glose (d'après le *Naighanṭuka*, III, 9 : *prajñânâma*). Sâyaṇa explique, d'une manière assez originale, de quelle espèce de science il est ici question : *etad anushṭhitam idam prâpaṇîyam iti yad etajjñânam asti tad vidvân*[1], « connaissant la science qui consiste à savoir que telle chose est effectuée, tel bien acquis (par tel moyen), que tel autre est à obtenir, » c'est-à-dire, en appliquant ces mots à Agni, que l'hymne invoque : « toi, qui connais les besoins de tes adorateurs, ainsi que la manière dont les biens s'acquièrent. »

Dans le verbe *yuyodhi* (de la racine *yu*, 3e classe), nous avons la terminaison pleine de l'impératif, *dhi* (on dit aussi *yuyu-dhi*), terminaison que le grec a conservée sous la forme θι. Le synonyme par lequel le commentaire explique ce verbe, est *prîthak kuru*, « fais à part, sépare (de nous). » Pour bien marquer qu'*asmat* est pris dans le sens de l'ablatif, le scoliaste y ajoute le suffixe du point de départ *taḥ*, *tas* : *asmattaḥ*, « loin de nous. »

Le participe *juhurâṇam*, de la racine *hvrî*, *hvrî*, « être oblique, » nous présente encore une formation intéressante. Il appartient soit au parfait redoublé, soit à celui des aoristes multiformes que M. Benfey nomme de la troisième forme, et qui prend aussi un redoublement[2]. Sâyaṇa, selon ses habitudes de combinaison logique, dont nous avons déjà parlé, a grand soin de rattacher ce qui est dit ici du péché, à la prière qui précède et qui a pour objet l'acquisition des biens : « éloigne de nous le péché, parce qu'il fait obstacle aux fruits, » *pâpam phalapratibandharûpam*.

Le potentiel *vidhema* est remplacé dans la glose par le présent *kurmaḥ*, nous faisons. La racine *vidh* signifie « honorer ; » le verbe a pour complément le nom de son action : *namaḥ-uktim* = *stutim*.

Cette première stance est reproduite dans le Yajur-Véda blanc (voy. l'édition de M. Albrecht Weber, p. 155). Le commentaire que Mahîdhara y a joint ne s'écarte essentiellement en rien de celui de Sâyaṇa. Seulement il est plus développé et renferme des explications grammaticales. Avant d'expliquer *vayunâni* par *jnânâni*, comme fait notre glose, il en rapproche le synonyme *mârgân*, « voies, chemins, » qui, par le sens, se rapproche bien plus de la racine *vî*, « aller », et se rattache élégamment à l'idée exprimée par *naya supathâ.... asmân*, « conduis-nous par la bonne voie. » Après avoir traduit *yuyodhi*, absolument comme Sâyaṇa, par *prîthak kuru*, il ajoute :

1. On sait que la racine *vid* prend au participe présent le suffixe *vas* du participe parfait.

2. Voyez la *Grammaire sanscrite* de M. Benfey, p. 410, note 2.

yu miçraṇâmiçraṇayoḥ, « la racine *yu* se prend dans le sens de mélange et de non-mélange (séparation)[1] ; » puis il nous dit, dans le langage technique et laconique de Pâṇini, dont il cite plusieurs règles, que la racine *yu* ne prend point la formative *a*, qu'elle peut s'adjoindre, dans le Véda, la désinence *dhi* pour *hi*, qu'elle peut avoir, comme elle l'a ici, le guṇa. Dans la glose d'une des règles citées de Pâṇini (VI, 4, 103), ce sont précisément les mots que nous avons ici qui servent d'exemple : *yuyodhyasmat;* dans une autre (III, 4, 88), la proposition est citée tout entière : *yuyodhyasmajjuhurâṇam enaḥ*. Quant au participe *juhurâṇam*, Mahîdhara le considère comme appartenant au désidératif de *hurch* : *hûrchitum kuṭilîkartum ichatîti juhurâṇam abhilashitakriyâpratibandhakam ityarthaḥ,* « *juhûrâṇam* signifie qu'il désire courber, rendre oblique, qu'il veut faire obstacle à l'action sainte (au sacrifice)[2]. » Il unit, comme l'on voit, les idées de la même manière que Sâyaṇa[3]. » — Au superlatif irrégulier de *bahu*, *bhûyishṭhâm*, il donne pour synonyme le superlatif régulier de *bahula*, *bahulatamâm;* et ensuite il propose un double sens pour le substantif *namaḥ*, contenu dans le composé *namaḥ-uktim*. Le premier est celui que nous avons vu dans la troisième stance de l'*hymne au Ciel et à la Terre*. *Namaḥ* est compté, dans le *Naighaṇṭuka* (II, 7), parmi les noms de nourriture : *annanâmâni ; namaḥ-ukti* serait la prière par laquelle le *hotâ* ou sacrificateur instruit la divinité invoquée de la nature de l'offrande, et lui en fait hommage. Le commentaire emploie, pour désigner cette prière, les termes techniques et consacrés *yâjyâ puro 'nuvâkyâ* (sous-entendu *rîk*[4]). L'autre signification est identique à celle de Sâyaṇa : *namaskâravishayâm uktim sampâdayâma*.

Pour cette première stance, nous n'avons eu qu'à suivre, comme l'on voit, l'interprétation des deux scoliastes, ou du moins nous avons trouvé dans les

1. Dans le *Dhâtupâṭha* (Westergaard, *Rad.* S., p. 361), *yu* est défini de même, par les deux locatifs, non réunis en dvandva ; *miçraṇe amiçraṇe'pi* (l'addition elliptique d'*api*, « aussi, » marque que la racine a encore d'autres sens que celui de mêler).

2. *Pratibandhaka* est un adjectif, qui, au neutre, s'emploie substantivement et signifie « obstacle. » *Abhilashitakriyâpratibandhaka* est un composé possessif, dans lequel le premier participe *abhilashita* ne se rapporte pas à *kriyâ*, mais au composé de dépendance, *kriyâpratibandhaka*, « ayant l'obstacle à l'offrande désiré, » c'est-à-dire, « voulant faire obstacle, de nature à faire obstacle.... » Lorsqu'il s'agit d'un mal, d'une chose à redouter, le désidératif s'emploie dans le sens de crainte.

3. Il explique encore, par une citation grammaticale, que la sifflante qui forme le désidératif est tombée, ainsi que le *ch* final de la racine *hurch*, sorte d'inchoatif de *hvṛî*, *hvṛî*, dont nous avons parlé plus haut : *sano luk chalopaçca*. Le monosyllabe *san* désigne la formative des désidératifs ; *luk*, comme nous l'avons déjà dit (p. 53, note 1), marque suppression d'une formative non remplacée par une autre.

4. Voy. le dictionnaire sanscrit de MM. Böhtlingk et Roth, au mot *anuvâkyâ*.

sens proposés par eux, et le choix était facile, la traduction que nous avons adoptée.

DEUXIÈME STANCE.

Dans la première moitié de la stance, il ne pourrait y avoir de doute que sur l'épithète *navyaḥ*, pour laquelle le scoliaste propose les deux sens de *navatarah*, « (plus nouveau) nouveau, jeune », et de *stutyaḥ*, « louable, adorable. » Dans ce second sens, ce serait un participe futur de la racine *nu*, *nû* (*nâuti*), « louer; » dans le premier, un dérivé de *nava*, « neuf, nouveau. » Nous avons adopté le premier : c'est l'idée répétée plus bas (stance 4) par le superlatif *yavishṭha*, et appliquée également au Ciel et à la Terre dans l'hymne précédent : *yuvatî*. Entre les qualités prodiguées aux dieux, dans les chants sacrés, c'est une de celles que les Rishis répètent le plus souvent.

Le nom védique *svastibhiḥ* est interprété par *atyantam pûjitâir yajñâdisâdhanâiḥ*. Dans le sanscrit ordinaire, et parfois aussi dans le Véda, *svasti* est indéclinable : c'est probablement, dans le principe, un adjectif, dont le neutre s'emploie substantivement. Sâyaṇa explique à part les deux éléments du mot : *astir* = *abhipûjitaḥ* | *suçabdah çobhanavacanaḥ*. Nous nous en sommes tenu au sens qui nous a paru le plus voisin de la racine probable du mot : *svasti* (*su* + *as*), et nous avons traduit par *salutaribus* (sc. *sacrificiis*, *libaminibus*).

Pârayâ (allongement védique, ramené, dans le *pada-pâṭha*, à la forme *pâraya*) *ati durgâṇi viçvâ*[1]. La glose nous conduit, comme pour toutes les figures de ce genre, de la métaphore de *mauvais pas*, au sens propre de péché, *pâpam*, après avoir eu soin, en ajoutant le participe *anatikramaṇîyâni*, « infranchissables, difficiles à franchir », de bien mettre en corrélation le verbe et son préfixe, *pâraya.... ati*[2], « fais-nous traverser, » avec la figure contenue dans *durgâṇi*. Il en rapproche, en outre, le participe employé sub-

1. Les neutres, qui prennent la finale *ni* aux trois cas semblables du pluriel, perdent souvent cet allongement dans la langue des Védas : *viçvâni*, *viçvâ*. Nous avons ici les deux formes l'une à côté de l'autre : *durgâṇi viçvâ*. Au 1er vers l'adjectif et le nom ont la désinence entière : *viçvâni*, *vayunâni*.

2. Dans la glose d'*ati-pâraya*, Sâyaṇa ajoute le développement *karma samâpayya*, « après nous avoir fait accomplir, en nous faisant accomplir l'œuvre (sainte). » — Sur la double forme que peut avoir le gérondif en *ya* du causatif d'*âp*, voyez la Grammaire sanscrite de M. Benfey, § 915.

stantivement, *duritâni*, que nous avons eu dans l'hymne précédent, et que nous avons nous-même comparé à *durgâṇi*[1].

Le second vers, en prenant *bhava* dans son sens tout naturel de deuxième personne de l'impératif, nous offrirait une des comparaisons célèbres de la Bible : « sois notre ville (forte), notre citadelle[2], » et M. Benfey, à l'article *pur*, « ville », dans son *Glossaire*, cite un passage du *Sâma-Véda* (1, 4, 2, 3, 3), où ce substantif paraît en effet être appliqué dans ce sens à Indra. Cependant les diverses épithètes qui sont construites ici avec ce substantif, m'ont fait adopter de préférence la signification que donne la scolie, et que j'ai reproduite dans ma traduction[3]. — La glose ajoute que *pûr* est un singulier de nom générique, qui équivaut à un pluriel *pûr iti jâtyekavacanam | purâṇy api bhavantvity arthaḥ;* puis elle détermine la différence de signification qu'il y a entre les deux datifs *tokâya* et *tanayâya : tokaçabdo'patyasâmânyavacanaḥ | tanayaçabdaḥ putravacanaḥ*, «le mot *toka* désigne la généralité de la descendance ; le mot *tanaya*, le fils (les enfants proprement dits)[4]. »

La stance se termine par deux mots intéressants, *çaṁ yoḥ*, qui reviennent toujours ensemble, comme une formule de bénédiction. Le premier mot, *çam*, pourrait être l'accusatif d'un radical *ça*, qui viendrait de la racine *çam*, « être tranquille, en repos; » il y aurait une ellipse facile à expliquer. Toutefois il est plus probable que le *m* final appartient au thème; car il se conserve, comme le fait remarquer M. Benfey, dans les composés et dans le superlatif *çaṁtama*. Le second monosyllabe, *yoḥ*, *yos*, qui ne paraît que sous cette forme, et toujours, comme je l'ai dit, avec *çam*, se tire, selon le scoliaste, de la racine *yu*, que nous avons déjà vue plus haut[5], et pourrait s'interpréter de deux manières, soit comme verbe ou nom d'agent, soit comme nom abstrait.

1. Les deux mots se trouvent réunis dans le vers suivant (*Rig-Véda*, I, 99, 2) :

Sa naḥ parshad ati durgâṇi viçvâ nâveva (nâvâ-iva) sindhuṁ duritâtyagnih (duritâ-ati-Agniḥ).

« Qu'il nous aide à franchir tous les mauvais pas, comme un fleuve avec un vaisseau, qu'Agni (nous mène) par delà les malheurs. »

2. (*Unsre*) *feste Burg*, comme il est dit dans le cantique si connu en Allemagne.

3. Les scoliastes donnent souvent une valeur très-significative aux particules de simple liaison, même à celles qui ne sont qu'explétives. On peut voir, dans le commentaire de ce passage, l'importance que Sâyaṇa prête à la copule *ca* qui suit *pûr* (*pûçca*), et qui sert tout simplement à lier les deux phrases. Dans les textes sacrés, il n'y a pas une syllabe qui, aux yeux des interprètes, ne soit pleine de sens.

4. M. Benfey regarderait plutôt *tanaya* comme un terme générique, désignant toute la parenté. Les scoliastes traduisent ordinairement ce mot, ainsi que *tana*, par « petit-fils. »

5. Voyez, dans le *Glossaire du Sâma-Véda*, une autre étymologie indiquée par M. Benfey, par suite de laquelle la sifflante de *yos* appartiendrait à la racine, et *y* serait une permutation d'un *j* radical.

C'est à ce second sens que nous nous sommes arrêté : *rogâṇâm çamanam bhayânâm̃ yâvanam̃ ca*[1] *bhava* | *kurvityarthaḥ* (*kuru-iti-arthaḥ*), « sois, c'est-à-dire, fais la cessation (la guérison) des maladies et l'éloignement (la délivrance) des craintes. »

TROISIÈME STANCE.

Les premiers mots de la stance sont faciles, et nous avons déjà vu, au commencement de l'hymne, la tournure *asmad yuyodhi*, expliquée à la fois par Sâyaṇa et par le commentateur du *Yajur-Véda*, Mahîdhara. Le complément du verbe, *amîvâḥ*, « les maladies », vient de la racine *am*, « être malade », d'où l'on a formé *ama*, « effroi, » proprement « frisson, frisson de la fièvre » (voy. le *Glossaire du Sâma-Véda*). Ce qui suit est interprété de deux manières par Sâyaṇa. Le premier sens qu'il propose, et qui ne s'explique qu'au moyen d'une ellipse, difficile à deviner, du pronom relatif, ellipse à laquelle il attribue une influence sur l'accentuation, me paraît forcé et peu vraisemblable; j'ai adopté le second, pour lequel il n'y a qu'à prendre les mots dans l'ordre où ils se trouvent : « Agni, éloigne de nous les maladies; (qu'elles) attaquent[2] les tribus qui ne sacrifient point à Agni. »

Kr̆ishṭi est une expression assez remarquable; elle signifie, dans son acception propre, « labourage » (racine *kr̆ish*, « labourer, » et suffixe *ti*, qui forme des noms abstraits d'action); puis, en passant de l'abstrait au concret, « champs labourés, » puis « tribu (occupant telle ou telle culture), » puis « race, homme[3]. » La glose traduit par le substantif *prajâḥ*.

Dans *anagnitrâḥ*, elle semble attacher au suffixe une valeur passive : *agninâpâlayitâḥ* (*agninâ-apâla*....), « non protégées par Agni; » puis elle donne

1. Cette explication est tirée du *Nirukta* (IV, 21), dont Sâyaṇa cite la glose, dans l'explication qu'il donne ailleurs de ces deux petits mots (Rig-Véda, I, 93, 7). Dans cet autre hymne, la formule *çam̃ yoḥ*, ou tout au moins le premier des deux monosyllabes sert de complément direct à l'impératif *dhattam*, que le scoliaste traduit par *kurutam*, « faites. » Il ne propose pas, dans cet endroit, l'alternative de signification qu'il nous donne ici, mais se contente de développer l'interprétation du *Nirukta*, dans les termes suivants (les mêmes qu'il emploie encore plus loin I, 106, 5) : *çam̃ çamanîyânâm̃ rôgâṇâm̃ çamanam̃* | *yoḥ pr̆ithakkartavyânâm bhayânâm̃ yâvanam pr̆ithakkaraṇam*. Nous avons déjà vu cet emploi de *kr̆i* précédé de *pr̆ithak*, dans le sens de « séparation, éloignement. » Voyez aussi, sur *çam̃ yoḥ* le *Nirukta* de M. Roth (*Erlaüterungen*, p. 48).

2. Sur cette signification propre à la racine *am*, précédée du préfixe *abhi*, voyez les *Radices l. sanscr.* de M. Westergaard.

3. Voy. le *Glossaire du Sâma-Véda*, p. 49.

la raison pour laquelle Agni ne les protége pas : *pâpinyaḥ krĭshṭayaḥ*, « les tribus pécheresses. »

Suit une transition, cette fois très-naturelle : *vayaṁ tu na tâdrĭçâḥ*, « mais nous, (nous) ne (sommes) pas tels ; à cause de cela (*ataḥ*), éloigne de nous (les maladies). » Ensuite il exagère la valeur de *punaḥ*, et, au lieu d'en faire le lien des deux phrases, il y voit une manière d'insister sur la précédente prière : *punaḥ punar idaṁ kartavyam*, « il faut faire encore et encore, sans cesse, ce (que nous te demandons). »

Asmabhyaṁ suvitâya (= *çobhanaphalâya*). Cet emploi d'un double datif, dont le premier pourrait être subordonné au second, est dans les habitudes du style védique (voy. le *Nirukta* de M. Roth, *Erläuterungen*, p. 111). Le neutre *suvitam*, employé substantivement, est probablement composé, au moyen d'un développement archaïque d'*u* en *uv*, de la particule *su* (εὐ, « bien ») et du participe *ita*, de la racine *i*, « aller. » Ce serait ainsi l'opposé de *durita*, que nous avons analysé. Le mot signifie proprement « salut. »

La désinence de l'accusatif, qui marque le mouvement et le but, supplée à l'emploi du verbe : *kshâm* (terram) est, comme l'explique la scolie pour *kshâm... âgaccha*, « viens sur la terre ; » de son côté, l'instrumental *amrĭtebhiḥ*[1] rend, sans préposition, l'idée d'*avec*. Le commentaire supplée *saha* : *devâiḥ saha*.

Yajatra, que Sâyaṇa explique par le participe passif *yashṭavya*, « à honorer par le sacrifice, *sacrificio colendus*[2], » nous offre ce même suffixe *tra*, que nous avons déjà vu dans *anagnitrâḥ*. En laissant à la formative son sens propre, le mot signifierait « agent, ministre du sacrifice[3]. » Dans le sanscrit ordinaire, il désigne un Brâhmane qui a entretenu son feu sacré (voy. le Dictionnaire de M. Wilson).

1. Nous avons déjà vu, à la 4e stance de l'hymne au Ciel et à la Terre, la désinence d'instrumental *ebhis* pour *âis*.

2. Ce sens de « ministre du sacrifice » serait tout à fait conforme aux idées védiques et aux habitudes du style des hymnes. Agni y est représenté comme honorant les dieux, comme roi du sacrifice. Le premier hymne du *Rig-Véda* commence par ces mots :

> *Agnim île purohitaṁ yajñasya devam rĭtvijam*,
>
> « Agnim celebro antistitem, sacrificii divinum sacerdotem. »

Ailleurs il est désigné par le nom *hotâ*, « sacrificateur, » et par d'autres appellations semblables. Mais cela n'empêche pas les scoliastes de donner constamment à *yajatra* le sens du participe passif *yashṭavya* (qui a pour synonyme la forme archaïque *yajata*).

3. Les deux mots sanscrits qui désignent l'offrande sont *hu* et *yaj*. Le premier, dont la forme primitive était *dhu*, signifie l'offrande dans le feu, et se retrouve dans le grec θύω. Le second, *yaj*, exprime l'offrande en général, et l'action d'honorer les dieux. Comparez le grec ἅγιος, et voyez, sur ces deux mots, M. Lassen, *Indische Alterthumskunde*, t. I, p. 788.

QUATRIÈME STANCE.

La première moitié de la 4e stance a un sens parfaitement clair. Le style védique aime à rapprocher du verbe le nom tiré de la même racine, et recherche la symétrie d'idées et de sons : *pâhi naḥ.... pâyubhiḥ*, « protége-nous par des protections ; » comme, à la stance précédente, *abhy-amanta*, un peu après *amîvâḥ*. Le substantif *pâyu* est un nom d'agent, qui signifie « protecteur; » le scoliaste le considère ici comme un nom abstrait, ce qui s'accorde beaucoup mieux en effet avec le sens de la proposition. La racine *jas*, d'où est tirée l'épithète qui accompagne *pâyubhiḥ*, est, dans le sanscrit ordinaire, de la 4e classe, et signifie « délivrer; » dans le sanscrit védique, conjugué d'après la 3e, il veut dire « frapper, blesser; » *ajasra*, « non blessé, qui ne peut être endommagé, » et par suite « durable, perpétuel ; » ce que la glose explique par *avicchinna*.

Dans l'hémistiche suivant, il y a ellipse du verbe : le participe[1], sans auxiliaire, sans verbe à un mode personnel, suffit à exprimer l'idée verbale. Rien, comme l'on sait, n'est plus fréquent, aux âges suivants de la langue, que cette tournure. Dans les Védas, il y a une grande abondance et une grande variété de formes verbales; plus tard, le mot de l'action devient, dans certains genres de style, d'un emploi très-rare, et le verbe ne paraît plus qu'à un petit nombre de formes. La hardiesse de l'omission du verbe personnel est ici diminuée par l'emploi du préfixe *â*, qui figure quelquefois dans la phrase avec ellipse d'un verbe de mouvement. Sâyaṇa lui donne pour synonyme l'adverbe *sarvataḥ*, qui signifie à la fois « de toutes parts, tout autour, » et « complétement. »

Le reste de la stance est très-simple aussi. Il n'y a qu'un mot au sujet duquel le scoliaste hésite et croit à la possibilité d'un double sens; c'est *aparam*, qui est proprement le comparatif du préfixe *apa* (ἀπό), et d'où s'est formé, par la suppression de la première voyelle, l'adjectif *para*, « autre, » etc. La première signification que le commentaire indique me paraît la meilleure :

1. L'attribut de la proposition, *çuçukvân*, est le participe actif du parfait redoublé de la racine *çuc*, « briller. » Nous avons déjà vu plus haut le suffixe *vas* (nomin. *vân*) dans le participe présent *vid-vân*. M. Benfey cite le participe parfait de la voix moyenne, *çuçucâna*, qu'il croit employé dans le sens passif. Voy. le *Glossaire du Sâma-Véda*, p. 184.

aparam = *aparasmin kâle*, c'est-à-dire, en reprenant *mâ* et *nûnam*[1], « ni maintenant, ni plus tard » (littéralement : « dans un autre temps »). Le second sens, *madanyam*, « un autre que moi, » est grammaticalement très-légitime aussi, mais me semble, pour l'idée, moins satisfaisant.

Mâ vidat[2] a pour synonymes, dans la glose, l'impératif moyen *mâ labhatâm*, et l'impératif actif *mâpnotu* (*mâ-âpnotu*).

Il y a aussi dans ces dernières propositions deux épithètes d'*Agni*, qui ne peuvent donner lieu à aucun doute : l'une, dont nous avons déjà parlé, *yavishṭha*, superlatif de *yuvan*, « jeune, » que Sâyaṇa explique par l'autre forme de superlatif *yuvatama*; et *sahasvaḥ*, qui signifie « fort, puissant, » de la racine *sah*, « vaincre. » Nous trouverons, à la stance suivante, un autre adjectif dérivé de la même racine.

CINQUIÈME STANCE.

Cette stance, qui est d'un caractère bien simple et bien antique, et que j'ai traduite aussi littéralement qu'il m'a été possible, est très-exactement expliquée par le commentateur. Le datif *aghâya* (d'*agha*) est rendu par *hiṁsakâya* (de *hiṁsaka*[3]), qui veut dire « méchant, cruel, » et substantivement désigne « une bête de proie. » *Agha* signifie ordinairement « péché[4]; » le féminin *aghâ* désigne la déesse du péché.

Avishyave, d'après le *Naighaṇṭuka* (II, 18), exprime le désir de manger[5]. Sâyaṇa suit cette interprétation dans sa glose : *avishyave* | *avishyatir*[6] *attikarmâ* | *annecchave*, c'est-à-dire, « *avishyati* indique *action de manger*, » et parconséquent « *avishyu* signifie *désireux de nourriture*. » Par cette signification, ces premiers mots préparent aux idées qui vont suivre.

1. *Nûnam* est interprété dans le commentaire par *adya*, « aujourd'hui. » C'est un ancien accusatif, dérivé des particules *nu*, *nû*, qui ont parfois un sens temporel analogue.

2. Emploi très-fréquent de l'aoriste avec *mâ*, dans le sens de l'impératif. L'aoriste, dans cette tournure, perd ordinairement son augment.

3. De la racine *hiṁs*, sorte de désidératif de *han*.

4. C'est aussi le nom d'un démon.

5. Le *Naighaṇṭuka* (II, 18) explique ainsi le participe futur *avishyan*, de la racine *av*, qui veut dire proprement « saisir. » Le suffixe *u* forme un grand nombre d'adjectifs désidératifs. Nous avons déjà vu d'autres dérivés de la même racine, auxquels le scoliaste donnait un sens conforme à celui-ci.

6. Les grammairiens changent en nom déclinable la 3e personne du singulier des formes verbales. Ici *avishyati* a la terminaison du nominatif. *Atti*, employé comme premier terme du composé *attikarmâ*, où il figure comme thème nominal, est la troisième personne du singulier du présent d'*ad* (lat. *edere*), « manger. » Voyez, sur les diverses

Ducchunâ, dont nous avons, dans cette 5e stance, le datif *ducchunâyâi*, est une composition antique, très-bien expliquée par M. Benfey, dans le *Glossaire du Sâma-Véda*. *Çunam* (sans doute de la racine *çvi*) a pour synonyme dans le commentaire *sukham*, « bonheur. » La particule *dus* (forme antique *dush*, changée en *duc*, par assimilation) donne au mot un sens tout contraire à celui du simple. *Ducchunâ* est un nom abstrait, signifiant « malheur ; » le scoliaste en fait ici un nom d'agent *dushṭasukhakâriṇe duḥkhakâriṇa ity arthaḥ*. D'après la manière dont les mots sont construits dans la glose, *avishyave* paraît servir d'épithète à *aghâya ; ripave*, à *ducchunâyâi*. J'ai cru pouvoir laisser les mots plus détachés les uns des autres, dans ma traduction.

Les deux mots *datvate* et *adate*, que Sâyaṇa traduit, le premier par *dantavate* [1], « à qui a des dents, » le second par *adantakâya*, « à qui n'a pas de dents, » nous offrent, pour exprimer l'idée de dent, un radical plus simple que la forme ordinaire *danta* [2]. Ce même thème se trouve dans Manu (I, 39), *ubhayatodataḥ*, « ceux qui ont une double rangée de dents [3], » mot que Kullûka commente de la manière suivante : *dve dantapañgktî yeshâm uttarâdhare bhavataḥ*, « ceux à qui sont deux rangées de dents, la supérieure et l'inférieure. » Les deux adjectifs *datvat* et *adat* sont expliqués, dans le commentaire, par des exemples, qui font bien comprendre quel est le double danger dont les adorateurs d'Agni veulent être préservés : *datvate... sarpâdaye mâvasrĭjaḥ* [4].... | *adate.... çrĭñggâdibhir ghâtine mâvasrĭjaḥ*, « ne nous livre pas à qui a des dents, c'est-à-dire, au serpent et aux autres bêtes de ce genre ; ni à qui n'a pas de dents, à qui frappe avec les cornes, etc.. »

Le participe *rishate* (de la racine *rish*) est également éclairci par des exemples : *hiṁsakâya* (le même mot qui servait plus haut de synonyme à *aghâya*) *taskararâkshasâdaye*, « au méchant, tel que les voleurs, les râkchasas, etc. »

Mâ parâ dâḥ [5] est traduit *parâbhûtam mâ dehi, sarvathâ na dehi*, « ne me donne pas, ne me livre pas. » *Parâbhûtam*, qui, comme participe, signifie « vaincu, détruit » (*parâ-bhû*, « périr,) » et *sarvathâ*, « de toute façon, complétement, assurément, » sont la glose du préfixe *parâ*.

manières de représenter les racines, le Pâṇini de M. Böhtlingk, *Einleitung*, p. XLI, suiv.

1. *Dantavat* et *datvat* sont synonymes de *dantin*, qui veut dire également *dentatus*, mais s'emploie particulièrement comme nom de l'éléphant.

2. Voy. la Gr. S. de M. Benfey, § 754, xv.

3. M. Eugène Burnouf explique de même l'adjectif védique *ubhayâdat*. Voyez le *Bhâgavata Purâṇa*, t. I, préface, p. CXXX, note.

4. Même tournure que plus haut *mâ...vidat* : l'aoriste sans augment, employé dans le sens de l'impératif avec la particule négative *mâ*.

5. *Dâḥ*, *dâs*, aoriste de la 5e forme (la 1re des formes simples de M. Benfey), employé sans augment, de la même manière que *mâvasrĭjaḥ*, *mâ vidat*.

SIXIÈME STANCE.

Cette stance, qui a, de même que la précédente, un caractère de forte et antique simplicité, contient quelques formes remarquables. Le préfixe *vi*, qui est en tête du vers, se rattache au verbe réfléchi *yaṁsat*, que Sâyaṇa traduit par le présent (dans le sens de l'indicatif) : *vimuñcatyâtmânam*, « se délie lui-même. » Je préfère, pour la suite de la prière, la signification potentielle [1], qui, du reste ne modifie rien à la construction et ne change que le mode de l'affirmation.

L'enclytique *gha* (d'autres fois avec *â* long, *ghâ*), qui est probablement un ancien instrumental d'un thème pronominal, est devenu, dans le sanscrit ordinaire, *ha* [2], forme qu'elle a déjà aussi dans le Véda. La scolie lui donne pour synonyme *khalu*, « certes. » C'est une de ces particules qu'on s'est habitué à nommer explétives [3], mais qui ne le sont pas, au moins originairement. Ce sont des auxiliaires des modes qui nuancent, relèvent, fortifient l'idée verbale, et lui donnent, en quelque sorte, divers degrés de signification.

Rĭtajâta, « né de l'offrande, pour l'offrande, » est expliqué par *yajñârtham utpanna*, « né, produit, à cause du sacrifice, pour l'objet du sacrifice. »

Varûtham, qui, dans le sanscrit ordinaire, désigne ordinairement un abri, un objet qui couvre, qui défend, une armure, une maison (*grĭhanâma*, dit le *Naighaṇṭuka*, III, 4), est traduit par un mot de valeur passive, *varaṇîyam* (de la rac. *vrĭ*, dans le sens de « choisir). » J'ai conservé à ce substantif, qui forme une apposition dans la phrase, son acception ordinaire. Le datif d'attribution *tanve*, « pour le corps, » a pour glose *çarîraposhâya*,

1. Signification que prend naturellement l'aoriste *yaṁsat*, aoriste de la 2e forme, employé comme temps *leṭ*, sans augment. Cet aoriste vient de la racine *yam*, « presser, dompter, retenir, » à laquelle le préfixe de séparation *vi* donne le sens d' « éloigner, retenir à part, loin de... » Le monosyllabe *leṭ* est une des désignations techniques de Pâṇini, le nom d'un mode védique qui s'étend à plusieurs temps du verbe et peut se prendre dans le sens du potentiel, du précatif et de l'impératif. Les dénominations grammaticales des dix temps et modes de la conjugaison sanscrite, ou plutôt de leurs désinences, commencent toutes par la consonne *l*; six finissent par le *ṭ* cérébral, quatre par la nasale gutturale, et elles se distinguent les unes des autres par la voyelle placée entre les deux consonnes : *laṭ* est le présent; *loṭ*, l'impératif, etc.

2. *Gha*, *ha*, comme on l'a souvent fait remarquer, est le même mot que l'enclitique grecque γέ.

3. L'ancien grammairien Yâska, dans le *Nirukta* (I, 4), divise les particules en trois catégories, parmi lesquelles il compte déjà celle des *explétives* (*padapûraṇâḥ*).

« pour la nourriture, le soutien du corps » (de la racine *push*, « nourrir »). Le participe présent moyen *grinânaḥ*[1] est interprété par le participe présent actif *stuvan*, « louant, célébrant, priant. »

L'adjectif de comparaison *tvâvân*[2] est analysé et traduit par une tournure toute semblable à celle que nous avons vue dans le commentaire de la troisième stance de l'hymne précédent. Le mot est formé du thème pronominal *tva*, *tvat*[3] et du suffixe de similitude *vat*. Un adjectif semblable se tire du radical de la première personne (*ma*, *mat*) : *mâvat*, nominatif *mâvân*, « comme moi, tel que moi. »

Le substitut de l'ablatif, *sakâçât*, revient ici deux fois dans la glose, et une fois dans cette transition interrogative que nous avons rencontrée déjà, qui sert à appeler l'attention sur un complément : « Il se délie, et de quoi ? » *kasmât sakâçât*. Les deux désidératifs, qui sont la réponse à cette question, *ririkshoḥ*, *ninitsoḥ*, adjectifs verbaux, formés au moyen du suffixe *u*, dont nous avons parlé, sont remplacés par l'infinitif de la racine d'où ils sont tirés et par le participe du verbe *ish*, « souhaiter, » qui exprime le sens de « désir, » donné au mot par le redoublement et la sifflante : *ririkshor* = *him̃situm icchor*[4] *corâdeḥ*, « de celui qui veut nuire, tel que le voleur, etc. ; »

1. La racine *gri*, « retentir, louer, » est de la 9ᵉ classe. Le participe présent moyen a, comme l'on sait, pour formative, dans la 2ᵉ conjugaison *âna*, dans la 1ʳᵉ *mâna* *Griṇânah* se prend aussi dans le sens passif.

2. Ce dérivé si concis et si expressif, *tâvân*, « semblable à toi, » est employé d'une façon toute biblique dans ce beau vers du *Rig-Véda* (I, 81, 5) :

Na tvâvân Indra kaçcana na jâto na janishyate,

« non tui-similis, Indra, quisquam ; non natus, non nasciturus-est. »

3. Sur l'allongement de l'*a* devant le suffixe, voyez Rosen, *Rig-Véda*, I, 8, 9 (p. xxvi et suiv.). Le suffixe est de même précédé de la longue dans les formes plus ordinaires *yâvân*, *tâvân*, *etâvân*, dont Pâṇini parle dans la règle 39 du ch. II du Vᵉ livre : *yattadetebhyaḥ parimâṇe vatup*, « (les mots) *yat*, *tat*, *etad* prennent le suffixe *vat* dans le sens de comparaison. » La glose de Pâṇini explique cet axiome dans les termes suivants : *yad* | *tad* | *etad* | *ity etebhyaḥ prathamântebhyaḥ parimânopâdhikebhyo 'syeti (asya-iti) shashṭhyarthe vatup syât* || *yat parimâṇam asya* | *yâvân* || *tâvân* | *etâvân* ||, « (les pronoms) *yat*, *tat*, *etat*, exprimant comparaison (mesure comparative), prendront le suffixe *vat*, devant lequel ils auront la désinence du nominatif (avec changement d'*at* en *â*), dans le sens du 6ᵉ cas (du génitif, c'est-à-dire, exprimant un rapport équivalent à) *de cela :* ainsi *yâvân* signifie, ressemblance à quoi est de cela (*cuja similitudo hujus rei*, *cui similis*, c'est-à-dire, *qualis*) ; *tâvân*, *etâvân* (ont une signification analogue). » Ces axiomes et leur glose sont d'un laconisme qui force de recourir, pour les rendre, à de très-longues circonlocutions. L'analyse qui est ici donnée de *yâvân*, « qualis, quel, » est au fond très-exacte ; ce déterminatif marque en effet qu'une personne ou une chose possède ressemblance à quoi... ; il renferme un pronom conjonctif (*yat*), l'idée de ressemblance, de comparaison (*parimâṇam*), et un rapport de possession rendu en sanscrit par *asya*. La traduction de ces règles est une bonne gymnastique pour l'esprit, parce que sous cette excessive concision sont cachées le plus souvent des définitions fort justes et qui rendent bien compte du vrai sens des mots et de ce qu'il y a d'essentiel dans les faits de la langue.

4. *Ririkshati* est le désidératif de la racine *ric*,

ninitsor=*ninditum icchataḥ*[1], « de celui qui veut blâmer, faire tort à la réputation. »

Abhihrutâm, qui vient de la racine *hvṛi*, « être oblique, » dont nous avons déjà vu un autre dérivé dans la première stance[2], est commenté par *âbhimukhyena kuṭilaṁ kurvatâṁ dvishâm*, « des ennemis qui font, qui pratiquent par excellence l'hypocrisie (qui attaquent par des voies obliques). » *Âbhimukhyena* est la glose d'*abhi* : chaque préfixe, comme l'on voit, a la sienne. *Vishpaṭ*, d'où dépend *abhihrutâm*, est un terme védique. Il ne se trouve pas dans le *Sâma-Véda*, ni par conséquent dans le Glossaire de M. Benfey. Il n'est pas non plus dans le *Naighaṇṭuka*, ni dans le *Nirukta*. Sâyaṇa le traduit par *viçeshṇa bâdhakaḥ*, « particulièrement, supérieurement opposant, fléau. » Le mot est sans doute composé de *vi* et de la racine *paṭ*, « fendre, arracher, » avec une insertion de sifflante, semblable à celle qui a lieu après plusieurs autres préfixes[3]. Je n'avais rien de mieux à faire que de suivre le scoliaste pour la traduction de ce composé.

SEPTIÈME STANCE.

J'ai fait rapporter *ubhayân* aux deux espèces de méchants dont parle la stance précédente. Le scoliaste détache entièrement les phrases et traduit le mot par *yashṭrîn ayashṭrînca*, « les sacrificateurs et les non-sacrificateurs. » *Manushaḥ*=*manushyân*, « les hommes ; » *vi vidvân*=*vivicya vidvân* ou *jânan*, « (les) connaissant distinctement, après en avoir bien fait le discernement. » Nous avons déjà vu une semblable glose du préfixe *vi*.

qui signifie « vider (? ravager), » et qui, avec divers préfixes, prend le sens de « vaincre, l'emporter. » La racine *rish*, « blesser, tuer, » qui, pour le sens, s'accorderait mieux avec notre adjectif, a pour désidératif ordinaire *ririshishati*, *rireshishati*.

1. *Ni-nit-su* nous offre une forme simple de la racine *nind*, « blâmer, mépriser. » Voyez le rapprochement que nous avons fait plus haut (p. 73), entre *dat* et *dant*(*a*).

2. Le participe passé passif est *hvrita*, et l'on trouve aussi dans les Védas la forme *hruta*. Voyez dans le *Glossaire du Sâma-Véda* le simple *hrut*, signifiant « qui veut nuire, ennemi. » La racine *hvṛi* veut dire à la fois *curvum esse* et *curvari*, *lædi*. Le scoliaste, dans sa traduction, réunit le double sens d' « ennemi, » et d' « hypocrite. »

3. La forme primitive du préfixe *vi*, qui marque séparation, est *dvi*, peut-être *dvis*, « deux fois (en deux). » Comparez dans le *Nirukta*, VI, 20, le mot *vishpitâ*, et l'étymologie proposée par M. Roth (*Erläuterungen*, p. 88). — On pourrait croire aussi que *vishpaṭ* est pour *dvishpaṭ*, et qu'il se compose de la même racine *paṭ* et de *dvish*, « ennemi : » il signifierait alors « destructeur, fléau des ennemis, » et contiendrait son complément en lui-même ; mais il y a plus d'un exemple, dans les diverses langues, de mots de ce genre, qui prennent en outre un complément extérieur.

Les deux locatifs adverbiaux *prapitve* et *abhipitve* sont pris dans un sens temporel. Sâyaṇa commente le premier par *sannihita eva kâle*, « dans le temps présent, » et le second par *abhiprâptakâle 'bhigamanavati yajñe vâ*, « dans le temps qui est arrivé, ou dans le sacrifice qui approche. » Les deux mots marquent proximité, voisinage, et ne doivent différer l'un de l'autre que par une légère nuance : « dans le temps présent, dans le temps prochain[1]. »

Veshi[2] = *kâmayase*, « tu aimes. » Le mot *akraḥ*, qui termine la stance et que le commentaire paraît vouloir rattacher au datif *manave*, de *manu*, « homme, » qu'il considère comme marquant ici le même rapport que ferait le génitif (*shashṭhyarthe caturthî*), est une expression d'un sens douteux[3]. Il est expliqué par la glose *âkramitâ*, nom d'agent dérivé d'*âkrama*, qui signifie ordinairement « trajet, approche, attaque, victoire. » Yâska, dans le *Nirukta* (VI, 17), rapproche d'*akra âkramaṇât*, sans jeter par là beaucoup de jour sur le sens. M. Roth, dans ses *Éclaircissements* (p. 84), cite quatre passages du *Rig-Véda*[4], où ce terme obscur se trouve, entre autres la fin de la stance qui nous occupe, et pense que ce pourrait bien être une désignation du cheval. La comparaison d'Agni avec un cheval est bien, en effet, dans les habitudes du style védique. L'hymne 27 du *Rig-Véda* commence ainsi :

Açvaṁ na tvâ vâravantaṁ vandadhyâ[5] *Agniṁ namobhiḥ saṁrâjantam adhvarâṇâm.*

Littéralement : « Equum veluti caudatum[6], te celebratum (venimus) ceremoniis, Agnim, dominum sacrificiorum. »

Nous avons suivi cette interprétation d'*akraḥ*, proposée par M. Roth, tout en conservant quelques doutes au sujet de ce mot[7], et nous avons rattaché *manave*, comme le voulait l'ordre des mots, au participe *çâsyaḥ*. Ce participe passif (dont le suffixe équivaut à la finale latine *dus*, *da*, *dum*) est commenté plus longuement que les autres mots de la stance : *çâsyo bhûḥ* | *çikshaṇîyo*

1. M. Benfey, dans son *Glossaire du Sâma-Véda*, dérive *prapitve* de *prapi* et du suffixe *tva*. *Prapi* (comparez le latin *prope*) serait composé de *pra* et de la racine *ap*, il y aurait eu élision, au lieu de contraction, et par suite l'*a* serait demeuré bref.

2. De la racine *vî* (2e classe), qui a des sens très-divers, entre autres celui d' « aimer, désirer. »

3. *Akraḥ* ne se trouve pas dans le *Glossaire du Sâma-Véda*.

4. M. Böhtlingk et Roth, dans leur dictionnaire, en ajoutent un cinquième, et traduisent par *rasch*, *stürmisch*, avec un signe de doute (?).

5. *Vandadhyâi* est une forme d'infinitif védique (comparez la désinence grecque ε-σθαι). Elle marque ici le but et est employée, comme plus haut *kshâm*, sans verbe de mouvement.

6. Sâyaṇa donne une puérile explication de l'épithète *vâravantam*, « ayant une queue, » = *vâlayuktam* : « de même que le cheval avec sa queue écarte les mouches, les moustiques, etc, qui l'attaquent, ainsi par tes flammes tu écartes nos ennemis. »

7. Un commentateur traduit *akra* par « rempart, » en donnant un sens passif, dans ce nom, à la

bhava | *idaṁ kurvidaṁ kurviti* (*kuru-idaṁ kuru-iti*) *vidheyo bhava*[1], « sois docile, c'est-à-dire, laisse-toi diriger, instruire en ces termes : fais ceci, fais ceci[2]. » La tournure par le discours direct est très-fréquente dans les scoliastes (voy. plus haut, p. 65, l'explication de la première stance de l'hymne à Agni).

Il reste un dernier mot qui prête aussi à des interprétations diverses : c'est *uçigbhiḥ*. Le *Naighaṇṭuka* contient deux fois cette expression et la range d'abord (II, 6) parmi les termes qui signifient « action de désirer, » *kântikarmâṇaḥ*, puis (III, 15) parmi ceux qui veulent dire « sage, intelligent, » *medhâvinâmâni*. Sâyaṇa, qui l'explique ordinairement par *kâmayamânaḥ*, d'après la première glose du *Naighaṇṭuka*, permet d'opter, dans l'hymne 60 du premier maṇḍala (stance 2), entre cette traduction et *medhâvî*. Yâska, dans le *Nirukta* (VI, 10), commente le mot de la manière suivante : *Uçig vashṭeḥ kântikarmaṇah*, « *uç-ig* (thème *uç-ij*), de la racine *vaç*, action de désir. » M. Roth (*Erläuterungen*, p. 78) est d'avis qu'on suive cette interprétation : le sens de « demandant, priant, désireux, » *verlangend, bittend, begierig*, convient bien, dit-il, aux divers passages où le mot se trouve. M. Benfey, dans son Glossaire, après avoir donné les significations que le mot a comme nom commun, renvoie à un passage du *Rig-Véda* où il ne peut guère s'expliquer que comme nom propre, désignant une famille sacerdotale. Il nous a semblé que la particule comparative *na*, pour *iva*, si nous la rapportons à cet instrumental, et le plus souvent, en effet, elle suit le mot auquel le sens la rattache, rendait dans notre stance cette dernière acception assez vraisemblable, et c'est celle que nous avons adoptée[3], malgré l'autorité de Sâyaṇa, qui se sert de sa glose ordinaire : *kâmayamânair rïtvigbhir iva*, et ne paraît pas, par conséquent, voir ici, dans ce terme, un nom propre.

racine *kram*, qui avec *â* signifie « assaillir, attaquer. » Mais cette interprétation ne peut pas s'appliquer à tous les passages où le mot se trouve.

1. *Bhûḥ*, *bhûs*, est l'aoriste de la 5e forme, pris dans le sens du potentiel. Voyez plus haut *dâḥ*, *dâs*. La forme *murmrïjenyaḥ* est aussi grammaticalement intéressante. C'est le participe de l'intensif de *mrïj*, « purifier ; » *enya* est un suffixe védique pour *anîya*. Dans quelques verbes, cette forme de participe a le sens actif. Voyez la *Grammaire sanscrite* de M. Benfey, § 901.

2. Le sens adopté pour *manave* et *akraḥ* par le commentateur formerait une belle anthithèse : « toi, le vainqueur de l'homme, deviens docile, maniable pour tes adorateurs. » Au reste, la comparaison avec un cheval impétueux, rapprochée de l'attribut *çâsyaḥ*, conserve à la phrase quelque chose de cette opposition.

3. M. Langlois, dans sa traduction, fait aussi d'*uçik*, un nom propre. Sâyaṇa, dans plusieurs passages, explique le dérivé *âuçija* comme un nom patronymique : *Uçik sañjñâ Dîrghatamasaḥ patnî, tasyâḥ putro Dîrghaçravânâma* : « Uçik est un nom (désignant) la femme de Dîrghatamas ; (*âuçija* désigne) le fils de celle-là, Dîrghaçravas. » (*Rig-Véda*, I, 112, 11.)

Cette 7e stance est celle qui renferme le plus de mots obscurs et incertains, et l'obscurité des mots amène naturellement aussi des incertitudes de construction.

HUITIÈME STANCE.

L'aoriste de la sixième forme, *avoçâma*, a pour glose le présent *brûmaḥ*, « nous disons, » de la racine *brû*[1]. Dans le mot qui vient ensuite, *nivacanâni*, le scoliaste donne une très-grande valeur au préfixe *ni;* il traduit par *niyamapûrvakâṇi vacâṁsi stotrarûpâṇi*, « les paroles ayant forme de louanges (de chants sacrés, paroles), précédées des observances prescrites[2]. »

Les mots suivants du commentaire sont pris dans une acception technique : *Agnir viçeshyate*, « Agni est distingué, déterminé; » l'hymme, en effet, le localise, en quelque sorte : ce n'est plus d'Agni en général, c'est du feu qui est là et où se fait l'offrande, qu'il semble parler. *Mânasya* signifie proprement « de la mesure ; » c'est dans ce sens que le mot paraît être employé dans la stance citée par le *Nirukta* (II, 22)[3]. Ici, Sâyaṇa dérive aussi *mâna* de *mâ*, « mesurer, » et en fait un synonyme de *mantra*[4] : *mîyata iti mâno*[5] = *mantraḥ* | *tasya sûnur agnir mantreṇotpadyamânatvât* (*mantreṇa-ut...*), Agni est nommé le fils du Mantra par la qualité, le caractère qu'il a d'être produit par le Mantra; le feu de l'offrande est le fils de la prière, de la cérémonie sainte : c'est une élégante et poétique expression.

Sûnuḥ est un nominatif, et il faut sans doute le considérer comme une invocation et comme tenant la place du vocatif. Le commentaire aime mieux le rapporter à *agnâu*, et nous dit que c'est le premier cas dans le sens du septième, c'est-à-dire, un nominatif pour un locatif : *saptamyarthe prathamâ* (sous-entendu *vibhaktiḥ*) | *mânasya sûnâu*. Le locatif *sahasâne*, qui qualifie le même nom, *agnâu*, vient de la racine *sah*, « vaincre, » et veut dire

1. *Brû* n'est usité que dans les temps spéciaux. La conjugaison est complétée par *vac*, qui, comme l'on sait, change, à l'aoriste de la 6e forme, son *a* en *o*.

2. *Niyama*, c'est l'observance légale, *çâstroktakarma*, comme le traduit Kullûka dans Manu. Voy. son commentaire du livre III, 193.

3. Cependant Yâska traduit *devânâm mâne*, dans cette stance citée, par *devânâm nirmâṇe*, et *nirmâṇa* signifie surtout « fabrication, création. »

4. Le sens propre de *mantra* est en effet « chant mesuré, prière en vers. » Voy. *zur Litt. u. Gesch. des Weda*, p. 3.

5. *Mîyata iti mânaḥ*. C'est la tournure ordinaire pour ramener les mots à leur racine et en donner l'étymologie et la valeur verbale.

« vainqueur. » Le scoliaste l'explique très-bien par *çatrûṇâm abhibhavitari*[1]. *Sahasram*, « un millier, » exprime, d'une manière elliptique, *aparimitaṁ dhanam*, « une richesse immense, incommensurable. »

La glose de Sâyaṇa jette quelque incertitude sur l'instrumental *rĭshibhiḥ*, qui semble devoir signifier « par les Rĭchis, les poëtes, auteurs des hymnes[2]. » Il le prend ici dans un sens particulier et le traduit : *atîndriyârthaprakâçair mantrâiḥ sâdhanâiḥ*, « par les mantras, les cérémonies qui illuminent, éclairent les choses surnaturelles. » Une des acceptions de *rĭshi* est, en effet, « rayon de lumière, [3] » et c'est sans doute de là que le commentaire a tiré le sens métaphorique qu'il donne à ce mot.

La stance se termine par le même refrain que l'hymne au Ciel et à la Terre : nous l'avons commenté plus haut (p. 54).

Ces explications, qui pourront paraître un peu longues, étaient nécessaires, si je ne me trompe, vu l'état où est aujourd'hui parmi nous cette étude, pour bien établir le sens de ces deux hymnes, et déterminer la valeur significative, aussi bien que le rôle grammatical, des expressions dont ils se composent. On ne pourra pas, après cette discussion du texte, nous accuser de rien avancer au hasard, quant aux formes contenues dans notre double spécimen. Avec le commentaire qui précède, il sera facile de contrôler notre examen; il importait avant tout qu'il ne restât, autant que faire se peut, aucun doute sur les faits qui vont nous servir de point de départ.

1. *Bhû* avec le préfixe *abhi* est fréquent dans le sens de « vaincre. » Dans le passage suivant de Manu (VII, 5), *abhibhavatyesha sarvabhûtâni*, Kullûka explique le verbe *abhibhavati* par *atiçete*, « il l'emporte sur tous les êtres. » — Les noms d'agents en *trĭ* abondent, comme on a pu le voir, dans les scolies.

2. Ce même instrumental *rĭshibiḥ*, que Sâyaṇa explique ici d'une façon particulière, est employé ainsi, dans son sens propre, au début du *Rig-Véda* (I, 1, 2) :

Agniḥ purvebhir rĭshibhir îdyo nûtanâir uta,

« Agnis, pristinis vatibus laudabilis recentibusque. »

3. Ce sens se trouve parmi ceux qui sont indiqués dans le dictionnaire de M. Wilson. Voyez l'article consacré à *rĭshva* par M. Benfey, dans le *Glossaire du Sâma-Véda*.

Ces deux hymnes sont d'un caractère bien simple, bien antique; mais l'art et, à plus forte raison, les artifices de la composition y manquent absolument. Ce n'est pas ici le lieu de les apprécier littérairement. L'invocation au Ciel et à la Terre a une certaine grandeur : quelques nobles images, rapidement esquissées, des tours assez hardis et poétiques; mais rien d'achevé, rien qu'on puisse appeler du style. L'hymne suivant, adressé à Agni, au feu, au dieu du feu, est une prière toute simple, relative aux besoins quotidiens et constants de la vie : « délivre-nous du mal, exauce-nous, préserve-nous de tout ce qui peut nous nuire, agrée notre offrande. » Toutes les stances roulent sur ces vœux communs et universels qui sont le fond de toutes les prières humaines, qu'elles s'adressent au vrai dieu ou à ses œuvres, à ces puissances de la nature que l'idolâtrie adore à la place du créateur. Le sentiment de tout le morceau est plein de naturel, et, si l'on veut bien me permettre d'employer ici ce mot, d'une naïve piété : le mouvement n'a rien d'impétueux; si les idées ont peu de liaison, on n'y remarque aucun des écarts calculés de la poésie lyrique, aucune des témérités d'une inspiration passionnée. J'ai pris à dessein un petit poëme de ce genre simple (le premier l'est presque autant dans l'expression), pour que ce soit bien la langue et non le style que nous ayons à apprécier; que nous n'y trouvions pas de fantaisies individuelles, d'exceptions de langage, mais seulement des tournures habituelles, des façons de parler communes à tous. Les conclusions que nous tirerons de nos remarques en seront d'autant plus légitimes et en même temps plus générales.

On sent tout d'abord, à la simple lecture de ces dix-neuf stances, mais bien mieux encore en examinant et analysant avec soin les mots et les tournures, que c'est un idiome parlé par le peuple et bien vivant, que l'analyse des savants, que les subtilités philosophiques, les fantaisies du bel esprit ont jusqu'à présent respecté, et où l'instinct même du langage a encore une grande place dans la grammaire, si l'on peut ici appliquer ce mot; un idiome, aussi riche par son lexique que par ses procédés de formation, mais dont le peuple, c'est-à-dire, tout le monde, les petits et les grands, le peuple enfin, dans le vrai sens du mot, est, si je puis ainsi parler, l'artisan et l'artiste à la fois. Plus tard, nous verrons le sanscrit que nous pouvons appeler classique, mêler au fond originel, et aux aptitudes primitives de la langue, certains procédés qui paraissent plus artificiels, prendre une forme plus arrêtée, où l'on sent l'influence du précepte ou d'un usage aristocratique. Nous le verrons, même aux époques où le plus grand nombre devait le comprendre encore, mais le parler déjà autrement qu'on ne l'écrivait, acquérir de ces habitudes étudiées plutôt qu'instinctives, auxquelles peuvent bien se faire des castes supérieures ou l'élite d'une société, mais que le peuple, quelque bien doué qu'on le suppose, n'adoptera jamais. Dans bien des choses, et peut-être en fait de langage surtout, le peuple n'aime et ne connaît que le premier mouvement; il lui faut ses coudées franches, et tant qu'une langue n'aura d'autres règles que celles qui sont vraiment inhérentes à la nature de cette langue, il les appliquera avec une admirable facilité, avec une souplesse, une variété, où l'étude et la réflexion n'atteindront jamais; mais il est bien plus aisé à la Grammaire, lorsqu'elle veut fixer par ses lois et comme stéréotyper, à un moment donné, le dictionnaire et les procédés d'un idiome, de régenter, comme on l'a dit, les rois et les grands que le peuple. Celui-ci secoue le joug, suit sa route à part, toujours large et facile, où, trop abandonné à lui-même, il finit par s'égarer, par dénaturer très-logiquement sa langue, parce qu'on le laisse descendre la pente tout seul, qu'il n'a plus pour guides, pour modérateurs les esprits cultivés, qui s'en vont de même tout seuls de leur côté, et qui, dans un autre sens et d'une autre façon, sont aussi devenus infidèles aux lois premières et essentielles de l'idiome. Ici trop d'art, là trop d'instinct; c'est l'équilibre entre ces deux maîtres de la parole qui concilie le naturel et le beau dans le langage. Quand l'instinct est sans contrepoids, il pousse la liberté jusqu'à l'anarchie; quand l'art veut régner seul, il étouffe toute liberté; de ce qui était un arbre et un bois vivant, il fait une statue : plus de pousses parasites, plus de branches inutiles, mais aussi plus de séve. Les proportions peuvent être admirables, la régularité parfaite; mais c'est aux dépens du mouvement et de la vie. Heureux les Grecs, et, entre tous, les Athéniens, chez qui si longtemps, grâce aux institutions publiques, les hommes du peuple et les esprits cultivés vécurent ensemble dans cette communauté de langage qui a préservé leur idiome privilégié des raffinements, comme de la grossièreté; des trop méthodiques sévérités de l'art, comme des licences de l'instinct; où Aristophane, pour être compris de tous, n'avait pas besoin de parler une autre langue, de suivre une autre grammaire que Démosthène et Sophocle!

Mais ce n'est pas le moment d'insister ici sur les différences de la langue populaire et de la langue savante. Les caractères de l'une et de l'autre ressortiront plus tard bien clairement, je l'espère, de l'étude, que nous commençons, des principales phases du sanscrit.

Il y a une autre impression dont on ne peut se défendre à la lecture de ces prières védiques, et qu'on éprouverait certainement, même si l'on ignorait l'âge de ces hymnes, si c'étaient des fragments d'origine inconnue, dont, à l'aide d'un commentaire dans un idiome connu, d'un commentaire accompagné d'une analyse de tous les éléments significatifs et formatifs, on comprendrait parfaitement la langue, sans savoir du reste à quel temps ils remontent. En examinant et les mots en eux-mêmes, la manière dont ils sont faits, et les tournures, la forme des propositions, on serait frappé, j'en suis sûr, à la fois, de la simplicité et de la force des procédés de syntaxe soit intérieure, soit extérieure. On s'assurerait, à n'en pouvoir douter, en comparant cette page aux idiomes indo-européens dont nous savons l'histoire et les phases diverses, qu'on a sous les yeux un monument d'une haute antiquité, qui est marqué, abstraction faite des idées et à n'apprécier que la langue, de l'empreinte des temps primitifs.

Ce sont ces deux caractères d'idiome populaire et d'idiome antique, primitif, caractères qui nous frappent à première vue et sans étude, que nous allons examiner en détail. L'analyse des mots et des phrases viendra confirmer notre impression première, en nous en donnant la raison. On verra, si l'on veut bien me suivre, que ces deux morceaux, soit par eux-mêmes, par les faits qu'ils nous présentent, soit en nous mettant sur la voie, suffiront à la rigueur, non certes pour faire une grammaire ou une appréciation complète de l'idiome des Védas, mais pour reconnaître quelques-uns de ses traits les plus marqués et les plus essentiels. Parmi les autres hymnes qui ont été publiés jusqu'à ce jour, il y en a un très-grand nombre d'une inspiration toute semblable, et qui, pour la langue, appartiennent évidemment à la même phase : je n'ai pas à craindre qu'on arrive, en contrôlant par la comparaison, l'étude que je vais faire, les faits et les principes que j'établirai, à des conclusions essentiellement différentes des miennes. Le temps viendra où l'on pourra essayer de dresser, au moyen de la langue, des idées, des croyances, des usages et des faits, une chronologie relative de ces antiques prières; les types des mots et des propositions y offrent d'une pièce à l'autre, tantôt seulement des nuances, que le passage d'un auteur à un autre suffit à expliquer, tantôt des différences plus notables, qu'on peut regarder comme marquant, dans l'histoire de la langue, des moments plus ou moins séparés.

Dans un examen comparatif, comme celui que nous voulons faire ici, il y a, je l'ai dit, deux choses à considérer : le lexique et la syntaxe. Voyons d'abord quels sont, entre les mots de ces pages extraites du *Rig-Véda*, ceux que le sanscrit classique a conservés et ceux qu'il a perdus ; ceux qu'il a gardés avec leur sens antique et ceux dont il a changé la signification sans toucher à leur forme. Pour être sûr de ne commettre aucune erreur dans une comparaison de ce genre, il faudrait avoir à sa disposition des dictionnaires plus complets que ceux qu'on a publiés jusqu'à ce jour[1]. Toutefois, même avec les secours insuffisants que nous avons, nous sommes sûr de ne pas nous tromper beaucoup ni souvent, et les termes que nous considérerons comme tombés en désuétude seront au moins devenus des raretés, des exceptions, des archaïsmes.

Les éléments significatifs dont les mots sont formés se divisent, comme nous l'avons fait remarquer plus haut, en racines nominales et verbales d'une part, et de l'autre en racines pronominales. Les premières, je le répète, expriment les idées, et les secondes les rapports. Ce sont ces deux espèces de parties constitutives des mots qui sont le fond de la langue ; les procédés de formation, la manière dont elles se combinent entre elles peuvent changer d'une façon très-sensible la physionomie d'un idiome, pas assez toutefois, si les éléments premiers sont identiques et représentés par les mêmes lettres, pour qu'il en résulte une langue nouvelle. Ce seront des degrés, des phases diverses, mais en réalité une même langue. Si, après avoir lu ces deux prières, nous prenons une page du Râmâyaṇa, ou de Manu, ou de Kâlidasa, nous remarquerons d'abord une très-grande différence ; mais, si nous ne nous arrêtons pas à la surface, si nous pénétrons par l'analyse au cœur des mots, nous serons étonnés de l'identité à peu près générale des radicaux d'idées et des exposants de rapports. Parmi les mots déclinables, il y en a un nombre très-considérable qui n'ont éprouvé aucun changement ni de forme ni de sens, et que la langue des épopées, des drames, de la prose, a gardés tels qu'ils étaient : les éléments mis en œuvre comme les procédés de combinaison, la formation et la flexion, y sont demeurés, en grande partie, les mêmes. Ainsi nous retrouvons à toutes les époques la plupart des noms que renferme notre second hymne :

Agni, « feu, le dieu du feu, Agni ; » *pathin*, « chemin, » qui garde ses irrégularités, et fait toujours à l'instrumental *pathâ*, au locatif *pathi ; deva*,

1. Celui de MM. Böhtlingk et Roth, qui, sans être complet (il est difficile qu'un dictionnaire sanscrit le soit de longtemps), sera du moins bien plus riche, n'est pas encore parvenu à la fin de la lettre *a*.

primitivement adjectif, « céleste, » et substantivement « dieu; » *enaḥ*, « péché; » les deux termes dont se compose *namaḥ uktim : namaḥ*, « adoration, » et *ukti*, « discours, parole; » *sadana*, « maison; » *agha*, « péché; » *tanu*, « corps, » etc., etc.

Quelques substantifs, en restant dans la langue, ont changé d'acception ou de désinence : *vayuna*, « voie » ou « science, » n'a plus tard que le sens de : « temple; » *svasti*, « salut, chose salutaire, » dont nous avons, à la 2e stance, l'instrumental pluriel, *svastibhiḥ*, est devenu un mot indéclinable, une formule invariable de bénédiction; *durga*, que le commentateur traduit par « péché, » mais qui n'a ce sens que par métaphore, se trouve dans le Dictionnaire du sanscrit ordinaire, de M. Wilson, d'abord comme adjectif, puis substantivement, avec sa signification propre de passage difficile, « mauvais pas; » *amîvâ*, « maladie, » y est également, sous la forme d'un neutre *amîva(m)*, et avec le sens de « péché » et de « peine, douleur; » *krĭshṭi*, avec son sens premier de « labourage; » *rĭta*, outre son acception propre comme participe ou adjectif, a gardé, comme substantif neutre, la signification de « vérité (le vrai, le bon), » qui paraît être le fondement du sens figuré qu'il a si fréquemment dans le Véda; *uçij* a entièrement changé de valeur[1], M. Wilson ne lui donne que le sens de « feu » et de « beurre clarifié; » *vrĭjana* veut dire « péché » et « atmosphère; » *pâyu* n'a plus qu'un emploi qui ne rappelle guère celui où nous le trouvons dans l'hymne à Agni. Les monosyllabes *ish*, *çam* et *yoḥ*, le mot très-obscur *akra*, les composés *ducchunâ*, *vishpaṭ*, *suvita* (qui, comme nous l'avons dit, est, selon toute apparence, formé de *su* et d'*ita*), ont passé d'usage, ainsi que le nom d'agent *jaritrĭ*, et les deux mots abstraits, employés ici adverbialement, au locatif, dans un sens temporel : *prapitva* et *abhipitva*.

En passant en revue les adjectifs, nous obtiendrions un résultat analogue : *viçva*, *prĭthu*, *bahula*, *uru*, *priya*, etc; les superlatifs *bhûyishṭha*, *yavishṭha*, etc., sont de tous les temps; *ajasra* reste dans la langue et s'emploie comme neutre adverbial, dans le sens de « continuellement, éternellement. » Un certain nombre d'adjectifs verbaux, tels qu'*avishyu*, *ninitsu*, *ririkshu*, etc., ont cessé plus tard d'être usités.

En général aussi, comme nous aurons à le remarquer, les diverses formes de la conjugaison se montrent avec bien plus d'abondance et de variété

1. Nous avons traduit *uçij* comme un nom propre; mais voyez plus haut, p. 78, ce que nous avons dit de son autre signification, de son sens radical.

dans les hymnes védiques que dans les monuments des âges postérieurs. C'est une des beautés et un des caractères distinctifs de cette phase antique, et ce jeu si riche et si souple de la flexion lui donne un certain genre d'harmonie et de mouvement, qu'on regrette de ne plus trouver dans la suite au même degré; mais c'est de la partie radicale et non des flexions ou désinences de la conjugaison et de la déclinaison que nous voulons parler d'abord en ce moment, et pour cette partie radicale, quand on y regarde de près, les différences d'un âge à l'autre sont loin d'être aussi considérables qu'on pourrait se le figurer.

La langue a également conservé sans aucune modification toutes les formes de pronoms que nous avons dans l'hymne *Agne naya* : les cinq cas que nous y trouvons du pronom de la première personne, *asmân*, *asmat*, *naḥ*, *asmabhyam, vayam;* ceux de la seconde, *te*, *tvam*, le démonstratif *tân*. Le seul mot participant de la nature des pronoms, ou plutôt contenant un thème pronominal, qui ait passé d'usage, est *tvâvân;* mais si cette combinaison du radical *tva* ou *tvat*[1] avec le suffixe *vat* a cessé de se faire habituellement, les éléments dont elle se compose sont restés bien vivants, bien communs, et c'est un archaïsme qui n'a rien d'étrange ni d'extraordinaire. Toutefois, de cette parfaite régularité que nous offrent les pronoms de notre hymne, quand nous les comparons à la déclinaison pronominale du sanscrit ordinaire, il ne faut pas conclure qu'il y ait, pour cette espèce de mots, une complète identité entre cette première époque de la langue et les suivantes. La langue védique, comme nous le montrerons dans la suite, est ici plus riche, et nous donne, par les vestiges qu'elle a conservés d'une richesse antérieure plus grande encore, l'explication de beaucoup de formes obscures et isolées de la grammaire des temps postérieurs. Dans l'hymne au Ciel et à la Terre, nous trouvons, outre le duel *ayor*, du pronom *a*, le neutre *id*, *it*, du thème *i*, qui ne s'emploie plus guère, même dans les Védas, que comme particule affirmative et fortifiante, le neutre *kad*, *kat*, du thème interrogatif *ka*, dans *kaccit* (*kat-cit*), pour *kiṁ-cit*[2].

Si maintenant nous passons des radicaux proprement dits, de ceux qui, comme je l'ai répété plusieurs fois, expriment les idées, à ceux qui les modifient, les définissent, c'est-à-dire, aux suffixes, nous ne trouverons pas non plus, dans cette partie du lexique ou plutôt de la grammaire, en passant d'une époque à une autre, de ces différences qui dénaturent les langues. Les altérations, soit

1. Voyez plus haut, p. 75.

2. A l'exception de cette différence relative aux pronoms, ce que nous avons dit des thèmes déclinés ou conjugués de notre second hymne, nous pourrions le dire aussi de ceux du premier. Il ne renferme, de même, qu'un petit nombre de mots (*abhva*, *avas*, par exemple) auxquels la langue ait entièrement renoncé plus tard.

matérielles, soit de sens, ne sont pas aussi nombreuses, ni, quand on les prend une à une, aussi notables qu'on serait tenté de le croire. Les formatives dominantes de la dérivation, dans la langue des hymnes, sont les voyelles simples *a*, *i*, *u*, qui ont continué à jouer toujours, dans la constitution des mots, le rôle le plus actif, qui, avec des altérations très-variées, ont passé dans toutes les langues indo-européennes, que nous reconnaissons encore, diversement atténuées et usées, dans les idiomes d'à présent[1], et que leur légèreté, la facilité et l'intimité de la connexion, et souvent de la fusion, devaient naturellement faire prédominer entre tous les moyens de formation. Puis, entre les consonnes, les plus usitées, comme formatives, sont, de même que plus tard aussi, les semi-voyelles d'une part et la sifflante, à cause de leur nature souple et coulante, et de l'autre quelques articulations empruntées aux verbes, et à qui leur origine même donne une valeur bien déterminée, surtout le *n*, le *m*, le *t*, le *y*, ce dernier à un double titre, et comme semi-voyelle, et comme lettre verbale.

Dans notre hymne à Agni, les dérivations sont assez variées; mais, en général, d'une nature très-simple et faites à l'aide des moyens les plus ordinaires.

Les suffixes primordiaux *a*, *i*, *u*, forment *dev-a*, de *div; bhay-a*, de *bhî; tok-a*, de *tuc* (*tvak*); *priya*, de *prî*, avec un développement d'*i* en *iy; ubh-a*, de la racine *ubh*, « courber, plier; » *rish-i*, de *rish; tan-u*, de *tan; man-u*, de *man; pây-u*, qui vient, selon toute apparence, d'un thème de dénominatif, *pây*, tiré de la racine *pâ; avishy-u*, *ririksh-u*, *ninits-u*, tirés de formes désidératives des racines *av*, *ric* (ou peut-être *rish*), *nid* (*nind*).

En s'adjoignant ou les semi-voyelles ou la sifflante, ces mêmes finales élémentaires forment *nav-ya*, de la racine *nu, nû* (*nâuti*), « louer, » ou de *nava*, « nouveau, » selon que nous adopterons l'un ou l'autre des sens proposés par Sâyaṇa; *tanaya*, qui se rattache à *tana*, « fils, » et à la racine *tan; çâs-ya*, de la racine *çâs; jî-ra*, probablement de *jîv; a-jas-ra*, de *jas; sahas-ra*, qu'on peut rapprocher de *sahas* et de la racine *sah*; *ur-u*, de *vri*; *bahu-la*, de l'adjectif *bahu*; *viç-va*, de *viç*; *nam-as*, de *nam*.

La dentale *t* est également très-riche en formations : à elle seule, elle dérive *abhi-hru-t*, de la racine *hvri*; avec l'*a*, *suv-i-ta*, de *su* + *i*; *a-mri-ta*, d'*a* privatif et *mri*; avec *i*, *uk-ti*, de *vac; krish-ṭi*, de *krish; sv-as-ti*, sans doute

1. Dans notre *e* muet final d'un grand nombre de substantifs, dans beaucoup d'*e* mi-muets allemands, d'*o* et d'*a* italiens, espagnols, etc., bien amoindris aussi par la prononciation.

de *su* + *as;* avec la liquide *r*, les noms d'agents; *jar-i-trî*, de *jrî* (*grî*); *yaja-tra*, de *yaj; an-agni-tra*, d'*an* privatif et *Agni;* avec *v* et *n*, le suffixe possessif de *dat-vat*, le suffixe comparatif de *tvâ-vat*.

La nasale des dentales, *n*, figure dans *mâ-na*, de *mâ*; *dâ-nu*, de *dâ; sû-nu*, de *sû; ag-ni*, qu'on rattache à *añj* (« éclairer, être beau »); *sad-ana*, de *sad* (on dit aussi *sâd-ana*); *ni-vac-ana*, de *vac; vrîj-ana*, très-probablement de *vrîj; vay-una*, qu'on fait venir de *vî*, à l'aide d'une finale assez fréquente dans les Védas, *una*.

Je ne parle pas des superlatifs en *ishṭha : bhûyishṭha*, *yavishṭha;* du comparatif des particules, en *ara* (*apara*, d'*apa*), auquel répond la forme du superlatif en *ama* (voy., à la fin de l'autre hymne, *avama*, d'*ava*). Ces trois finales sont restées dans la langue, avec le sens que nous leur voyons ici; seulement on voit, par l'usage qu'on a fait des comparatifs et des superlatifs des particules, qu'on avait fini par n'avoir plus bien nettement conscience de leur vraie nature et de leur origine.

Nous avons déjà dit qu'il y avait dans la langue des Védas une grande variété d'adjectifs verbaux et de participes. Outre les désidératifs que nous avons donnés plus haut, et les passifs en *ya*, notre hymne nous offre les formes *grîṇ-âna*, de *grî* (9e classe); *ju-hur-âṇa*, de la racine *hvrî*, dont nous avons déjà vu un autre dérivé; les formatives *vas*, *vân*, dans le présent, *vid-vân*, de *vid*; dans le parfait, *çu-çuk-vân*, de *çuc*; le suffixe *at*, *ant*, dans *daç-at*, *rish-at*, de *daç* et *rish;* enfin, la finale védique *enya* pour *anîya*, dans l'intensif *marmrîjenyah*.

Joignez à cela les formations moins ordinaires, *uçij*, de *vaç; varûtha*, de *vrî; prîthu*[1], de *prî*, mots usités du reste, les deux premiers avec une différence de sens, dans la langue classique.

Les éléments des suffixes des mots déclinables ne diffèrent, pour ainsi dire, en aucune façon, dans notre hymne, de ceux qui servent en général, et dans tous les temps, à la dérivation sanscrite. Une analyse semblable de l'autre hymne ne ferait que confirmer cette analogie. Ce n'est pas qu'il n'y ait à cet égard, entre les époques diverses, des différences qui modifient sensiblement la physionomie de l'idiome; mais, pour la forme matérielle comme pour le sens, les rapports sont, on le voit, très-marqués, et les variétés que

1. Les grammairiens le dérivent d'une racine *prîth*, « étendre, » ce qui le placerait parmi les formations les plus régulières et les plus communes. Au reste, la dentale aspirée *th* est elle-même d'un fréquent emploi dans l'ancienne dérivation.

nous pouvons remarquer à cet égard ne suffiraient certes pas, si elles étaient seules, à donner à la phase védique ce caractère bien prononcé qui la distingue des autres phases.

Pour ce qui concerne la formation des verbes, notre analyse comparative aura un résultat analogue. Si nous considérons les racines simples et nues, qui forment le cœur du mot, elle n'en découvrirait pas un bien grand nombre qui ne se retrouvent aux âges suivants. Il y en a, mais relativement peu, qui sont purement védiques; plusieurs ont modifié leur sens et passé d'une classe de conjugaison dans une autre : *jas*, par exemple, que nous avons dans *ajasrâiḥ* (stance 4 de l'hymne à Agni), et qui, dans la langue ordinaire, conjugué d'après la 4e classe, signifie « délivrer, » veut dire, infléchi d'après la 3e, dans la langue védique, « frapper, blesser. » Mais les changements notables et essentiels sont, nous l'avons déjà dit, bien plutôt l'exception que la règle. Quant à certains thèmes, à certaines formes dérivées que prend la racine pour s'adjoindre les désinences de la conjugaison, la différence nous paraîtra plus marquée. Encore cette différence est-elle moins dans les pouvoirs que dans les habitudes de la langue. Là même, les ressources sont, en général, à peu près identiques, et c'est l'usage qu'on en fait, le parti plus ou moins fréquent qu'on en tire, qui font surtout la diversité. Les procédés qui viennent en aide à la dérivation, tels que le redoublement, le guṇa, le vrĭddhi, n'ont pas non plus changé de nature. L'idiome antique des hymnes, comme nous le dirons ailleurs, en use plus librement, à certains égards, et avec plus de souplesse; il se permet, avec moins de scrupule, les modifications de quantité, çà et là des élisions au lieu de contractions[1]; il emploie davantage certains développements de lettres qui facilitent les liaisons, comme le changement d'*u* en *uv*, d'*i* en *iy*; mais, à cet égard encore, les aptitudes n'ont pas varié essentiellement.

Les flexions nous offriront un certain nombre de désinences, ou nominales ou verbales, qui se sont perdues, mais c'est relativement aussi le petit nombre. La déclinaison et la conjugaison védiques sont plus libres, plus flottantes, plus variées; au fond et à les prendre tout entières, les ressemblances sont bien plus nombreuses et plus frappantes que les différences. Au reste, nous aurons à revenir sur la dérivation et sur la flexion, pour les considérer à un autre point de vue. Ici nous ne voulons établir qu'une chose, c'est que les racines soit d'idées, soit de rapports, considérées en elles-mêmes, abstrac-

1. Voyez, par exemple, ce que nous avons dit plus haut, p. 77, note 1, de la formation de *prapitve*.

tion faite de leur emploi et de leur combinaison, c'est que les éléments significatifs que la langue a à sa disposition, je ne parle pas de ses goûts, de ses préférences, sont au fond, en grande partie, les mêmes. Nous verrons plus loin combien il importe de distinguer le pouvoir et le vouloir, et, comme je l'ai dit ailleurs, la faculté et l'usage; ici c'est du pouvoir et de la faculté seulement que je m'occupe.

Restent les particules, les mots indéclinables, les préfixes. Ceux qu'on peut considérer comme vraiment primitifs paraissent fréquemment dans les hymnes, plus détachés encore, plus vivants, ce semble, de leur vie propre, comme nous aurons à le montrer ailleurs. D'un autre côté, le nombre en est plus grand, leur forme est souvent plus antique, mieux conservée; ils sont, si je puis ainsi dire, plus féconds, plus capables de dérivations[1]; nous pouvons plus facilement les ramener à leur origine; ils donnent lieu à beaucoup de remarques curieuses et intéressantes, nous servent à résoudre, aux âges postérieurs et dans les autres branches de la famille, plus d'une énigme de formation; mais, à tout prendre, la plupart et particulièrement les plus usités, les préfixes verbaux, sont les mêmes que par la suite, et c'est tout ce qui nous intéresse en ce moment, les mêmes quant à la forme et quant au sens; quant à leur valeur propre et fondamentale, et quant à leurs éléments essentiels.

Nos deux hymnes, par exemple, ne nous offrent, pour les particules, rien d'extraordinaire ni d'archaïque, que la forme primitive de *gha* (ailleurs *ghâ*), affaibli plus tard, comme nous l'avons dit, et quelquefois même dans le style védique en *ha;* l'emploi de *cit*, à la 9ᵉ stance de l'hymne *Katarâ purvâ,* et à la 8ᵉ stance du même hymne, celui d'*it*, dont nous avons parlé; la valeur comparative de *na*, dans les deux hymnes. Du reste, les conjonctions *ca*, *vâ*, *iva;* la négation *mâ;* l'adverbe de lieu *iha*, etc.; les particules de composition *a* (privatif), *su*, *dur* (*dus*, *duḥ*); les préfixes *ati*, *abhi*, *ava*, *pra*, *vi*, *upa*, *anu*, *parâ*, y jouent le même rôle qu'on leur voit jouer partout dans la suite; seulement ces derniers, les préfixes verbaux, sont, comme je l'ai dit, moins unis au verbe et ont une valeur plus indépendante : voyez, par exemple, le commencement de la 6ᵉ strophe de l'hymne à Agni :

Vi *gha tvâvân rĭtajâta* yaṁsat....

Il suit de ce que je viens de dire que le lexique, quant à ses éléments, ses

1. Voyez dans nos hymnes *abhîke*, *su-pratîke*, les comparatifs et superlatifs *apara*, *avama*, etc. Au reste, un bon nombre de ces mots directement dérivés des particules se sont conservés dans la langue.

matériaux de structure, n'a pas subi, de l'époque védique à l'époque qu'on appelle classique, de ces altérations qui changent radicalement les idiomes, et constituent une langue distincte et nouvelle. Quand nous passons du sanscrit au grec, au latin, à l'allemand, aux langues slaves, l'identité primitive des racines et la communauté d'origine sont voilées par de notables différences de prononciation que l'orthographe représente; par de nombreuses permutations de lettres, tant de voyelles que de consonnes, qui, toutes régulières qu'elles sont, modifient cependant assez l'apparence générale, pour donner aux idiomes entre eux un air de parenté collatérale, ou de descendance déjà éloignée, plutôt que de filiation immédiate. Le voile n'est pas épais, il faut le lever cependant; il faut avoir recours à l'analyse, pénétrer au cœur des mots, déduire des faits les lois de la corrélation originaire. En beaucoup de points, dès le premier coup d'œil, la ressemblance est frappante; pour d'autres, elle est déguisée, et la lumière se fait peu à peu. Il n'en est pas de même, pour ce qui concerne le lexique, je le répète, de la ressemblance des Védas avec les épopées, et les codes de lois, par exemple : beaucoup de mots sont différents, les habitudes, quant au plus ou moins de fréquence de l'emploi, et quant à la combinaison des termes, ont changé; mais, au fond et en général, les éléments dont ils se composent sont demeurés, pour la plus grande partie, les mêmes. L'alphabet, les degrés et les relations des lettres n'ont pas subi de ces altérations essentielles qui défigurent et qui créent, comme je l'ai dit, une langue nouvelle. L'arbre a grandi, il est plus touffu, mais c'est toujours le même tronc, à la même place, sous le même ciel. Ce n'est point une branche détachée qui, replantée ailleurs et reprenant racine sous un autre climat, subissant de nouvelles influences, aurait constitué peu à peu, sans perdre ses caractères génériques, une espèce distincte.

Mais si les éléments significatifs sont, pour la plupart, les mêmes dans les deux hymnes d'Agastya et dans la Çakuntala de Kâlidasa, la construction des phrases a bien changé de l'un à l'autre, et, à certains égards aussi, la structure intérieure des mots. La comparaison que nous allons faire nous montrera combien les procédés et les habitudes de combinaison peuvent changer la physionomie d'un idiome, lors même que le temps en a respecté les principaux linéaments et les traits en apparence les plus essentiels.

Nous avons dit qu'il nous semblait que la langue des Védas se distinguait du sanscrit classique particulièrement par deux caractères, celui de langue plus primitive et celui de langue vraiment populaire. Examinons, à ce double point de vue, les hymnes que nous avons choisis pour exemples et pour objet d'analyse détaillée. La première chose qui me frappe, et entre toutes les propriétés de la langue, il n'en est pas, je crois, qui mérite davantage le nom de primitive, c'est la force qu'a conservée la racine, l'élément primordial et fondamental des mots. Cette force est de deux natures, significative d'une part et phonique de l'autre, et il est de l'essence du langage de faire toujours marcher de pair cette double aptitude. Ce qui va suivre rendra ma pensée plus claire. En grec, en latin, en allemand, dans le sanscrit classique même, la racine est demeurée très-significative, mais le nombre des mots où elle se suffit à elle-même, où, pour passer de l'état abstrait au rôle de partie du discours, elle se contente de s'adjoindre les désinences de la flexion, est devenu relativement très-rare. Tandis que la première des dix classes de la conjugaison, c'est-à-dire, la classe qui fait des verbes au moyen de la formative *a*, et que nous retrouvons, diversement altérée, dans toutes les branches de la famille, renferme, dans le sanscrit ordinaire, environ la moitié du nombre total des racines, plus de mille en tout ; la seconde et la troisième, qui sont celles des verbes vraiment primitifs, n'en comptent, l'une que soixante-dix environ, l'autre que vingt-quatre. Voilà pour les verbes. La racine a encore un autre rôle : dans son état abstrait, elle n'est pas, nous l'avons dit ailleurs [1], plus verbale que nominale, elle participe de cette double nature ; elle peut, dans son état de simplicité première, sans autre secours que la flexion, figurer tout aussi bien comme nom que comme verbe. Mais le nombre de ces noms primitifs paraît s'amoindrir avec le progrès, avec la durée des langues. Comptez les noms-racines qui se sont conservés en grec et en latin, les racines déclinées sans insertion de suffixe devant les terminaisons de cas : elles sont loin d'être nombreuses, et encore plusieurs de ces noms sont-ils défectifs, c'est-à-dire, usités seulement à quelques-unes de leurs formes, comme le datif *ἀλκί*, le latin *dicis* (dans *dicis causa*), etc. Dans d'autres idiomes, en allemand, par exemple, ces demeurants d'un autre âge semblent, malgré de trompeuses apparences, avoir disparu entièrement [2].

La simplicité des moyens d'expression dans les langues, et en général la simplicité dans toutes les choses de l'esprit et du cœur, diminue de plus en

1. Voyez mon *Traité de la formation des mots dans la langue grecque*, §§ 5 et 15.
2. Voyez la *Grammaire comparative* de M. Bopp, § 111.

plus, ce semble, avec le progrès, c'est-à-dire, à mesure que l'on s'éloigne du point de départ. Il y a deux sortes de simplicité : l'une est pauvreté, l'autre est une condition essentielle du vrai et du beau, et comme une émanation de l'essence divine, *particula auræ divinæ*. N'est-il pas naturel qu'elles diminuent toutes deux à la fois, dans la même proportion que l'esprit de l'homme s'enrichit et se corrompt? Plus tard, pour ne parler que des langues, il vient un moment, lorsqu'elles se sont élevées à un certain degré de développement, où elles semblent redescendre, en glissant sur une pente nouvelle, qui les rapproche, en apparence, des qualités originelles, de l'antique simplicité des formes; mais cette simplicité retrouvée est au fond de toute autre espèce que celle dont nous parlons et que l'analyse va nous montrer dans les hymnes védiques. Elle est la conséquence, non pas de la force des lettres radicales, mais d'une mutilation. Comparez les nombreux monosyllabes de l'anglais d'à présent à ceux des Védas. Dans l'idiome précis et énergique de nos voisins, les deux forces dont nous parlions tout à l'heure ne vont plus de pair : la vertu significative est grande encore, plus grande peut-être qu'elle ne l'était dans l'anglais ancien, dans l'anglais moyen; la vertu phonique n'existe plus. La racine ne vit plus, ne peut plus fleurir, s'épanouir : c'est une sorte de concrétion, une unité qui est tout d'une pièce, où l'organisme n'existe plus, n'est plus senti. Dans les Védas, au contraire, comme je le disais et comme je vais le montrer, la double vie, celle du sens et celle des lettres, sont dans un parfait accord. Plus tard ce sont les préfixes, les suffixes, qui, venant se grouper autour de l'élément radical, prennent, par l'adhésion intime, l'apparence de jets et de branches, bien que ce ne soit, au fond, qu'une sorte de végétation parasite ou de greffe tout au plus. Ici, dans cette phase antique qui nous occupe, c'est la racine seule, sans parties étrangères, qui, s'étendant, se resserrant à volonté, avec une élasticité merveilleuse, vit et végète par elle-même, nuançant et variant par sa propre force son sens et son harmonie.

Les huit stances dont notre hymne à Agni se compose nous offrent, outre les deux verbes *dâḥ* et *bhûḥ*, qui sont la racine même (*dâ, bhû*), avec une flexion bien légère, les cinq monosyllabes *pûḥ*, *çam, yoḥ*, *kshâm*, *ish(am)*, employés comme noms, c'est-à-dire, autant de racines, devenant, sans aucune addition dérivative, des parties du discours. Joignez-y, sans sortir de notre morceau, les racines redoublées *yu-yodh-i*, *çu-çuk-vân*, *ririkshoḥ*, *ninitsoḥ*, le composé *vish-paṭ*, le dérivé, bien simple encore, *abhi-hru-t-âm*. Dans tous ces termes, la racine se suffit en quelque sorte à elle-même, tantôt sans aucune addition absolument, tantôt avec les formatives les plus brèves et les plus simples, comme le *t* de *-hru-t-âm*, le *s* désidératif de *ririkshoḥ*, *ninitsoḥ*, qui s'ajoute immédiatement à la racine et s'adjoint l'un des suffixes les plus légers, *u*, lequel, fondu avec la désinence de cas, devient *oḥ* (*os*). D'autres fois le suffixe est plus lourd, mais la simplicité de formation n'en reste pas moins très-grande : il s'attache directement à la racine sans aucun lien, sans aucune modification euphonique qui la dénature : *çu-çuk-vân*, *ju-hur-ânam̃*, *mar-mrïj-enyaḥ*.

Dans l'hymne *Katarâ pûrvâ*, nous trouvons des mots de même nature : les racines pures y jouent un rôle analogue. Ainsi, sans parler des monosyllabes *svar* et *div*, nous y lisons les formes *jâ*, *dhî*, *ish*; nous avons la racine *sthâ* à la fin du composé *upa-stha*; *pad*, sans suffixe, dans *a-pad-î*; les verbes sans formatives et se contentant des désinences, *pâtâm*, *huve*, *bruve*, *bhûtam*, *bi-bhrï-tas*, *da-dhâ-te*, *ca-krï-ma*, *abhi-ji-ghrantî*.

Je disais plus haut qu'au lieu de grouper autour d'elle des lettres formatives, pour devenir partie active du discours et passer du sens abstrait à un sens concret, de l'état absolu à l'état relatif, la racine ou se colorait ou s'épanouissait elle-même. Les nombreux redoublements que nous avons rencontrés dans nos deux morceaux nous en donnent la preuve. Quelquefois ils paraissent avoir surtout pour effet de varier l'harmonie par des allitérations, mais souvent aussi ils sont significatifs ; et je ne sais pas, en effet, de procédé plus naturel, aussi expressif à la fois et aussi simple, pour augmenter l'intensité de la signification. La répétition est dans toutes les langues un des moyens les plus ordinaires d'exprimer le comparatif ou le superlatif, et la plupart des redoublements de racines que nous trouvons dans les Védas ont bien réellement une valeur de ce genre : ils forment des verbes intensifs, des verbes désidératifs, presque toujours des mots qui augmentent le degré de la signification.

Pour que la racine puisse se suffire sans formatives parasites, venues du dehors, et pour que la simplicité n'engendre pas la monotonie, le défaut d'harmonie, les lettres, ces membres encore vivants de la racine, ont, outre le redoublement, des moyens divers de variété : le guṇa et le vrïddhi, qui élèvent les voyelles d'un ou de deux degrés dans l'échelle des sons, le développement d'*i* en *iy*, d'*u* en *uv*, etc., les changements qui affectent la quantité sans modifier la qualité du son, les permutations organiques et régulières des consonnes. Nous aurons l'occasion d'insister sur ces altérations, toutes fondées sur la nature même des lettres et sur leur mutuelle affinité, et dont nous avons de nombreux exemples dans nos deux hymnes. Nous n'en avons parlé ici, en passant, que pour faire comprendre comment il se fait que l'élément radical puisse, par lui-même et sans aucune addition, nuancer le sens, je le répète, et varier l'harmonie.

Pour qu'on ne puisse pas croire que la rencontre de ces monosyllabes que nous venons de citer et qui, comme nous l'avons dit, en s'épanouissant et se colorant, suffisent à rendre et à modifier les idées, soit, dans les hymnes que nous avons traduits, une exception fortuite, ouvrons le *Rig-Véda*, prenons au hasard quelques autres morceaux. Nous y trouverons constamment de ces racines pures et toutes nues qui passent, par leur propre force, sans lettres ajoutées ni intercalées, à l'état de mots.

Dans l'hymne 3 du 1er maṇḍala, au 1er vers, je retrouve une autre forme d'*ish : ish-aḥ*, à l'accusatif pluriel, *yajvarîr ishaḥ*, « les mets de l'offrande ; » au même vers, un génitif de *çubh*, c'est-à-dire de la racine même d'où se tire le verbe *çobhate, çumbhati*, « briller : » *çubhas patî*, « maîtres, gardiens de la pure offrande ; » au 2e vers, l'instrumental *dhiyâ*, de *dhî*, « esprit, dévotion, cérémonie sainte, » mot que nous avons dans l'*Hymne au Ciel et à la Terre ;* à la fin du même vers, l'accusatif pluriel *gir-aḥ* du féminin *gir*, « voix, chant » de la racine *grî*.

Dans l'hymne 33 du même maṇḍala, sans parler de la racine *vid*, « savoir », que nous trouvons, dans un sens remarquable, à la fin de la particule *ku-vid*, « abondamment », dont nous parlerons ailleurs, et que nous avons au 2e vers, le 3e nous offre l'accusatif du composé *dhana-dâ*, « qui donne les richesses, » où la racine *dâ* figure comme mot déclinable, sans avoir subi aucune modification ; au 6e vers, nous lisons *ishu-dhî-m*, « carquois, » d'*ishu*, » flèche » et *dhâ*, « poser ; » puis, au suivant, la forme verbale que nous avons déjà vue : *bhû-ḥ*, « sois, » de *bhû*, « être, devenir ; » un peu plus bas, dans le même hymne, l'ablatif *div-aḥ*, du nom si connu *div*, « ciel ; » et *vrisha-yudh-aḥ*, « combattant contre Indra, » où nous n'avons aussi, avec la racine *yudh*, « combattre, » que la simple désinence de cas.

Dans l'hymne 66, que je prends ensuite, également sans choix et au hasard, je lis, dès le début, l'épithète du soleil *saṁ-drik*, « voyant tout ensemble, » que M. Rosen traduit par « omnia revelans, » et où nous avons pour second terme la racine toute pure, *driç*, « voir » ; à la 2e et à la 3e stances, le locatif *vik-shu*, de *viç*, « maison, famille, » au pluriel « hommes, » qui est la racine *viç*, « entrer. »

Dans l'hymne suivant, qui a cinq stances, outre les formes toutes radicales, *dhâ-t* et *gâḥ*, des verbes *dhâ* et *gâ* (cf. *gam*), le nominatif pluriel *nar-aḥ*, l'instrumental *hrid-â*, des monosyllabes *nrî*, « homme, héros, » et *hrid*, « cœur ; »

nous trouvons le composé védique *dhiy-am-dhâḥ*, formé de deux racines toutes pures, que nous avons déjà vues et dont la première est à l'accusatif, régie par la seconde; les noms, *pra-jâ-ḥ* « les rejetons, les progénitures, » de *jan*, « engendrer, » *prasû-shu*, au locatif, « dans les mères, » de *sû*, « enfanter; » etc.

Dans l'hymne 100, nous rencontrons, au premier vers, les trois monosyllabes radicaux *div*, « ciel, » *mah*, « grand, » *râj*, « roi, » dans le nominatif *sam-râṭ;* à la seconde stance, *vrĭtra-hâ*, « meurtrier de Vrĭtra; » à la quatrième, la forme verbale *bhût*, « fut; » à la cinquième, *nrĭ*, « homme, héros; » à la sixième, le composé *manyu-mîḥ*, d'un sens douteux, que le scoliaste propose de dériver soit de *mâ*, soit de *mî*, en donnant à *manyu* ou le sens de « colère, » ou celui d' « ennemi, » mais le monosyllabe final, quelque signification qu'on adopte, n'en demeure pas moins un de ces mots-racines dont nous parlons; à la septième, *trâm*, que Sâyaṇa explique par *trâtâram*, et qu'il dérive de la racine *trâi* (*trâyate*), « conserver, délivrer[1]; » à la dixième, *abhi-bûḥ*, « vainqueur, vainquant. » Plus loin, l'un auprès de l'autre, les deux composés, *vajra-bhrĭt*, « qui porte la foudre, » et *dasyu-hâ*, « qui tue les ennemis; » puis *svar-shâ*, « qui donne le ciel » ou, d'après le scoliaste, « les eaux, » de la racine *saṇ*, forme ancienne *sâ;* à la quinzième stance, le génitif *kshmas*, de *kshmâ*, « terre »; à la suivante, *dyu-kshâ*, « habitant le ciel (?), » et le datif *râye*, de *râi*, dans lequel la désinence a, ce semble, autant de force que le radical, car le mot paraît signifier ici « (étant) à richesse, » c'est-à-dire, « procurant la richesse; » au second vers de la même stance, le locatif *dhûr-shu* (*dhûḥ-su*), de *dhûr*, (timon), et *vikshu*, de *viç*, « maison, famille, hommes domiciliés[2]; » enfin plusieurs formes d'*ap*, « eau, » et, pour dernier mot de tout l'hymne, le nominatif *dyâuḥ*, « ciel. »

Comme on le voit par ces exemples, cet emploi des racines est une habitude constante de l'idiome, au moment où nous l'apprécions, et, je le répète, ce ne sont pas des mutilations : ces racines sont, presque toutes, bien entières, vivantes, fécondes, comme le prouvent les nombreuses familles de dérivés où elles figurent avec les déductions et les nuances de signification qu'expriment les lettres formatives.

Comme cette force significative et phonique des éléments radicaux de la

1. A la fin de la glose de la stance 7, Sâyaṇa cite le *dâtupâṭha* : *trâm* | *trâiṅg pâlane* (la racine *trâi* est dans le sens, c'est-à-dire, se prend dans le sens de « protection, conservation ») | *trâyata iti trâ*.

2. Voyez, au sujet de ce nom déjà cité plus haut, l'intéressante étude insérée par M. le baron d'Eckstein dans l'Athénæum, le commencement de l'article du 20 janvier 1855.

langue védique est un des faits les plus considérables et les plus caractéristiques de cette ancienne phase de l'idiome, j'ai cherché et relevé avec soin, parmi tous les termes contenus dans le *Glossaire du Sâma-Véda*, qui, en attendant un dictionnaire complet des Védas, est certainement le plus précieux secours qu'on puisse avoir pour cette étude, les racines employées, soit à part, soit en composition, comme mots déclinables, sans marque de dérivation, et qui, dans leur état de simplicité première, ont à la fois le sens nominal et le sens verbal. En voici la liste, qui comprend d'abord les mots simples, d'origine bien claire, et identiques à la racine prise dans le sens verbal; puis, un nombre relativement petit de monosyllabes dont l'étymologie et la forme radicale peuvent laisser quelque doute; ensuite, les nombreuses racines qui terminent des mots composés, et celles qui en commencent, puis enfin, quelques combinaisons exceptionnelles, qui semblent avoir pour premier terme une racine non employée à part comme mot déclinable. De toutes les racines qui prennent, pour devenir parties du discours, des lettres formatives, je n'ai admis dans ce relevé que celles qui, terminées par une voyelle brève, se contentent d'y adjoindre la dentale forte *t*, pour rendre la flexion plus facile. Le sanscrit ordinaire a conservé un bon nombre de ces racines simples et nues, mais elles abondent beaucoup moins dans le style : c'est un héritage des temps anciens, mais ce n'est plus un de ces moyens préférés d'expression qui reviennent à chaque ligne, et avec cette abondance où nous les voyons dans les hymnes du *Rig-Véda* que nous citions un peu plus haut.

En parcourant ces formations primitives, on sera frappé, je n'en doute pas, de l'énergique simplicité et en même temps de l'aisance du procédé. C'est comme la pépinière de la langue : tous ces jeunes plants, à peine sortis de terre en quelque sorte, portent déjà fleurs et fruits.

RACINES FIGURANT COMME MOTS DANS LE DISCOURS

(*la plupart sans aucune marque de dérivation*)[1].

I. MOTS SIMPLES.

kshmâ[2], « terre » (racine *ksham*, « supporter, porter »);

gmâ, jmâ, « terre » (racine *gam*, « aller »)[3];

gnâ, « femme » (racine *jan*, forme ancienne *gan*, « engendrer, procréer »);

jâ, « rejeton, progéniture » (racine *jan*, « engendrer, procréer »);

râ, « or » (racine *râ*, « donner »);

vi, « oiseau » (cf. racine *vî*, « aller »);

dhî, « esprit, dévotion, prière, cérémonie sainte » (racine *dhyâi*, « méditer », cf. *dhâ*);

çrî, « bonheur, salut, » (cf. racine *çri*, « entrer, obtenir », et *çrî*, « cuire, *maturare?* »);

dru (génitif *dros*), « bassin, cuve d'eau, où dégoutte le Sôma » (cf. *dru*, « arbre », et *drona*, mot qui désigne cette même cuve; racine *dru*, « courir, couler »);

jû, « qui se hâte » (racine *ju*, « se hâter »);

bhû, « terre, monde » (racine *bhû*, « être »);

nri, « homme, héros, prêtre », s'applique aussi aux « dieux » (cf. racine *nrî*, « conduire »);

stri, « astre » (cf. racine *strî*, *stri*, « conduire »);

râi, « richesse » (cf. racine *râ*, « donner », et *râ*, « or »)[4];

1. Il ne faut pas oublier ce que nous avons dit plus haut, que cette liste de mots-racines ne renferme guère que ceux qui se trouvent dans le *Sâma-Véda*. Nous y avons admis aussi bien ceux qui sont propres à l'époque védique, que ceux qui se sont conservés aux époques suivantes de la langue, comme un legs des temps antérieurs.

2. Les mots sont rangés dans l'ordre généralement adopté pour les listes des racines sanscrites, c'est-à-dire, d'après les lettres finales. Seulement nous avons eu soin de mettre ensemble, malgré quelques différences de terminaison, les mots appartenant aux mêmes racines. Le thème de la plupart des mots-racines se termine comme la racine même : la modification la plus ordinaire est l'abrégement d'une voyelle longue finale; ce changement de quantité est de règle dans le sanscrit ordinaire : dans les Védas, comme nous le verrons, le plus souvent la longue se conserve.

3. Les mots *kshmâ*, *gmâ*, *jmâ*, *gnâ*, se sont formés par une transposition des lettres de la racine. Sur ces quatre mots, voyez le *Glossaire du Sâma-Véda*. Le *Naighantuka* (I, 1) cite aussi *kshâ* parmi les noms de la « terre. »

4. M. Benfey, *Glossaire du Sâma-Véda*, p. 161, pense, comme nous l'avons déjà dit, que le substantif *râi* est pour *râhi*, et vient de *rih*, « croître » (comparez *brih* et *vrih*).

go, « taureau, vache » (cf. racine *gu*, « sonare »);
ṛic, « stance, vers d'hymne » (racine *ṛic*, « célébrer »);
tuc, « descendance » (cf. racine *tvak*, contenue dans *tvaksh*[1]);
tvac, « peau » (racine *tvac*, « couvrir »);
vâc, « parole, chant » (racine *vac*, « dire »);
sruc, « cuillère de l'offrande » (cf. racine *sru*, « couler »);
ûrj (*vṛij*), « force » (racines *ûrj*, « être fort », *vṛij*, « repousser »);
bhuj, « jouissance, salut » (racine *bhuj*, « jouir »);
bhrâj, « éclat » (racine *bhrâj*, « briller »);
yuj, « qui est avec, compagnon » (racine *yuj*, « joindre »);
id, « adoration, offrande » (cf. racine *îd*, « célébrer, prier »);
dyut, « éclat » (racine *dyut*, « briller » ; cf. *dyu*, *div*);
pṛit, « armée » (cf. racine *prî*, « remplir »; le nom exprime sans doute l'idée de « plénitude, multitude »);
rit, « allant, coulant » (cf. racine *ri*, « aller »)[2];
vṛit, « tournure, action » (racine *vṛit*, « se tourner »);
çrat, « (audition) foi, croyance » (proprement participe aoriste de *çru*, « entendre »)[3];
ud[4], « eau » (racine *ud*, *und*, « mouiller »);
nid, « qui blâme », primitivement sans doute « action de blâmer » (racine *nid*[5], *nind*, « blâmer »);
vid, « action de connaître, d'avoir en partage » (racine *vid*, « savoir, trouver, etc. »);
hṛid, « cœur » (le Dict. de M. Wilson dérive le mot de la racine, *hṛi*, « prendre »);
bâdh, « qui tourmente, ennemi » (racine *bâdh*, « frapper, tourmenter »);
mṛidh, « combat » (racine *mṛidh*, sens védique, « laisser périr, tuer? »);
yudh, « combat » (racine *yudh*, « combattre »);
vṛidh, « croissance, bénédiction » (racine *vṛidh*, « croître »);
spṛidh, « combat » (racine *spardh*, *spṛidh*, « combattre »; cf. *spṛi*, « protéger »);

1. Voy. le *Glossaire du Sâma-Véda*, p. 79.

2. Les noms *pṛit* et *rit* paraissent être formés au moyen de l'addition d'un *t* : voy. plus bas, p. 111 et suiv., un certain nombre de racines qui s'adjoignent ainsi la dentale à la fin des composés.

3. Voy. le *Glossaire du Sâma-Véda*, p. 185, et comparez plus bas, p. 102, *çrad-dhâ*.

4. Au moins le scoliaste donne-t-il *udâ* pour un instrumental de ce thème.

5. Comparez, dans l'hymne à Agni, *ni-nit-soḥ*.

sridh, « combat » (racine védique *sridh*, « nuire, endommager »);

tan, « étendue, puissance » (racine *tan*, « étendre »);

van, « amour » (racine *van*, « aimer »);

çvan, « chien » (le Dict. de M. Wilson dérive le mot de la racine *çvi*, « croître »);

ap, « eau », employé seulement au pluriel (*âpaḥ*) dans le sanscrit ordinaire (le Dict. de M. Wilson dérive le mot de la racine *âp*);

krip, « forme » (racine *krip*, *klrip*, « faire », sans doute ancien causatif de *kri*[1], qui signifie également « faire »);

kshap, « nuit » (cf. racine *kshap*, « avoir faim »);

kship, « action de jeter », au pluriel, « les doigts » (racine *kship*, « jeter »);

vip, « doigt » (cf. racine *vep*, « trembler, s'agiter »);

vip, « qui célèbre, chanteur »; en composition, « hymne » (cf. racine *vip*, « verser, répandre »);

çubh, « éclat » (racine *çubh*, « éclairer »);

stubh, « qui célèbre, loue » (racine *stubh*, « célébrer »; *stu*, même sens);

ça, ou plutôt *çam*[2], « bonheur, salut » (racine *çam*, « être paisible », voyez la fin de la 2e stance de l'*hymne à Agni*, et plus bas, p. 105, *çambhu*, *çambhavishṭha*);

gir, « voix, chant » (racine *grî*, « résonner, chanter »);

dur (cf. *dvâr*), « porte » (racine *dvri*, *dvar*, « couvrir »);

dhur, « timon » (on rattache ce mot à la racine *dhurv*, « battre », voyez la règle de Pâṇini, citée plus bas, p. 109, au mot *aptur*; cf. racine *dhri*, « porter, tenir »);

pur, « ville » (racine *prî*, « remplir »; voyez la 2e stance de l'*hymne à Agni*);

vâr, « eau » (cf. racine *vri*, « couvrir, entourer, porter, etc. »);

svar, « ciel, lumière » (cf. racine *svri*, *svar*);

div (*dyu*, *dyo*), « ciel » (racine *dyu*, *div*, « briller »);

diç, « région » (racine *diç*, « montrer »);

viç, « maison, famille », au pluriel « hommes » (racine *viç*, « entrer »);

dvish, « haine, inimitié, ennemi » (racine *dvish*, « haïr », comparez *dvis*, *dvi*, *vi*, qui marquent séparation en deux);

âs, « bouche, » lat. *os* (cf. racine *as*, « jeter, *mittere*, *emittere* »);

bhâs, « lumière » (racine *bhâs*, « briller »);

1. Voyez le *Glossaire du Sâma-Véda*, p. 48. 2. Voyez *ibid.*, p. 180.

yos, « joie, salut » (probablement de la racine *jush*, « aimer », dont la forme primitive paraît être *jus*[1]; voyez la fin de la 2e stance de l'*hymne à Agni*);

mah, « grand, sublime » (racine *mah*, « honorer, exalter »; cf. *mamh*, « croître, être puissant »);

II. MOTS COMPOSÉS.

a). *Racines ou mots-racines terminant le composé*[2].

dyu-ksha, « brillant », peut-être « habitant le ciel », de *dyu*, « ciel », et *kshi*, « habiter »;

su-ga, « bonheur, » proprement « (voie) où l'on marche bien », de *su*, « bien, » et *ga(m)*, « aller »;

dur-ga, « malheur, péché », proprement « (voie) où l'on marche mal », de *dur, dus*, « mal », et *ga(m)*[3];

sam-ga, « combat », de *sam*, « avec », et *ga(m)*;

du-dhra (sans doute pour *dush-dhara*, *dur-dhara*), « difficile à supporter, puissant », de *dur*, *dus*, « mal, difficilement », et *dhri*, « porter, supporter »;

dadhi-krâ, nom d'une divinité, littér. « maître du lait, à qui l'on offre le lait », de *dadhi*, « petit-lait, lait », redoublement de la racine *dhe*, « teter, boire », et *kram*, « aller, approcher »;

giri-jâ, « engendré, naissant dans le chant», de *giri*, locatif de *gir*, « chant », et *jan*, « engendrer »; au moyen, sens passif, « être enfanté, naître »;

pra-jâ, « rejeton », du préfixe *pra*, et *jan*;

pada-jñâ, « qui connaît la trace du pied », de *pada*, « pied, pas », et *jñâ*, « connaître »;

go-dâ, « qui donne des taureaux, des vaches », de *go*, « taureau, vache », et *dâ*, « donner »;

vasu-dâ, « qui donne des trésors », de *vasu*, « trésors, richesses », et *dâ*;

çata-dâ, « qui donne cent... », de *çata*, « cent », et *dâ*;

sahasra-dâ, « qui donne mille... », de *sahasra*, « mille », et *dâ*;

dravino-da, « qui donne la richesse », de *dravina*, « richesse », et *dâ*;

1. M. Benfey pense que *yos* pourrait être une abréviation pour *josha*.

2. Quelquefois le premier terme est aussi un mot-racine, un des mots simples de la liste précédente.

3. Voyez la 2e stance de l'*Hymne à Agni*.

parâ-dadi, « livrant, transmettant », du préfixe *parâ*, et de la racine *dâ*, « donner », redoublée ;

ni-dhâ, « filet, piége », de la racine *dhâ*, qui, avec le préfixe *ni*, signifie « poser en bas » (voyez plus bas *nidhi*) ;

ratna-dhâ, « qui donne des trésors », de *ratna*, « pierre précieuse, richesse », et *dhâ*, « poser, donner » ;

reto-dhâ, « qui donne la semence », de *retas*, « semence », et *dhâ ;*

vayo-dhâ[1], qui donne la vie », de *vayas*, « âge, vie », et *dhâ;*

varivo-dhâ, « qui donne la bénédiction », de *varivas*, « honneur, bénédiction, trésor », et *dhâ;*

vipo-dhâ, « qui chante des hymnes », de *vipas*, accus. plur. de *vip*, « hymne »[2], et *dhâ;*

çrad-dhâ, « foi », de *çrat*, qui a le même sens (voyez p. 99), et *dhâ ;*

sarva-dhâ, « qui donne tout », de *sarva*, « tout », et *dhâ ;*

sva-dhâ, proprement « qui se crée soi-même », de *sva*, « sien, propre », et *dhâ ;*

uda-dhi, « mer », d'*uda*, « eau », et *dhâ*, « poser »[3] ;

ni-dhi, « trésor », littér. « ce qui est déposé », de la racine *dhâ*, qui, avec le préfixe *ni*, signifie « poser en bas » ;

pari-dhi, « entourage, clôture », de *pari*, « autour », et *dhâ ;*

puraṁ-dhi, « nuage », littér. « qui répand l'abondance », sans doute de l'accusatif de *pur*, qui vient de *prî*, « remplir », et de la racine *dhâ;*

saṁ-dhi, « réunion, composition », de *sam*, « avec », et *dhâ ;*

indra-pâ, « bu par Indra », de *Indra*, nom propre, et *pâ* (*pib*), « boire » ;

pûrva-pâ, « qui boit avant », de *pûrva*, « antérieur », et *pâ* (*pib*), « boire » ;

go-pâ, « (qui garde les taureaux, les vaches) seigneur, maître », de *go*, « taureau, vache », et *pâ* (*pâti*), « garder, protéger » ;

su-gopâ, « bien gardé, ayant un bon gardien », de *su*, « bien » et de *go-pâ*, « gardien de taureaux, de vaches », composé de *go*, « taureau, vache », et *pâ*, « garder » ;

tanu-pâ, « qui protége le corps », de *tanu*, « corps », et *pâ*, « protéger » ;

çevadhi-pâ, « maître de trésors » de *çevadhi*, « trésor », et *pâ;*

1. Le thème pourrait être aussi *vayo-dhas*. Voyez le *Glossaire du Sâma-Véda*.

2. Voy. plus haut, p. 100.

3. La glose de Pâṇini (III, 3, 93) décompose de la manière suivante le substantif *jala-dhi*, qui a également le sens de « mer, océan » : *jalâni dhîyante 'sminn iti jaladhi*. Sur la forme *uda* pour *udaka*, devant *dhi*, voyez Pâṇini, VI, 3, 58.

kakshya-prâ, « qui remplit la ceinture, fortement bâti, constitué », de *kakshya*, « ceinture », et *prâ* (cf. *pri*), « remplir »;

carshaṇi-prâ, « qui remplit, rassasie les hommes », de *carshaṇi*, « homme », et *prâ*, « remplir »;

sa-bhâ, « assemblée », de *sa*, pour *sam*, *saha*, « ensemble », et *bhâ* « briller, paraître »;

rïṇa-yâ, littér. « allant dans la dette (de quelqu'un), la prenant sur soi », de *rïṇa*, « dette », et *yâ*, « aller »;

deva-yâ, « qui va vers les dieux », de *deva*, « dieu », et *yâ;*

ap-sâ, « qui aime l'eau », de *ap*, « eau », et *san*, forme ancienne *sâ*[1], « aimer, donner »;

açva-sâ, « qui donne des chevaux », de *açva*, « cheval », et *san*, *sâ;*

go-shâ, « qui donne des taureaux, des vaches », de *go*, « taureau, vache », et *san, sâ;*

dhana-sâ, « qui donne la richesse », de *dhana*, « richesse », et *san*, *sâ;*

nrï-shâ, « qui donne des héros », de *nrï*, « homme, héros », et *san*, *sâ;*

priya-sâ, « qui donne des choses agréables », de *priya*, « agréable », et *san*, *sâ;*

vâja-sâ, « qui donne de la force, de la nourriture », de *vâja*, « force, nourriture », et *san*, *sâ;*

sahasra-sâ, « qui donne mille... », de *sahasra*, « mille », et *san, sâ;*

svar-shâ, « qui donne le ciel », de *svar*, « ciel », et *san*, *sâ;*

çata-sâ, « qui donne cent... », de *çata*, « cent », et *san, sâ;*

giri-shṭhâ, « se tenant, demeurant, croissant sur des montagnes », de *giri*, « montagne », et *sthâ*, « se tenir, » lat. *stare;*

pûrviṇe-shṭhâ, « qui se tient à l'orient », du locatif d'un dérivé de *pûrva* (dont l'instrum. *pûrveṇa* s'emploie adverbialement pour signifier « à l'est »), et de la racine *sthâ;*

rathe-shṭhâ, « celui qui est placé sur le char, guerrier, héros », de *rathe*, locatif de *ratha*, « char », et *sthâ;*

vi-shṭhâ, « intervalle », de la racine *sthâ*, et du préfixe *vi* (pour *dvi*), qui marque séparation;

upa-stha, « sein », de *upa*, « de bas en haut », et *sthâ;*

gahvare-shṭha, probablement « qui se tient dans l'eau », de *gahvara*, « eau? », et *sthâ*[2];

1. Voyez le *Glossaire du Sâma-Véda*, p. 18. 2. Voyez *ibid.*, p. 57.

sûpastha (*su*+*upastha*), « riche en secours », de *su*, « bien », et *sthâ*, qui, avec *upa*, veut dire « assister » ;

pṛî-shṭha, « dos », probablement de *upari* ou *pra*, et de la racine *sthâ;*

sadha-stha, « lieu d'assemblée, place, séjour », de *sadha*, mot védique, « ensemble », et *sthâ;*

uru-jri, « marchant loin, prompt », de *uru*, « large, grand », et *jri*, « marcher » ;

dû-ḍhi (pour *dush-ḍhi*), « qui a un mauvais esprit, mal intentionné », de *dur*, *dus*, « mal », et *dhî*, « esprit » (voyez plus haut, p. 98);

dur-âdhi, « qui a un mauvais esprit », de *dur*, « mal », préfixe *â*, et *dhî*, « esprit » ;

svâdhî (*su*+*â-dhî*), « qui a un bon esprit, bien intentionné », de *su*, « bien », préfixe *â*, et *dhî*, « esprit » ;

senâ-nî, « conducteur d'armée, général », de *senâ*, « armée », et *nî*, « conduire » ;

deva-vî, « qui aime les dieux », de *deva*, « dieu », et *vî*, « aller vers, aimer » ;

pada-vî, « chemin », de *pada*, « pied, pas », et *vî*, « aller » ;

parṇa-vî, « oiseau », littér. « qui va avec des ailes », de *parṇa*, « feuille, aile », d'où *parṇin*, « ailé », et de la racine *vî*, « aller » ;

adhvara-çrî, yajña-çrî, « qui rend le sacrifice heureux », de *adhvara, yajña*, « sacrifice », et *çrî*, « bonheur » ;

abhi-çrî, « qui rend heureux », du préfixe *abhi*, et *çrî;*

su-çrî, « riche en bonheur », de *su*, « bien », et *çrî;*

hari-çrî, « qui a le bonheur d'avoir des chevaux couleur de feu », de *hari*, « couleur de feu, cheval couleur de feu », et *çrî;*

çâci-gu, « qui a de forts taureaux, ou de forts rayons », de *çacî*, « force » (*çak*, « être fort, pouvoir »), et *go*, « taureau, vache » (pour le sens de « rayon », voyez le *Glossaire du Sâma-Véda*, p. 61);

aprâ-yu, « attentif », littér. « qui ne s'écarte pas », d'*a* privatif, *prâ*, avec allongement védique, pour *pra*, et *yu*, « éloigner » ;

dhî-jû ou *dhî-ju*, « qui hâte, favorise l'offrande », de *dhî*, « offrande », et *ju*, « hâter, exciter » ;

raghu-dru, « qui court rapidement », de *raghu*, « rapide » (racine *raṁh*), et *dru*, « courir » ;

su-dru, « de bon bois », de *su*, « bien », et *dru*, « arbre » ;

surâ-çu, « qui croît dans la boisson, ivrogne », de *sura*, « boisson fermentée », et *çvi*, « gonfler, croître » ;

abhi-bhû, « vainqueur », de *abhi*, « sur », et *bhû*, « être » ;

pari-bhû, « qui entoure », de *pari*, « autour », et *bhû*, « être » ;

mayo-bhû, « qui est pour la joie, qui cause de la joie », de *mayas*, « joie », et *bhû;*

su-bhû, « qui est beau », de *su*, « bien », et *bhû;*

svâbhû (*su*+*â-bhû*), « qui est bien, beau », de *su*, « bien », et *bhû*, précédé du préfixe *â;*

pra-bhu, « seigneur », de *pra*, « devant », et *bhû*, « être » ;

vi-bhu, « puissant », proprement « qui se déploie, se développe », ou « qui pénètre (tout) », de *bhû*, « être », et du préfixe *vi*, qui marque séparation [1] ;

çam-bhu, « salutaire, *qui est saluti* », de *çam*, « salut », et *bhû;* superlatif *çam-bhavishṭha;*

purû-ruc (védique pour *puru-ruc*), « brillant beaucoup », de *puru*, « beaucoup », et *ruc*, « briller » ;

puro-ruc, « qui brille devant (les yeux) », de *puras*, « devant », et *ruc;*

vasu-ruc, « dont la lumière est un trésor », littér. « qui éclaire trésors », de *vasu*, « richesse, trésors », et *ruc;*

su-ruc, « qui brille bien », de *su*, bien », et *ruc;*

su-vâc, « qui résonne bien », de *su*, « bien », et *vac*, « résonner, dire » ;

â-sic, « aspersion », du préfixe *â*, et *sic*, « mouiller » ;

çvâtra-bhâj, « doué de richesses », de *çvâtra*, « richesse », proprement « éclat? », et *bhaj*, « avoir en partage, posséder » ;

vi-bhrâj, « brillant », du préfixe *vi*, et de *bhrâj*, « briller » ;

viçva-bhrâj, « qui éclaire tout », de *viçva*, « tout », et *bhrâj;*

pṛtanâj (*pṛtanâ*+*aj*), « qui chasse l'armée (ennemie) », de *pṛtanâ*, *pṛt*, « armée », et *aj*, « pousser », lat. *agere*;

nir-ṇij, « purification », du préfixe *nir*, *nis*, et *nij*, « purifier » ;

ṛtv-ij, « prêtre », de *ṛtu*, « ordre, saison, offrande », et de la racine *yaj*, « sacrifier » (qui change *ya* en *i* à certaines formes de sa conjugaison : ainsi présent passif *ijyate*, participe passé passif *ishṭa*);

satya-yaj, « qui sacrifie véritablement », de *satya*, « véritable », et *yaj*, « sacrifier » ;

1. De là *vibhû-vasu*, composé possessif, « ayant une puissante richesse. »

abhi-yuj, « ennemi », d'*abhi*, « vers », et *yuj*, « joindre » (*abhi-yuj*, employé comme verbe, veut dire, au passif, *offendi*, *lædi*)

brahma-yuj, « attelé par la prière », de *brahma(n)*, « prière », et *yuj*, « joindre, atteler »;

vaço-yuj, « attelé par la prière », de *vaças*, « parole, prière », et *yuj*;

sa-yuj, « compagnon », de *sa* pour *saha*, *sam*, « avec, ensemble », et *yuj*;

svâ-yuj (*su*+*â-yuj*), « qui s'attelle bien », de *su*, « bien », préfixe *â*, et *yuj*;

vi-râj, « brillant », du préfixe *vi*, et de *râj*, « briller »;

sva-râj, « brillant de soi-même », de *sva*, « sien, propre », et *râj*;

sam̃-râj, « maître universel », épithète d'Agni, d'Indra, etc.; de *sam*, « avec, ensemble », et *râj*, « régner »;

pari-vrĭj, « purification », du préfixe *pari*, et *vrĭj*, « éloigner », avec *pra*, etc. « purifier »;

ghrĭta-çchut, « qui coule, verse du beurre » ou « de l'eau », de *ghrĭta*, « beurre, eau », et *çchut*, « couler, distiller, répandre »;

madhu-çchut, « qui distille du miel », de *madhu*, « miel », et *çchut*;

manaç-cit, « sage » de *manas*, « esprit », et *cit*, « reconnaître », de *ci*, « assembler »[1];

vipaç-cit, « qui imagine des hymnes », de *vip*, « hymne », et *cit*, de *ci*;

sa-vrĭt, de *sa* pour *saha*, « avec », et *vrĭt*, « tourner »[2];

kayad (*kaya*+*ad*), « anthropophage », de *kaya* pour *kâya*, « corps », et *ad*, « manger »;

kravyâd (*kravya*+*ad*), « mangeant de la chair, mauvais génie, démon », de *kravya*, « chair », et *ad*, « manger »[3];

kavi-châd, « qui protége les sages », de *kavi*, « sage », et *chad*, « couvrir »;

pari-pad, « qui va autour, de côté et d'autre, créature », de *pari*, « autour », et *pad*, « aller »;

1. On pourrait aussi faire venir directement de *ci*, avec l'addition d'un *t*, les deux composés *manaçcit* et *vipaçcit*; voyez plus bas, p. 111 et suiv., un grand nombre de racines ainsi allongées.

2. Le scoliaste traduit ce mot, au pluriel, par *saha ye vartante*, « qui simul versantur ». Voyez le *Glossaire du Sâma-Véda*.

3. La glose de Pâṇini (III, 2, 69) cite ce composé, et celle de la règle précédente (III, 2, 68) donne d'autres exemples semblables : *mrĭgât*, « qui mange de la gazelle », *çaçyât*, « qui mange du lièvre ». C'est la forme, dit l'axiome, que prend la racine *ad*, excepté avec son propre dérivé *anna* (*ananne*). Avec *anna*, le composé est *annâdaḥ*. La langue a beaucoup de caprices de ce genre, que la grammaire a soin de noter. Le mot *pâda*, « pied », qui perd son *a* final à la fin des composés possessifs, le garde avec *hasti(n)*, « éléphant », etc.; ainsi l'on dit *hastipâdaḥ*, « qui a des pieds d'éléphant »; tandis qu'avec *vyâghra*, « tigre », par exemple, l'*a* tombe : *vyâghrapât*, « qui a des pieds de tigre ». Voyez Pâṇini, V, 4, 138.

a-pâd, « qui n'a pas de pieds, ἄ-πους, ἄποδ-ος, d'*a* privatif et *pad*, « pied »[1] ;

catush-pâd, « quadrupède », de *catur*, *catus*, « quatre », et *pad*, « pied »[2] ;

dvi-pâd, « bipède », de *dvi(s)* « deux (fois) », et *pad*, « pied »;

çata-pâd, « qui a cent pieds », de *çata*, « cent », et *pad*, « pied »;

ushar-budh, « qui veille de bon matin », d'*ushas*, « aurore », et *budh*, « connaître », à la forme causale « éveiller »;

açva-vid, « qui connaît, possède, donne des chevaux », d'*açva*, « cheval », et *vid*, « connaître, posséder, donner »;

kratu-vid, « connaissant, possédant, donnant de la force », de *kratu*, « force », et *vid*, « connaître, etc. »;

gâtu-vid, « connaissant la voie du salut » de *gâtu*, « voie », et particulièrement « voie du salut », et *vid;*

go-vid, « qui donne des taureaux, des vaches », de *go*, « taureau, vache », et *vid;*

nabho-vid, « qui connaît, possède le ciel, » de *nabhas*, « nuage » et *vid;*

nitha-vid, « qui connaît le chant sacré », de *nitha*, « chant sacré, chant d'adoration », et *vid;*

vaco-vid, « qui connaît les chants », de *vacas*, » parole, prière, chant », et *vid;*

varivo-vid, « qui donne l'honneur, la bénédiction », de *varivas*, « honneur, bénédiction », et *vid;*

vasu-vid, « qui donne des trésors », de *vasu*, « trésor », et *vid;*

viçva-vid, « qui sait tout », de *viçva*, « tout, » et *vid;*

svar-vid, « qui connaît, possède, donne le ciel », de *svar*, « ciel », et *vid;*

hiranya-vid, « qui connaît, possède, donne l'or », de *hiranya*, « or », et *vid;*

upastha-sad, « qui est assis dans le sein », d'*upastha*, « sein », que nous avons vu plus haut, et *sad*, « être assis »;

camû-shad, « assis, placé dans la presse », de la racine *sad*, « être assis, placé », et *camû*, ancien locatif védique, désignant les deux planches entre lesquelles on place le Sôma, pour en exprimer le jus;

1. Pâṇini (voy. V, 4, 138-140) regarde *pâd* comme dérivé de *pâda*, « pied », par le retranchement d'*a*. Au livre VI, 4, 129, 130, il dit à quels cas l'*a* bref remplace l'*â* long; le *bahuvrîhi* ou composé possessif, *dvipâd*, « qui a deux pieds, bipède », est décliné dans les gloses de ces deux règles.

2. Pâṇini (V, 4, 140) dit que c'est particulièrement quand il est précédé d'un nom de nombre ou de *su*, « bien » (*saṁkhyâsupûrvasya*), que *pâda* devient *pât*.

pûrva-sad, « qui est assis devant », de *pûrva*, « antérieur », et *sad*, « être assis »;

sadanâ-sad, « qui est assis dans le siége », de *sadana*, « siége », et *sad;*

saṁ-sad, « assemblée », de *sam*, « avec », et *sad;*

a-sridh, « qui ne peut être blessé, endommagé », d'*a* privatif, et de la racine védique *sridh*, « blesser, nuire »;

sam-idh, « combustible, flammes », du préfixe *sam*, et d'*indh* (*idh*), « allumer »;

sa-bâdh, « prêtre »; ce nom pourrait être relatif à l'action de presser le Sôma (voyez le *Glossaire* de M. Benfey), et venir de *sa*, pour *saha*, *sam*, et *bâdh*, « frapper, presser »;

gotra-bidh, « qui fend les nuages », épithète d'Indra, de *gotra*, montagne » et « nuage », et *bidh*, « fendre ».

rita-vridh, « qui augmente l'offrande », de *rita*, « offrande », et *vridh*, « croître, augmenter »;

tugriyâ-vridh et *tugryâ-vridh*, « qui augmente l'eau », de *tugryâ*, « eau », et *vridh;*

namo-vridh, « qui croît par l'adoration », de *namas*, « adoration », et *vridh;*

payo-vridh, « qui augmente le lait », et figurément « la bénédiction »; de *payas*, « lait », et *vridh;*

mahi-vridh, « qui augmente le grand, la grande fortune », de *mahi(n)*, « grand », et *vridh;*

vayo-vridh, « qui augmente la nourriture », de *vayas*, « âge, vie, moyen de vivre », et *vridh;*

puru-niḥ-shidh, « qui défend, ordonne à un grand nombre », de *puru*, « beaucoup, nombreux », et de la racine *sidh*, « commander », qui, avec le préfixe *niḥ*, *nis*, signifie « repousser, *arcere* »;

pari-spridh, « qui combat autour », de *pari*, « autour », et *spardh* (*spridh*), « lutter, combattre »;

apra-han, « qui ne frappe point, bon », d'*a* privatif, préfixe *pra*, et *han*, « frapper, tuer »;

amitra-han, « qui tue les ennemis », d'*amitra*, « (non-ami) ennemi », et *han;*

açasti-han, « qui tue le maudit, le méchant », d'*açasti*, « (non-béni) maudit », et *han;*

asura-han, « qui tue les Asuras », d'*Asura*, et « han »;

dasyu-han, « qui tue les méchants », de *dasyu*, « destructeur, méchant », et *han*;

raksho-han, « qui tue les mauvais esprits », de *rakshas*, « mauvais esprit », et *han*;

vrĭtra-han, « qui tue Vrĭtra », de *Vrĭtra*, nom propre, personnification du nuage, et par extension, au pluriel, « méchants, ennemis », et de *han*;

çarya-han, « qui tue avec des flèches », de *çarya*, védique pour *çalya*, « flèche », et *han*;

sapatna-han, « qui tue des ennemis », de *sapatna*, « ennemi », et *han*;

satrâ-han, « qui frappe toujours », de *satrâ*, « toujours », et *han*;

rĭty-ap, « qui a de l'eau de pluie », de *rĭti* (racine *rĭ*), « action de tomber goutte à goutte », et *ap*, « eau »;

pra-sup, « qui tue », proprement « qui endort », du préfixe *pra*, et *svap* (participe passé passif *supta*), « dormir »;

pari-shṭubh, « objet de l'hymne », du préfixe *pari* et *stubh*, « célébrer » (*stu*, même sens);

sam̃-gir, « chant pour célébrer, hymne », du préfixe *sam*, « avec », et *gir*, « voix, chant » (racine *grĭ*, « résonner, chanter »);

â-çir, « cuisson », puis, par extension, « ce qui est cuit ou à cuire pour l'offrande du Sôma », du préfixe *â*, et de la racine *çrĭ*, « cuire », que les scoliastes traduisent ordinairement par « mêler » (voyez, au sujet de cette étymologie, le *Glossaire du Sâma-Véda*, p. 22);

dadhy-â-çir, « ayant la cuisson du lait », de *dadhi*, « petit-lait, lait », et *â-çir* (voy. plus haut);

yavâçir (*yava+â-çir*), « ayant la cuisson de l'orge, du riz », de *yava*, « orge, riz » et *â-çir* (voy. plus haut);

ap-tur, « qui frappe l'eau, qui donne l'eau en frappant les nuages », d'*ap*, « eau », et *turv*[1], « frapper »;

rajas-tur, « qui conquiert, donne le monde », de *rajas*, « monde », et *turv*;

viçva-tur, « qui triomphe de tout », de *viçva*, « tout », et *turv*;

vrĭtra-tur, « qui triomphe de Vrĭtra », de *Vrĭtra*, nom propre (voy. plus haut *vrĭtrahan*), et de la racine *turv*;

â-diç, « ennemi », proprement « qui vise à, contre.... » (voy. le *Glossaire* de M. Benfey), d'*a* privatif et *diç* « montrer »;

1. Pâṇini (VI, 4, 21) nous apprend que *ch* et *v* se retranchent après *r*, devant certains suffixes, et la glose donne pour exemples les mots *mûh*, *mûrtaḥ*, etc., dérivés de *murch*; et *tûḥ*, *tûrṇaḥ*, dérivés de *turv*.

pra-diç, « contrée », du préfixe *pra*, et *diç*, « montrer » (voy. plus haut, p. 100, le simple *diç*);

î-driç, « tel », de *id*, qui est le thème du pronom *i*, et qui joue le rôle de particule dans les Védas, et de *driç*, « voir »;

upa-driç, « regard », d'*upa*, « de bas en haut, vers », et *driç*, « voir »;

dûre-driç, « qui voit loin, qui est visible de loin », du locatif adverbial *dûre*, « loin », et *driç*, « voir »;

ranva-sam-driç, « qui a l'aspect aimable », de *ranva*, « aimable », et *driç;*

sa-driç, « qui voit ensemble, à la fois », de *sa* pour *sam*, et *driç;*

svar-driç, « qui regarde le ciel », de *svar*, « ciel », et *driç;*

divi-spriç, « touchant le ciel », du locatif de *div*, « ciel », et *spriç*, « toucher »;

rita-spriç, « touchant l'offrande », de *rita*, « offrande », et *spriç*, « toucher »;

hridi-spriç, « qui atteint au cœur, cher », du locatif de *hrid*, « cœur », et *spriç;*

vy-ush, « point du jour », du préfixe *vi*, et *ush*, inchoatif de *vas*[1]*;*

pari-caksh, de *pari*, « autour », et *caksh*, « regarder »;

brahma-dvish, « ennemi des pieux », de *brahman*, « qui accomplit des œuvres saintes », et *dvish*, « ennemi »;

ghrita-prush (nomin.-*prut*), « qui donne de l'eau », de *ghrita*, « eau », ordinairement « beurre fondu », et *prush* « répandre » (*plush* a le même sens);

hritsvas (*hritsu-as*), « qui jette dans le cœur », du locatif pluriel de *hrid*, « cœur », et *as*, « jeter »;

â-çis, « bénédiction », du préfixe *â*, et de la racine *çâs*, qui, avec ce préfixe, signifie « prier, prononcer en priant »;

sa-jus, « uni », proprement « aimant, joyeux avec », de *sa*, pour *saha*, *sam*, « avec », et *jush* (forme primitive *jus*), « aimer »;

dravino-das, « qui donne la richesse », de *dravinas*, « richesse », et *dâs*, « donner »;

go-duh, « qui trait les vaches », de *go*, « vache », et *duh*, « traire »;

divo-duh, littér. « qui trait le ciel, qui gagne le lait céleste, le ciel », de *divas*, génitif ou plutôt accusatif pluriel de *div*, « ciel », et *duh*, « traire »;

payo-duh, « qui trait le lait », de *payas*, « lait », et *duh*, « traire »;

1. Voyez le *Glossaire du Sâma-Véda*, p. 29.

a-druh, « bon, qui ne veut pas faire de mal », d'*a* privatif, et *druh*, « haïr, vouloir nuire » ;

an-abhi-druh, même sens ;

apsu-vâh, « qui est porté (*vehitur*) dans l'eau (de l'atmosphère) », d'*apsu*, locatif pluriel d'*ap*, « eau », et de la racine *vah*, lat. « *vehere* », et pris absolument « *vehi* » ;

indra-vâh, « qui porte Indra », du nom propre *Indra*, et de la même racine *vah*, dans le sens actif ;

havya-vâh, « qui emmène l'offrande (chez les Dieux) », épithète d'Agni, de *havya*, « offrande », et *vah* ;

rĭti-shâh ou *rĭti-shah*, « qui dompte les ennemis », de *rĭti* (qui, d'après les scolies, soit du *Sâma-Véda*, soit du *Rĭg-Véda*, est synonyme de *çatru*, « ennemi » ou de *senâ*, « armée »), et de la racine *sah*, « vaincre, dompter » ;

turâ-sâh, « qui dompte les ennemis », de *tura* (dérivé de *turv*, « frapper »), et de la racine *sah*, « dompter » ;

nrĭ-shâh, « qui dompte les hommes, les héros », de *nrĭ*, « homme, héros », et *sah ;*

prĭtanâ-sâh, « qui dompte les armées », de *prĭtanâ*, « armée », et *sah ;*

bhûri-shâh, « qui porte beaucoup », de *bhûri*, « beaucoup », et *sah*, « supporter, porter » ;

vibhâ-sah, « qui triomphe de l'éclat, surpasse l'éclat », de *vibhâ*, « rayon, éclat », et *sah*, « vaincre » ;

viçvâ-sâh [1], « qui triomphe de tout », de *viçva*, « tout », et *sah ;*

satrâ-sâh, « toujours vainqueur », de *satrâ*, « toujours », et *sah ;*

sadâ-sah, même sens, de *sadâ*, « toujours », et *sah* ;

puru-sprĭh, « désirable pour beaucoup », de *puru*, « beaucoup, nombreux », et *sprĭh*, « désirer » ;

çata-sprĭh, « désirable pour cent », de *çata*, « cent », et *sprĭh*.

Les racines finales qui suivent s'adjoignent la formative *t* (elles sont toutes terminées par une voyelle brève) :

anukâma-krĭt, « faisant une chose conforme au désir », d'*anu*, « après, d'après », *kâma*, « désir », et *krĭ*, « faire » ;

1. Le *pada-pâṭha* écrit *viçva-sah* avec deux *a* brefs.

içâna-krit, « qui fait, rend maître », d'*içâna*, participe de la racine *iç*, « être maître », et *kri;*

uru-krit (littér. « faisant large »), « faisant de la place, aidant », d'*uru*, « large, grand », et *kri*;

dharma-krit, « qui accomplit l'offrande », de *dharma*, « droit, devoir, offrande », et *kri;*

puru-krit, « qui fait beaucoup », de *puru*, « beaucoup, πολύς », et *kri;*

brahma-krit, « qui chante des hymnes », de *brahma(n)*, « action sainte, prière, chant sacré », et *kri;*

loka-krit, « qui fait de la place (dans le combat) », de *loka*, « place », et *kri;*

su-krit, « qui sacrifie bien », de *su*, « bien », et *kri;*

havish-krit, « qui accomplit l'offrande », de *havis*, « offrande », et *kri;*

dyu-gat, « allant au ciel », de *dyu*, « ciel », et *ga(m)*, « aller »;

ni-gut, « ennemi », sans doute du préfixe *ni*, « de haut en bas, » et *gu*, résonner, parler »;

a-cit, « ne sacrifiant pas, méchant », d'*a* privatif, et *ci*, « assembler »[1];

mada-cyut, « qui verse, distille l'ivresse, qui excite la joie », de *mada*, « ivresse », et *cyu*, « tomber », proprement « faire tomber, jeter »;

apsu-jit, « triomphant dans l'eau (de l'atmosphère) », d'*apsu*, locatif plur. d'*ap*, « eau », et *ji*, « vaincre »;

dhana-jit, « qui conquiert la richesse », de *dhana*, « richesse », et *ji*, « vaincre, conquérir »;

viçva-jit, « qui triomphe de tout », de *viçva*, « tout », et *ji;*

sam-jit, « qui triomphe de..., qui conquiert », du préfixe *sam*, et *ji;*

samsrishta-jit, « qui dompte les combattants », de *samsrishta*, participe de *sam-srij*, lat. « *conserere* », et *ji;*

satrâ-jit, « toujours vainqueur », de *satrâ*, « toujours » et *ji;*

sahasra-jit, « qui (en) dompte mille », de *sahasra*, « mille, » et *ji;*

svar-jit, « qui conquiert, gagne le ciel », de *svar*, « ciel », et *ji*, « vaincre »;

carshanî-dhrit, « protégeant les hommes », de *carshani*, « homme », et *dhri*, « porter, tenir »;

bhara-bhrit, « qui porte des fardeaux », de *bhara*, « fardeau », et *bhri*, « porter »;

1. C'est l'étymologie que donne le scoliaste, cité par M. Benfey : *agnicayanam akurvat.*

ni-yut, « attelage », du préfixe *ni*, et *yu*, « attacher, joindre » ;

pra-sut, « engendrant », du préfixe *pra*, et *su*, « engendrer » ;

pari-srut, « qui coule autour », de *pari*, « autour », et *sru*, « couler » ;

hrut, « qui nuit, ennemi », de *hvrĭ*, « être oblique, courbé », avec *vi*, « nuire » ;

uda-prut, « qui nage dans l'eau », d'*uda*, et *pru* (*pravate*), védique, pour *plu* (*plavate*), « flotter, nager ».

b). *Racines ou mots-racines commençant les composés.*

dhî-javana, « qui hâte, favorise l'offrande », de *dhî*, « offrande », et *ju*, « hâter, exciter » ;

nrĭ-cakshas, « qui guette, garde les hommes », de *nrĭ*, « homme », et *caksh*, « regarder » ;

nrĭ-manas, « qui pense aux hommes, favorable aux hommes », de *nrĭ*, « homme », et *manas*, « esprit », *man*, « penser » ;

nrĭ-mâdana, « qui réjouit les hommes », de *nrĭ*, « homme », et *mad*, « se réjouir, réjouir » ;

nrĭ-vâhas, « qui porte des héros », de *nrĭ*, « homme, héros », et *vah*, « porter », d'où *vâhas*, « porteur » ;

nrĭ-shadman et *nrĭ-shadvan*, « assis parmi les hommes », de *nrĭ*, « homme », et *sad*, « être assis », d'où *sadman*, « siége, maison » ;

nrĭ-shûta, « poussé par des héros », de *nrĭ*, « homme, héros », et *sû*, « exciter, envoyer » ;

puram-dara, « destructeur de ville », de l'accusatif de *pur*, « ville », et *drĭ*, « fendre, briser » ;

brĭhas-pati, nom propre, qui signifie proprement : « maître du sublime », et personnifie la « prière » : les deux termes dont le mot se compose sont *brĭhas*, génitif de *brĭh* (racine *brĭh*, « élever »), et *pati* « maître, seigneur »[1];

yut-kâra, « combattant », de *yudh* (nomin. *yut*), « combat », et *kâra* (de *krĭ*), « faisant; »

vibhâ-vasu, « riche en éclat, en rayons », de *vi-bhâ*, « rayon » (racine *bhâ*, « briller »), et *vasu*, « richesse » ;

1. Le scoliaste, cité par M. Benfey, traduit *brĭhaspati* par *brĭhatâm mantrâṇâm pâlakaḥ*, « gardien, seigneur des sublimes mantras. » Au sujet de la racine *brĭh*, voy. *Zur Litt. u. Gesch. des Weda*, p. 89.

viç-pati, « seigneur des hommes », de *viç*, « maison, famille », au pluriel « hommes », et *pati*, « seigneur » ;

çrut-karṇa, « ayant une oreille qui entend », de *çru*, « entendre », et *karṇa*, « oreille » ;

dru-han-tara, probablement comparatif de *dru-han*, « qui frappe les arbres », épithète de la hache, de *dru*, « arbre », et *han*, « frapper » (voy. le *Glossaire du Sâma-Véda*); d'après une autre étymologie, le premier terme serait *druham*, accusatif de *druh*, « méchant », et le second *tara*, de *trī*, « traverser, vaincre » ;

gal-dâ, « son produit par la chute goutte à goutte d'un liquide », de lara cine *gal*, « tomber », et *dâ*, « donner, produire » ;

push-kara, « ciel », littér. « qui fait fleurir, croître », de la racine *push*, « fleurir, croître », et *kara*, « faisant », de *krĭ*, « faire » ;

çab-da, « parole, mot », de *çap*, « dire (en jurant, etc.) », *dâ*, « donner » ;

has-krĭti, « qui excite la joie », de *has*, « rire », et *krĭ*, « faire » ;

has-kâra, même sens et même étymologie.

L'emploi verbal des racines est aussi, comme nous l'avons dit, très-remarquable dans les Védas, et confirme ce que viennent de nous prouver les mots-racines déclinables. Nous aurons à parler ailleurs de la conjugaison, qui est bien autrement riche dans ce premier âge qu'aux époques suivantes, ou du moins que les poëtes des hymnes manient avec bien plus de liberté, et dont ils prodiguent les formes si variées, avec beaucoup plus d'abondance que les écrivains des temps postérieurs. Ici nous ne voulons relever qu'un seul fait, qui achève la démonstration que nous avons en vue en ce moment, c'est-à-dire, qui montre l'importance et la force prédominante de la syllabe radicale. La flexion verbale en sanscrit se divise, comme l'on sait, en deux parties : les temps spéciaux et les temps généraux. Les temps généraux sont ceux qui ne se distinguent point par les caractères des classes, et adjoignent les désinences à la racine, sans insertion de lettres formatives. Parmi ces temps généraux, il y a sept types d'aoriste, on peut même en ajouter un huitième, exclusivement propre aux Védas, un type périphrastique. De ces aoristes, trois sont simples et les autres peuvent se nommer composés, car ils emploient comme désinences des formes empruntées au verbe substantif *as*. Dans ces aoristes simples, la racine est tout en quelque sorte ; la désinence est très-légère, et consiste uniquement dans les lettres qui

marquent les personnes et les nombres. Ainsi *dâ*, « donner, » est, à ce temps,
au sing. *a-dâ-m*, *a-dâ-s*, *a-dâ-t*,
au duel, *a-dâ-va*, *a-dâ-tam*, *a-dâ-tâm*,
au plur., *a-dâ-ma*, *a-dâ-ta*, *a-d-us*.

Comme l'augment peut se retrancher dans les Védas, on y trouve des formes comme *bhû-s*, *bhû-t*, de la racine *bhû*, « être ; » *dhâ-s*, *dhâ-t*, *dh-us*, de la racine *dhâ*, « poser ; » *dâ-s*, de *dâ*, « donner, » etc. Je n'ai pas besoin de faire remarquer la frappante analogie qui existe entre ces formes védiques et les aoristes de la conjugaison en μι, qui, en grec, appartiennent également, sans aucun doute, aux époques les plus anciennes de la langue, ἔ-δω-ν, ἔ-δω-ς, ἔ-θη-ν, ἔ-θη-ς, ἔ-φυ-ν, ἔ-φυ-ς, qu'Homère, comme font les Védas, emploie aussi sans augment : βῆν, βῆ, φῦ[1], etc. Ces temps généraux, c'est-à-dire, infléchis sans signe de dérivation, sont des formes que la langue des hymnes semble affectionner : et parmi eux, elle emploie volontiers, en en variant la signification quant aux modes, ces types simples et courts où l'élément radical rend en quelque sorte par sa propre force et à lui seul, et l'idée et les rapports. Dans cette même catégorie de temps communs à toutes les classes, il y en a d'autres, au contraire, où la terminaison se déploie et s'étend avec beaucoup d'ampleur et d'harmonie, et dont les Védas se servent également ; mais les syllabes dont cette terminaison se compose, n'étant que des signes de flexion, et non de dérivation, embellissent le rhythme sans surcharger la pensée par de nombreuses relations, et laissent à la racine sa prépondérance, sinon phonique, au moins significative. Nous parlerons dans un autre endroit des formes verbales dérivées : nous ne voulions ici que montrer rapidement que la conjugaison sanscrite a, quant à l'emploi des racines, certaines habitudes toutes semblables à celles que nous venons d'observer dans la déclinaison, et que nos remarques sur l'énergie toute primitive des parties fondamentales du discours s'appliquent, non à telle ou telle portion de la langue, mais à la langue tout entière, à sa constitution générale.

On voit, par ces observations sur les verbes et par la liste qui précède, quelle est la vertu significative des racines, et comme la langue les manie sciemment, combien elle a conscience de leur vrai rôle dans le discours. Cette liste nous montre aussi combien l'idiome de ces chants lyriques est encore loin de cet état

1. Parmi ces aoristes simples de la conjugaison sanscrite, il y a un autre type dont la désinence commence par *a*, et qui est identique avec l'aoriste second de la conjugaison grecque en ω (ον, ες, ε, etc.), *a-lip-am*, *a-lip-as*, *a-lip-at*, etc. : de la racine *lip*, « oindre. » L'ε et l'ο sont, en grec, les substituts ordinaires et réguliers de l'*a* sanscrit. Le troisième aoriste simple a un redoublement.

où arrivent les langues, aux âges de civilisation raffinée, aux époques de grande culture, où les rapports des choses finissent par prendre plus d'importance que les choses mêmes, où l'on est surtout attentif aux nuances, aux relations les plus fines, aux contrastes, aux modifications. Alors l'importance des idées se mesure et se pèse tout autrement, et la langue, toujours fidèle interprète de la pensée et de toutes ses tendances, se règle sur cette disposition des esprits; elle groupe autour de la racine et de l'idée fondamentale une foule d'idées accessoires qui la surchargent et l'étouffent, pour ainsi dire; et, par une conséquence inévitable de ces combinaisons toutes mécaniques, substituées à l'évolution organique de la partie radicale, elle finit par ne plus distinguer l'élément primitif, la racine, des parties accessoires qui la modifient. L'idée dérivée devient peu à peu quelque chose de concret où l'on ne discerne plus le fond des additions. Ce qui n'était qu'un rayonnement de l'élément principal fait corps désormais avec lui : c'est, si l'on veut bien me permettre ces comparaisons, qui expliquent bien, ce me semble, ma pensée, c'est comme ces nimbes d'une seule pièce, ou, mieux encore, comme ces images du soleil et des astres où les rayons sont solides comme le disque, où tout est fondu d'un seul jet et du même métal.

Ces complications et ce nuancement de la pensée, et leurs conséquences dans la langue et dans le style, tiennent à des causes diverses, qui s'accordent à produire un même effet. D'abord nous venons les derniers, ou, du moins, après beaucoup d'autres, qui ont cueilli les fleurs des idées simples et premières : pour être neuf, il faut raffiner; et raffiner, c'est saisir des rapports. Puis, trouvant tout amassé, dès le moment où chacun de nous commence à penser, le trésor des idées simples, nous avons creusé et comparé de plus en plus, déterminé les manières d'être, les modes relatifs, saisi les convenances et les répugnances mutuelles des objets, et la langue, comme de raison, nous a suivis dans nos comparaisons et nos modifications d'idées. Enfin, et entre les causes diverses, ce n'est peut-être pas la moins efficace : il y a un certain degré de culture et de politesse des esprits et des mœurs, où l'affirmation devient de plus en plus timide. Les idées simples et nues, aussi voisines de l'absolu, que nous les voyons dans les Védas, par exemple, ont je ne sais quoi d'arrêté, de tranchant, de hardi, qui ne va plus guère à nos habitudes. Remarquez tous les tours et détours que prend souvent, pour se faire accepter, la pensée au fond la plus décidée et la plus sûre d'elle-même. Voyez, dans nos conversations et dans nos écrits, toutes les restrictions, toutes les nuances, dont nous entourons et voilons nos idées. . .

A l'époque que nous peint la langue des Védas, on était encore éloigné de cette pente de raffinement et de timidité. Les chants les plus anciens du *Rig-Véda* nous montrent les Indiens établis dans le Penjab[1], sur les bords des cinq fleuves, à la fois bergers et laboureurs, livrés avant tout aux soins quotidiens de la vie, n'ayant d'autre culte que celui de la nature, de ses forces les plus manifestes, les plus élémentaires[2], demandant dans leurs hymnes protection et bien-être pour eux et pour leurs troupeaux, « saluant le lever de l'aurore, chantant les combats que le Dieu qui porte la foudre livre à la sombre puissance, aux noirs nuages, et bénissant les célestes auxiliaires qui les soutenaient dans leurs luttes contre les tribus voisines[3]. » Leurs besoins n'étaient ni nombreux ni factices, et leurs prières reflétaient leur naïve simplicité. Leur idolâtrie sans doute était grossière, mais sans mélange de subtilité ni de corruption. Ils adoraient les créatures, à la place de leur auteur; mais ils n'avaient pas encore peuplé leur ciel de monstres et de fantômes : ils n'étaient, sur cette échelle d'erreurs où l'on ne s'arrête pas, qu'au premier échelon : s'ils ne connaissaient plus le vrai Dieu, au moins n'adoraient-ils encore que ses œuvres, si grandes, si belles, si puissantes, et non les créations, souvent subtiles, hideuses, impossibles, immorales, de l'imagination déréglée des hommes. Le courant d'idées qui sortait d'une telle civilisation, où tout était simple et primitif, la vie, les mœurs, les relations sociales, les esprits et les cœurs, n'avait pas besoin d'un lit artificiellement creusé, d'une langue qui le menât par de nombreux détours. L'idiome qu'ils parlaient, qu'ils chantaient, n'avait plus, de l'enfance, les bégayements, la faiblesse, la pauvreté impuissante; mais à la simplicité du premier âge, il joignait déjà une force virile. Peu capable encore, ou, du moins, peu habitué (car il a déjà en germe les

1. Et peut-être encore plus loin, vers le nord-ouest, et en dehors de l'Inde. M. Albrecht Weber, dans un opuscule, d'une lecture aussi attrayante qu'instructive, qu'il vient de publier, s'exprime ainsi : « Die ältesten Lieder des Veda zeigen uns das arische Volk noch ausserhalb oder wenigstens erst an der nord-westlichen Grenze Indiens ansässig, in dem Landstriche nämlich zwischen dem Kabulfluss und dem Indus, sowie im Pendschab. Das Weiterziehen von hier aus, die Ausbreitung über Indien hinweg können wir in der Literatur des Volkes Stufe für Stufe verfolgen. » (*Die neuern Forschungen über das alte Indien*, p. 19.) Un peu plus loin, l'auteur trace le tableau de la vie que menaient les tribus ariennes au temps des chants védiques. Voyez aussi le commencement des savantes leçons de M. Weber sur l'histoire littéraire de l'Inde (*Academische Vorlesungen über indische Literaturgeschichte*).

2. Ce n'est point ici le lieu d'examiner quelle est la religion que nous peignent les hymnes des Védas, et s'il faut ou non l'appeler naturalisme. Il y a dans ces chants antiques de quoi donner raison à plus d'un système. Ce qui est certain, c'est que le mot de naturalisme, si l'on veut y attacher un sens abstrait et qui exclut l'idée de personnification, est un mot mal choisi, et qu'avant de l'employer il faut, dans tous les cas, le bien définir.

3. Voyez la première dissertation de M. Roth, *zur Litteratur und Geschichte des Weda*, p. 8.

plus belles aptitudes des temps qui ont suivi) à combiner de nombreuses pensées, il consacre à rendre vivement et énergiquement les idées simples et premières, des richesses qu'on dépensera plus tard à les nuancer à l'excès. Ses procédés imitent avec la plus parfaite vérité ceux de la pensée de ce temps-là : l'intelligence s'en tient aux éléments primitifs des idées ; la langue, pour les rendre, aux éléments primordiaux des termes.

Ce n'est pas seulement l'emploi fréquent des mots-racines, qui ordinairement, au nominatif, se passent même de toute flexion, et ne se distinguent en général de la racine pure, à ce cas, que par des modifications euphoniques, propres aux consonnes finales ; ce n'est pas seulement la transformation habituelle de ces parties rudimentaires des mots en parties de la proposition et du discours, qui montre quelle valeur et quelle énergie de signification la portion radicale des termes avait encore dans l'idiome. Une autre preuve, presque aussi frappante, vient se joindre à celle-là. Dans nos langues relativement analytiques, et bien souvent aussi dans celles des langues synthétiques qu'un long usage a pétries et façonnées, la signification actuelle de beaucoup de noms d'objets, d'actions et de qualités, ne nous révèle plus leur point de départ, leur sens originaire. De métonymie en métonymie, de métaphore en métaphore, nous nous sommes tellement éloignés de la source, qu'il nous est souvent impossible d'y remonter, de la découvrir. Qui se doutait à Rome en prononçant le mot *equus*, à Athènes en disant ἵππος, que le terme qu'il employait signifiait simplement « le rapide ; » en employant δάκρυ, *lacryma*, ou chez nous en disant *larme*, que c'est une expression très-probablement synonyme de *mordante* ou *salée*? Pour qui, en français, le nom *feu* est-il encore, par son origine, l'équivalent de *foyer* (*focus*), le verbe *penser* de *peser* (*pensare*, *pendere*)? Qui songe, en entendant en latin le mot *digitus*, en français *doigt*, en allemand *Finger* (*vinkar*), que l'idée exprimée est celle de « montreur, » ou « qui fait signe[1]? » Et pourtant telle est, ou certainement, ou vraisemblablement, la signification réelle et radicale de ces termes divers ; mais le sens déduit, figuré, a effacé le sens étymologique et primitif : ce sont autant de dérivés sans origine connue, autant d'enfants sans mère : *proles sine matre creata*. Joignez à cela que l'altération de la forme accompagne habituellement celle du sens, et que, le plus souvent, si l'on peut ainsi dire, le corps du mot est aussi méconnaissable que l'âme. Et notez que ce sont surtout les expressions les plus communes, les plus nécessaires, les plus fondamentales, qui, par

1. Voyez mon *Traité de la formation des mots dans la langue grecque*, p. 311, 266, 290, 292.

la fréquence même de l'usage, ont été le plus dénaturées, pour l'esprit comme pour les yeux. Dans la langue védique, il y a sans doute bien des mots déjà qui ne se ramènent que par conjecture à leur source : la faute en est le plus souvent à notre ignorance de l'idiome ; parfois, cependant, c'est déjà, selon toute apparence, la rouille de l'usage qui nous cache la vraie forme, la couleur primitive. Mais même pour nous, pour les philologues qui, sur les bords de l'Isis, de la Sprée, du Rhin ou de la Seine, relisent, après tant de siècles écoulés, dans des conditions de société, de civilisation, si différentes, les chants inspirés des Richis de l'Indus, ces mots au sens voilé, à l'origine impénétrable, ne seront bientôt que le plus petit nombre. Le plus souvent, le dérivé nous offre tout aussi bien la signification que la forme de sa racine ; il est à tous égards tout auprès de sa source ; l'on trouve trait pour trait la mère dans l'enfant. Un petit nombre d'exemples me suffiront pour mettre ce fait en lumière et hors de doute. Voyez d'abord les dérivés de nos deux hymnes, dont nous avons plus haut (p. 87 et suiv.), en grande partie, et sans aucune peine, expliqué l'étymologie.

Puis ouvrons le glossaire appelé *Naighaṇṭuka*, qui, dans sa première partie, est une espèce de lexique des Védas, contenant un certain nombre d'énumérations de termes à peu près synonymes, que l'auteur explique par un autre synonyme usuel et facile à comprendre, par le mot propre et généralement employé. Dans ces listes de mots, il y en a souvent de difficiles, d'obscurs, pour lesquels la rapide et superficielle explication du Glossaire est loin de suffire : souvent même, la traduction des stances où ces mots se trouvent ne justifie pas l'interprétation de l'antique vocabulaire ; mais cela n'empêche pas que l'analyse étymologique d'un grand nombre de ces termes, ainsi rangés par catégories de sens, ne vienne confirmer ce que j'avançais tout à l'heure, au sujet de la transparence des expressions védiques. Prenons pour exemple la 7e énumération de la 1re section du *Naighaṇṭuka*, les vingt-trois noms de la nuit, *trayoviṁçatirâtrinâmâni:* ce sont ou des substantifs ou des adjectifs employés substantivement, que le glossateur a réunis pêle-mêle, mais dont une bonne partie peut se classer, se distribuer génériquement d'après les idées qu'ils expriment. Ce sont d'abord des épithètes devenues des noms et qui signifient « la noire, la brune : » *çyâvî* (comparez l'adjectif *çyâva* et son féminin ordinaire *çyâvâ*) ; *asiknî*, qui, d'après le *vârtika* (ou glose) que M. Böhtlingk cite dans son commentaire sur le livre IV de Pâṇini, chapitre I, règle 39, sert de féminin à *asita*, « noir ; » le substantif *rajaḥ*, qui a un sens analogue à celui de ces adjectifs, et vient de *rañj* (*raj*), « colorer » (le dérivé *rajani* a gardé le sens de « nuit » dans le sanscrit ordinaire, soit à part, soit dans un certain nombre de composés); *aktu*, qui, d'après M. Benfey[1], serait peut-être pour *naktu*, mais qu'on pourrait aussi rattacher à la racine *añj*, « oindre (colorer?). » L'adjectif *ûrmyâ* nous conduit à un ordre d'idées différent : il veut dire « la nuageuse, » et vient d'*ûrmi*, « vague, amas d'eau (nuage). » De là nous passons tout naturellement à un certain nombre d'expressions qui caractérisent la nuit par son humidité, par la rosée nocturne : *ghrĭtâcî* (féminin de *ghrĭtâñc*), *payasvatî* (fém. de *payasvat*), dérivés l'un de *ghrĭta*, l'autre de *payas*, mots placés tous deux parmi les *udakanâmâni* ou noms de l'eau, de la pluie ; le substantif *payás* lui-même désigne la nuit, par une métonymie poétique. Une belle expression, plus hardie encore, est *ûdhaḥ* (οὖθαρ), qui signifie proprement « pis, mamelle, » la féconde nourrice des champs. L'adjectif *himâ* veut dire sans doute « la froide » (cf. *hima*, « hiver »). *Kshapâ* est une expression assez originale[2]; elle se tire de la racine *kshap*, « avoir faim, être à jeun, » et signifierait probablement « *jejuna*, le temps où l'on jeûne, où l'on ne mange pas. »

L'origine de *yamyâ* et de *naktâ* (que nous retrouvons en grec, en latin, en allemand, etc.) est moins claire : le premier de ces deux mots est très-voisin de la racine *yam*, qui paraît venir de *dam* et signifier primitivement « presser, étendre ; » ce serait donc peut-être : « la vaste, l'étendue ; » quant au second, on le dérive de *naj*, « pudere, » qui pouraît être une métathèse d'*añj*, dont nous avons parlé plus haut. A cette racine *naj*, on rattache le participe *nagna*, « nu. » Il est remarquable qu'en allemand les mots *Nacht*, « nuit, » et *nackt*, « nu », ont également une grande ressemblance. L'étymologie du mot *çiriṇâ* est encore moins facile ; il est très-rapproché par la forme de *çiras*, « tête, » mais la déduction logique demeure obscure. D'autres dénominations ont un sens moral : *mokî* vient, par une dérivation très-régulière, de *muc*, « délier, délivrer ; » *vasvî* est le féminin de *vasu*, et signifie « la bonne ; » *namyâ*, dérivé de *nam*, « la vénérable » (les Grecs donnent aussi à νύξ l'épithète de πότνια). *Râmyâ* est formé de *ram*, « se réjouir, réjouir, » et rappelle le grec εὐφρόνη, que les poëtes et les prosateurs ioniens (Hérodote, Hippocrate) emploient pour désigner la nuit. Puis, d'autres qualifications d'un sens tout contraire : *çokî*, « la triste, » de *çoka*, « chagrin ; » *doshâ*, de *dush*, « pécher,

1. Voy. le *Glossaire du Sâma-Véda*, p. 3. — Le *Nirukta* (V, 28) cite une stance du *Rig-Véda* (VII, 3, 6, 2) où *aktu* est employé dans le sens de « nuit » : *viçâm aktor ushasaḥ pûrvahûtau*, « à l'appel matinal des hommes, (appel) de la nuit (et) de l'aurore » (la copule *ça*, « et, » est sous-entendue, comme cela arrive très-souvent dans le style védique).

2. Voy. le *Rig-Véda*, IV, 5, 8, 7.

nuire; » *tamas*, « obscurité, ténèbres; » *tamasvatî*, proprement « ténébreuse, » de la racine *tam*, qu'on traduit par « être affligé, chagrin; » enfin *çarvarî*, féminin d'un adjectif *çarvan*[1], dérivé de *çarv*, *çarb*, « frapper, blesser, tuer » (comparez les épithètes grecques de νύξ, ὀλοά, λευγαλέα, στυγερά, δολία).

Nous pourrions ajouter à cette énumération quelques autres listes du même genre : par exemple, les noms des nuages, du cheval, du ciel et de la terre (I, 10; I, 14; I, 1; III, 30), etc. Nous y trouverions, parmi des termes obscurs, un bon nombre d'expressions ingénieuses, énergiques, brillantes, de ces mots qui peignent les choses par leurs qualités essentielles et saillantes, et font voir combien il y a souvent dans les créations de l'instinct, dans la dérivation, en quelque sorte toute spontanée, de logique et de poésie; mais je renvoie aux exemples divers, aux stances, aux fragments d'hymnes que nous aurons l'occasion de citer plus loin, et qui nous offriront, au lieu de termes recueillis et groupés par les grammairiens, des mots mis en œuvre dans le discours. L'analyse de ces citations, faites pour un tout autre objet, nous montrera encore mieux peut-être cette transparence que gardent les termes déduits et dérivés des racines : non pas seulement les épithètes rares, créées pour le besoin du moment, pour figurer dans telle ou telle phrase poétique (épithètes qui, dans toutes les langues, se ramènent aisément à leur source); mais beaucoup d'expressions usuelles, qui reviennent sans cesse, et, à cause de cela même, deviennent si vite méconnaissables.

Au reste, si c'est là un des caractères distinctifs de l'idiome sacré de l'Inde, nous devons dire qu'il n'est pas exclusivement propre à l'époque védique : les âges suivants de la langue ont gardé cette clarté d'étymologie; elle y est même souvent plus grande, plus frappante pour nous, que dans les mots des hymnes. En cessant d'être populaire et maniée par tous, la langue a pris une plus grande et plus méthodique régularité pour les détails de formation, les lois de l'euphonie; elle s'est éloignée, en bien des choses peut-être, comme nous le verrons plus tard, de ce qu'on peut appeler l'esprit, les tendances primitives et fondamentales de l'idiome; mais une grammaire savante et qui devient artificielle, lors même qu'elle est infidèle à l'esprit, exagère en quelque sorte le respect de la lettre et de la forme extérieure.

Les commentateurs, quoiqu'ils soient bien souvent subtils et qu'ils essayent

1. Ce féminin en *arî*, d'un masculin en *an*, nous explique les formes grecques πίων, πίειρα, en sanscrit *pîvan*, *pîvarî*. Voy. Pâṇini, IV, 1, 7; le féminin *çarvarî* est un des exemples cités dans la glose de cette règle; elle y joint les formes *sutvarî* et *dhîvarî*.

naturellement de porter dans ces monuments antiques les idées de leur temps, et parfois les dogmes du brâhmanisme, les théories et les rêves de leur philosophie, paraissent cependant avoir senti ce caractère primitif des significations, cette valeur radicale des termes. Ils les ramènent eux-mêmes avec soin à leur racine, au sens premier. Quand le poëte désigne *Agni*, le feu, par l'épithète de *deva*, qui a pris le sens de « Dieu » et s'applique à tous les habitants de l'Olympe indien, Sâyaṇa ne manque pas de nous expliquer le mot par sa signification étymologique, par le participe *dyotamâna*, « brillant ; » d'y chercher l'idée première de la racine *dyut* (*dyu*, *div*), « briller. » Cette traduction se rencontre deux fois dans le commentaire de notre hymne à Agni. Nous avons trouvé, dans les gloses que nous avons traduites et discutées, pour bien établir le sens des hymnes, plusieurs autres exemples de cette habitude qu'ont les scoliastes de remonter, dans leurs interprétations, à la source des mots. Sans parler des préfixes et de l'exactitude scrupuleuse avec laquelle ils les traduisent, voyez la double explication de *navyaḥ*, l'analyse de *svastibhiḥ*, de *yoḥ*, les synonymes de *durgâṇi*, etc., etc. A ces exemples, on pourrait en joindre d'autres, qui feraient ressortir encore davantage ce respect religieux et parfois outré de la valeur originelle des mots. Mais le peu que je viens de dire suffit et au delà pour bien expliquer ma pensée, et pour faire voir que les interprètes indiens eux-mêmes, malgré leurs préoccupations intéressées d'orthodoxie, et la necessité de rattacher leur symbole actuel à l'Écriture et à la tradition, n'ont, en général, pu méconnaître ce caractère primitif de l'idiome.

Nous ne nous sommes encore occupé que de la première espèce de racines, des racines nominales et verbales, et nous les avons montrées aimant à se suffire. Ce n'est pas toutefois que le second élément de la langue, ces racines pronominales dont nous avons parlé, dont la fonction est d'exprimer les rapports et de joindre et d'articuler les idées entre elles, soient encore à créer. Elles sont d'un moindre usage que dans la suite, et surtout que dans les autres idiomes indo-européens, pour lier la pensée et les mots ; mais elles existent et jouent leur rôle. Si on les prodigue moins, ce n'est pas pauvreté, mais sobriété. Ces racines d'origine pronominale, que les grammairiens indiens ramènent cependant aux mêmes sources que les autres, aux mêmes sources que les noms et les verbes, servent à former, comme l'on sait et comme nous l'avons dit plus haut, les divers exposants de rapports, tant ceux qui sont faits pour figurer à part dans le discours et comme jointures détachées, sous la forme de particules et de pronoms, que ceux qui s'adaptent et s'attachent aux mots comme flexions et comme suffixes. Bien loin de faire défaut et d'être encore à naître, elles ont, comme les autres racines, comme celles qui expriment les idées fondamentales et forment la charpente du discours, plus de force qu'aux âges suivants. On dépensera plus tard plus de ciment; ici nous en sommes encore parfois aux procédés de l'architecture cyclopéenne; mais le ciment existe, la recette n'est point à trouver, on dirait même parfois que c'est parce qu'il tient et adhère mieux, et joint plus solidement, qu'on en met moins. Voyons avant tout la flexion des noms et des autres mots déclinables, la syntaxe des cas, qui, en sanscrit, en grec, en latin, sont, comme nous l'avons dit ailleurs, le lien par excellence, et commençons par les exemples que nous trouvons dans le plus court de nos deux morceaux.

Voici un tableau des divers emplois des cas dans l'hymne à Agni, qui nous a déjà servi de spécimen, ou de point de départ, dans d'autres parties de cette étude. En nous interdisant toute subtilité, en nous bornant à observer ce qui est évident et frappe à première vue, nous aurons à signaler plus d'un fait intéressant et caractéristique. Nous compléterons ce relevé par tout ce qui nous paraîtra digne d'attention, pour cette partie de la syntaxe, dans l'hymne au Ciel et à la Terre. Puis, dans les remarques que nous ferons à la suite de ce tableau, nous citerons d'autres exemples empruntés à d'autres hymnes, non certes pour épuiser ce sujet, qui est bien vaste et encore bien neuf, mais pour donner une première idée de cette partie des ressources synthétiques de l'idiome des Védas.

EMPLOIS DIVERS DES CAS DANS L'HYMNE *AGNE NAYA*.

1° NOMINATIF :

Employé comme sujet de la proposition[1] :
pûḥ *ca* prithvî... *naḥ bhava*, « et (qu'une) *large ville* soit à nous, » 2, *b.*[2]

1. Dans ce tableau, nous avons noté tous les emplois des cas, aussi bien ceux qui sont ou nous ont paru propres aux Védas, que ceux qui sont communs à tous les idiomes synthétiques de la famille. Il est curieux de voir à quel point toutes ces langues sont sœurs, non pas seulement par les éléments et la formation des mots, mais aussi par un fond commun de procédés de syntaxe, que viennent modifier, dans chacune d'elles, certaines différences bien caractéristiques, mais toujours faciles à ramener aux principes généraux.

2. Les mots qui, dans les citations, sont imprimés en lettres ordinaires, comme : « puḥ, bhayam, » etc., sont les formes des cas que nous citons pour exemples : la traduction de ces mots est imprimée en lettres italiques. — Nous nous conformons à l'orthographe du padapâtha, que nous avons suivie dans la transcription de l'hymne en lettres latines.

mâ te bhayam̃ *jaritâram̃... vidat*, « que *la crainte* ne connaisse pas ton chantre, » 4, *b*.

Employé comme attribut de la proposition :

asi... deva vishpaṭ « (ô) Dieu, tu es *le fléau....* » 6, *b*.

manave çâsyaḥ *bhûḥ*, « sois *docile* pour l'homme, » 7, *b*.

Employé comme dépendance de l'attribut :

pâhi nah Agne... priye sadane â çuçukvân, « protége-nous, *brillant* de toute part dans cette agréable demeure, » 4, *a*.

vi... tvâvân... *yam̃sat* griṇânaḥ... *varûtham*, « *semblable à toi*, (te) *louant*, (comme un) rempart, (qu'il) se préserve de, etc., » 6, *a*.

marmrĭjenyaḥ, « *purifiant, sacrifiant*, » 7, *b*.

Employé à la place du vocatif :

navyaḥ, « (feu) *nouveau*, » ou « (feu) *adorable*, » 2, *a*;

akraḥ, « (*impétueux*) *coursier*, » 7, *b*.

Employé, selon le commentateur, dans le sens du locatif :

asmin mânasya sûnuḥ *sahasâne agnâu*, « dans ce feu vainqueur, *fils* de la prière, » 8, *a*.

2° ACCUSATIF :

Employé comme complément direct de verbes à sens actif :

naya... asmân, « conduis-*nous*, » 1, *a*.

yuyodhi asmat... enaḥ, « éloigne de nous *le péché*, » 1, *b*.

bhûyishṭhâm̃ te namaḥ-uktim̃ *vidhema*, « que nous (t')honorions (par) ta meilleure *formule d'adoration*, » 1, *b*.

Agne tvam asmat yuyodhi amîvâḥ, « Agni, éloigne de nous *les maladies*, » 3, *a*.

pâhi naḥ, « protége-*nous*, » 4, *a*.

mâ te bhayam̃ jaritâram̃... *vidat*, « que la crainte ne connaisse pas ton *chantre*, » 4, *b*.

mâ naḥ... *ava srĭjah*, « ne *nous* livre pas..., » 5, *a*. (Le pronom *naḥ* est répété au vers suivant, comme complément direct encore du même verbe sous-entendu, ou comme complément direct de *dâḥ*, qui suit.)

veshi... manushaḥ, « tu aimes, favorises *les hommes* (qui te font cette offrande), » 7, *a*.

avocâma nivacanâni, « nous avons dit *les prières*, » 8, *a*.

vayam̃ sahasram̃... *sanema*, « que nous obtenions *un millier* (de biens), » 8, *b*.

vidyâma isham... vrĭjanam̃ jĭradânum, « que nous connaissions (obtenions) *l'objet de notre désir* (la nourriture), *la force, le don victorieux,* » 8, *b*.

Employé comme complément direct de participes ou d'adjectifs verbaux :

grĭṇânaḥ... varûtham, « te louant (comme un) *rempart,* » 6, *a*.

viçvâni... vayunâni *vidvân,* « connaissant *toutes les sciences,* » 1, *a*.

tân... ubhayân *vi vidvân*, « connaissant distinctement *ces deux* (espèces d'hommes), » 7, *a*.

Double accusatif, complément d'un verbe de mouvement :

tvam pâraya... asmân... *ati* duḥgâṇi viçvâ [1], « fais-*nous* traverser *tous les mauvais pas* (tous les péchés), » 2, *a*. (Le second accusatif, *duḥgâṇi*, subit à la fois l'influence du verbe et celle d'*ati*.)

Employé sans verbe de mouvement et le contenant, en quelque sorte, en lui-même :

deva kshâm̃ *viçvebhiḥ amrĭtebhiḥ* [2] « Dieu, (viens) *sur la terre* avec tous les immortels, » 3, *b*.

Employé adverbialement, dans un sens temporel :

mâ te bhayam̃ jaritâram̃... nûnam̃ *vidat mâ* aparam, « (que) la crainte ne connaisse pas ton chantre *maintenant* ni *plus tard,* » 4, *b*.

3° INSTRUMENTAL :

Employé dans le sens local :

Agne naya supathâ, « Agni, mène-nous *par le bon chemin*..., » 1, *a*.

Employé métaphoriquement, pour marquer le moyen :

pâraya... svastibhiḥ *ati duḥgâṇi*, « fais (nous) traverser les mauvais pas *par ces salutaires* (*offrandes*), » 2, *a*.

vayam̃ sahasram̃ rĭshibhiḥ *sanema*, « (que) nous obtenions *par les Rĭchis* un millier (de biens), » 8, *b*.

Employé de même et répétant l'idée de l'action contenue dans le verbe : *pâhi naḥ*... pâyubhiḥ ajasrâiḥ, « protége-nous *par d'immuables protections,* » 4, *a*.

Employé dans le sens d'*avec*, marquant concomitance :

deva kshâm̃ viçvebhiḥ amrĭtebhiḥ [2], « dieu, (viens) sur la terre *avec tous les immortels*, » 3, *b*.

1. Pluriel neutre védique, pour *viçvâni*. Voy. p. 67. 2. Instrumental védique, pour *viçvâiḥ amrĭtâiḥ*.

manave çâsyaḥ bhûḥ marmṛtjenyaḥ Uçigbhiḥ *na*, « sois docile pour l'homme, comme lorsque tu sacrifies *avec les Uciks*, » 7, *b*.

4° Datif :

Employé dans le sens local :

Agne naya supathâ râye *asmân*, « Agni, conduis-nous par le bon chemin *à la richesse*, » 1, *a*.

Marquant le rapport ordinaire exprimé par le français *à* (complément indirect d'un verbe actif, sens bien voisin du sens local de l'exemple précédent) :

mâ naḥ... ava sṛjaḥ aghâya avishyave ripave ducchunâyâi
mâ datvate daçate *mâ* adate *naḥ mâ* rishate... *parâ dâḥ*.

« Ne nous abandonne pas *au péché*, *à l'affamé*, *à l'ennemi*, *au malheur; ni à qui a des dents*, *à qui mord*, ni *à qui n'a pas de dents*, ni *à quiconque peut nuire*, ne nous livre pas, » 5, *a* et *b*.

Rapport d'appartenance :

pûḥ ca pṛthvî... naḥ *bhava* tokâya tanayâya *çaṁ yoḥ*, « qu'une large ville soit *à nous*, *à notre race*, *à nos enfants*. Repos! salut! » 2, *b*.

Rapport exprimé par le français *pour :*

asmabhyaṁ suvitâya... *kshâm*, « viens sur la terre *pour nous*, *pour notre salut*, » 3, *b* (ou mieux peut-être, avec un sens local, analogue à celui de *râye*, « viens *à nous*, *vers nous*, sur la terre, etc. »).

gṛṇânaḥ.... tanve *varûtham*, « (te) louant (comme un rempart) *pour son corps*, » 6, *a*.

Construit avec un participe passif :

manave *çâsyaḥ bhûḥ*, « sois docile *à l'homme*, *pour l'homme*, » 7, *b*.

5° Ablatif :

Marquant le point de départ (ce qui est son sens propre et primitif) :

yuyodhi asmat... *enaḥ*, « détourne *de nous* le péché, » 1, *b*.

asmat *yuyodhi amîvâḥ*, « détourne *de nous* les maladies, » 3, *a*.

vi... tvâvân... yaṁsat... viçvât ririkshoḥ *uta vâ* ninitsoḥ, « semblable à toi, (qu'il) se préserve *de qui veut ravager*, *de qui veut blâmer*, » 6, *a* et *b*.

6° Génitif :

Rapport d'extraction et d'appartenance, rendu par *de* en français :
mânasya *sûnuḥ*, « fils *de la prière*, » 8, *a*.
bhûyishṭhâṁ te *namaḥ-uktim*, « la meilleure prière (formule d'adoration) *de toi* (la meilleure manière de t'adorer), » 1, *b*.
te... *jaritâram*, « l'adorateur *de toi* (ton adorateur), » 4, *b* (*te* sert à la fois pour le génitif et pour le datif).

7° Locatif :

Marquant le lieu où l'objet se trouve, où l'action se fait :
priye sadane... *çuçukvân*, « brillant *dans l'agréable séjour*, » 4, *a*.
avocâma nivacanâni asmin... agnâu, « nous avons dit les prières *dans ce feu, sur ce feu*, » 8, *a*.
Employé adverbialement (passage du sens local au sens temporel) :
prapitve, « *dans* (*le temps*) *présent*, » 7, *a*.
abhipitve, « *dans* (*le temps*) *prochain*, » 7, *b*.

8° Vocatif :

Sens unique d'invocation :
Agne, « (ô) *Agni*, *ô feu*, » (à toutes les stances, excepté à la 8e, où il est employé au locatif).
deva, « *Dieu*, » 3, *b*, 6, *b*.
yavishṭha, « (ô) *très-jeune*, » 4, *b*.
sahasâvan, « (ô Dieu) *fort*, » 5, *b*.
ṙitajâta, « (ô) *né-de-l'offrande*, » 6, *a*.

L'*hymne au Ciel et à la Terre* ne nous fournit pas beaucoup d'exemples à ajouter aux précédents, et qui se distinguent des emplois de cas que nous venons de remarquer. N'était l'instrumental et le locatif, ces deux cas que les langues classiques ont perdus (pour la comparaison avec le grec, il faut ajouter l'ablatif), il n'y a, je crois, dans ces onze stances, aucun usage de la flexion qui ne soit conforme aux habitudes grecques et latines : nouvelle preuve de cette fidélité aux grandes lois de la syntaxe, qui ont été respectées, comme je l'ai dit, d'âge en âge, et se sont conservées jusqu'à nos jours. Le nominatif joué le rôle de sujet et d'attribut, ou de dépendance de l'un de ces deux termes : *katarâ purvâ katarâparâ* (*katarâ-aparâ*), « laquelle des deux est antérieure? laquelle postérieure? » Par sa forme, qui présuppose un mode personnel, il facilite, comme le montre l'exemple que je viens de citer, et au vers suivant *yat ha nâma*, l'ellipse du verbe substantif, laquelle, faute d'un signe de ce genre, est le plus souvent impossible dans les langues sans flexion ou à flexion peu marquée. Le nominatif figure comme apposition au sujet, ou plutôt à l'attribut que le verbe renferme, dans le vers suivant : *rĭtaṁ dive tat avocaṁ... sumedhâḥ:* « intelligent, j'ai adressé cet hymne au Ciel, etc., » phrase bien simple, où nous trouvons déjà cette tournure poétique qui consiste à faire jouer à l'adjectif un rôle adverbial.

Pour l'accusatif, le cas du régime direct, je ne relèverai ici que deux tournures, ou plutôt deux exemples de la même tournure, employée un peu diversement : *devân vâ yat cakrĭma kat cid âgah sakhâyaṁ vâ...*, « toutes les fautes que nous avons commises, soit (envers les) dieux, soit (envers un) ami, etc. ; » nous avons déjà remarqué, en traduisant le commentaire, cette double force transitive de *cakrĭma*. Le verbe *upabruve* s'adjoint, de la même façon, deux compléments directs, dans la dernière stance : « *idaṁ.... satyam astu.... yat iha upabruve vâm* », littér. « que ceci que je vous adresse ici, soit vrai. » Le pronom *vâm* sert pour trois cas au duel, de même que *vas*, au pluriel; mais ici c'est bien l'accusatif *yuvâm* qu'il représente, et Sâyaṇa le traduit par cette forme. L'accusatif a, en outre, la valeur adverbiale dans *nityam*, et sans doute aussi dans l'ancien pronom *it* et dans *sadam*, dont il est précédé, à a stance 8.

L'instrumental, le génitif, l'ablatif reviennent tous plusieurs fois, avec la valeur propre que leur assignent, comme nous l'avons vu, les scolies, en les interprétant par *nimittena* ou *nimittabhûtena*, *sambandhi*, *sakâçât*. Le dernier de ces trois cas a bien, dans toute son énergie, son sens fondamental de point de départ dans la phrase : *pâtâm avadyât duḥitât*, « qu'elles nous protégent du vil péché, nous préservent du vil péché ; » aussi bien que dans le refrain : *rakshataṁ... naḥ abhvât*, « préservez-vous du mal. »

Du datif, qui joue, comme à l'ordinaire, son rôle de cas d'attribution, je ne citerai qu'un seul exemple, où il figure deux fois, en marquant un double rapport, légèrement divers : *ritaṁ dive tat avocam prithivyâi abhiçrâvâya...* , « j'ai adressé cet hymne au Ciel et à la Terre, pour l'audition (de tous).... »

Le locatif, que nous avons vu, dans l'hymne précédent, marquer tantôt le lieu, et tantôt, par métaphore, le temps, n'est employé dans celui-ci qu'au propre et dans le sens local : *pitroḥ upasthe*, « dans le sein des pères, des parents, » (st. 2 et 5); nous le trouvons, en outre, dans l'intérieur du composé *dûreanta* (*dûreante*, stance 7), mais c'est là une particularité qui rentre dans un autre ordre de faits que ceux qui nous occupent en ce moment.

Tous les cas figurent dans ce tableau, et la plupart dans des emplois divers, qui nous donneront l'occasion de montrer, en ajoutant, comme nous avons dit que nous nous proposions de le faire, d'autres exemples, quels sont les principaux usages des désinences de déclinaison dans la langue védique. On ne s'étonnera pas, je pense, de me voir insister sur cette partie de mon sujet, si l'on veut bien considérer que l'on s'est occupé fort peu jusqu'à présent de la syntaxe sanscrite, de la syntaxe proprement dite, de la structure des propositions et des phrases, où les cas jouent un si grand rôle, comme liens des idées et des mots. Nous avons dit que l'idiome à cette première époque a certaines habitudes plus analytiques qu'aux phases suivantes. Cela est vrai, d'une part, de la syntaxe extérieure, ou structure des phrases, et, d'autre part, de la composition tant des mots que des suffixes. La langue use, beaucoup plus qu'on ne le fait dans la suite, des mots simples, et elle aime à les former au moyen de suffixes simples et primaires; elle déduit moins, complique moins les idées, et n'a pas besoin des procédés complexes de la dérivation, des exposants multiples de ces rapports de filiation et de convenance que la dérivation a pour objet d'exprimer. Ce que nous avons dit au sujet des racines nominales et verbales s'applique également aux racines pronominales qui forment les suffixes, et nous n'avons pas besoin de revenir ici sur les causes de cette simplicité des éléments du discours. Nous aurons d'ailleurs à parler plus loin de la dérivation. Il ne s'agit ici que de la flexion, et de la flexion des mots déclinables.

Si l'analyse domine, comme nous venons de le dire, dans certaines habitudes du langage, ici la synthèse se montre dans toute sa force. Nous pouvons étendre à la force significative des désinences qui lient les mots et les idées ce que nous avons dit de l'énergie de sens des radicaux. Les cas, comme les racines, suffisent à leur rôle, et n'ont pas besoin d'auxiliaires, ni de ces articulations intermédiaires qui précisent le rapport et rendent le lien plus étroit. En grec, en latin, les prépositions abondent; leur fréquent emploi a appauvri la déclinaison, et ôté aux cas une grande partie de leur utilité, surtout au sens primitif, au sens local des cas. Ces particules, qui leur viennent en aide pour déterminer la direction, ne laissent plus que bien peu de chose à faire à la désinence même. Ici, au contraire, et le sanscrit classique est resté fidèle à cet esprit tout primitif de la langue, il a même enchéri, comme nous le verrons, sur ces tendances synthétiques : ici les préfixes ne sont encore le plus souvent que des moyens de dérivation et non de liaison; ils nuancent ou fortifient l'idée, et pour la plupart ne gouvernent ordinairement rien et n'exercent aucune influence sur les mots déclinables. Voici ceux que renferment nos deux hymnes : *ati*, *anu*, *abhi*, *ava*, *â*, *upa*, *ni*, *pra*, *vi*, *sam*, et la particule, déjà moins simple peut-être, *parâ*. Entre ces particules, dont les autres langues ont fait des prépositions, nom qui implique maintenant, par opposition aux adverbes, addition d'un régime ou complément, il y en a quelques-unes qui peuvent régir des cas, et se subordonner des mots déclinables; une seule, dans nos deux morceaux, exerce cette influence : la première, *ati*, qui précède *durgâṇi*, au premier vers de la seconde stance de l'*hymne à Agni*, et qu'on peut considérer comme gouvernant l'accusatif qui la suit, et comme rattachant plus directement le nom de chose au verbe causatif *pâraya*, qui a déjà pour complément le nom de personne, le pronom *asmân*. Toutes les autres, dans l'*hymne à Agni*, ont l'emploi de préfixes, et dans l'*hymne au Ciel et à la Terre*, il n'y en a pas une seule qui joue le rôle de préposition, c'est-à-dire, qui prenne un complément[1].

1. Homère nous paraît de même, quand nous le comparons aux écrivains grecs postérieurs, et surtout aux prosateurs, très-sobre de prépositions. Pour prendre un morceau analogue par le sujet à nos hymnes, bien que d'un genre tout différent et plutôt épique que lyrique, l'hymne à Vénus, εἰς Ἀφροδίτην, qui, s'il n'est pas d'Homère, est digne de lui, et certainement fort ancien, ne renferme, dans les trente premiers vers, que deux particules suivies d'un régime et jouant véritablement le rôle de prépositions ; aux vers 16 et 17 :

> Ἀρτέμιδα.... δάμναται
> ἐν φιλότητι,

et au vers 29 :

> τῇ δὲ πατὴρ δῶκεν καλὸν γέρας ἀντὶ γάμοιο.

Dans les vers 31 et 32, il s'en trouve deux autres, mais cela n'empêche pas qu'on ne puisse dire que cette partie du discours est loin d'être prodiguée dans cette antique poésie. Du reste, les préfixes abondent comme dans les Védas, et se construisent de même, ou combinés avec le verbe, ou séparés de lui par d'autres mots, séparation que nous appelons improprement du nom de tmèse : Μοῦσά μοι ἔννεπε..., ἀλλὰ στερεῶς ἀπέειπεν..., ἥτε θεοῖσιν ἐπὶ γλυκὺν ἵμερον ὦρσε..., καί τε μέσῳ οἴκῳ κατ' ἄρ' ἕζετο..., ἐπὶ φρεσὶ θεῖσα ἑκάστῃ, etc. Dans ce dernier exemple même, bien qu'ἐπὶ soit suivi d'un datif, il se combine logiquement avec θεῖσα, plutôt qu'il ne gouverne φρεσί. C'est une de ces tournures, comme nous en avons vu dans nos hymnes du *Rig-Véda*, où le même cas, deux fois répété, exprime un double rapport.

Ce n'est pas que cette partie du discours, que nous appelons « la préposition, » soit inconnue de la langue védique. Plusieurs de ces petits mots, nous venons de le dire, peuvent gouverner des cas et même des cas divers. Nous en donnerons ailleurs la liste, la valeur, les régimes. Tout ce que nous voulons dire ici, c'est que nous sommes encore loin de cette prodigalité avec laquelle plus tard, même les langues à flexion, ont usé de ce moyen de joindre et de déterminer. On voit que les cas ont encore toute leur force primitive, qu'ils n'ont ni désappris ni amoindri leur rôle, qu'ils sont tout ce qu'ils peuvent et doivent être.

Nous avons dans l'*hymne à Agni* un exemple qui met ce que je veux dire ici dans tout son jour. La valeur des cas est dans l'origine toute locale : ils ont pour objet de marquer, soit une direction, soit une position. L'accusatif indique la tendance que la grammaire latine désigne par la question *quo*, le point où un objet arrive, le mouvement pour y arriver. Dans la 3e stance, à la fin du 2e vers, c'est bien là le rapport exprimé par le substantif *kshâm*, « terre, *terram* ; » mais ce rapport, il le marque si énergiquement, que le verbe même devient inutile, et que cette simple finale *m* exprime, non pas seulement le point d'arrivée, mais le mouvement même, la venue : *asmabhyaṁ... deva kshâṁ viçvebhiḥ amrĭtebhiḥ yajatra*, qui, traduit en latin mot pour mot, nous donnerait *nobis Deus terram omnibus immortalibus sacrificator*, signifie : « Dieu, viens pour nous (*ou* à nous) sur la terre avec tous les immortels, ô sacrificateur (pour être à la fois le ministre et le Dieu de l'offrande[1]). » Sâyaṇa supplée le verbe *âgaccha*, « viens » : *devâiḥ saha kshâm... âgaccha*, « viens sur la terre avec les dieux » (voyez plus haut le commentaire de la 3e stance, p. 70).

Il complète la pensée de la même manière dans l'exemple suivant du *Rig-Véda* (I, 10, 11) :

â tû (tu) na Indra Kâuçika mandasânaḥ sutam piba.

Dans ce passage, nous avons également un accusatif sans verbe de mouvement, mais l'ellipse, si on peut employer ce nom, est moins hardie : la particule *â*, qui est à la fois préfixe et préposition, tient en quelque sorte la place du verbe et en rend l'idée. Rosen traduit : « Huc (veni) celeriter ad nos, Indra, Kucikæ fili : gaudens paratum (libamen) bibe, » et Sâyaṇa ajoute

1. Comme nous l'avons dit plus haut, en traduisant le commentaire, les scoliastes considèrent ordinairement *yajatra* comme synonyme de *yashṭavya*, « sacrificiis colendus. »

le composé *pratyâgaccha* : *he Indra tu* = *kshipraṁ naḥ* = *asmân pratyâgaccheti* (*âgaccha-iti*) *çeshaḥ*. C'est encore, comme l'on voit, une désinence d'accusatif qui, aidée cette fois d'un mot qui, comme elle, est d'origine pronominale, supplée à l'usage du verbe.

Ce n'est pas seulement le verbe « aller, venir, » qui est ainsi suppléé par l'accusatif. Dans le vers suivant, c'est *vi-sṛj*, « lancer, » que la terminaison de ce cas, jointe à un datif marquant le but, remplace dans la phrase, ou suffit à faire entendre, au moins d'après Sâyaṇa, que Rosen a suivi dans sa traduction :

vajrin dasyave hetim asya.... Indra
(R. V., I, 103, 3);

« Indra, (toi) qui portes la foudre, (dirige) contre l'ennemi le trait de cet (homme qui t'adore), » ou peut-être plutôt : « (lance) ton trait sur l'ennemi de ton adorateur. »

Voici la glose de Sâyaṇa, au moins la partie qui nous intéresse : *vajrin* = *vajravann Indra.... tvam asya stotur dasyava* = *upakshayakâriṇe çatrave hetim* = *âyudhaṁ visṛjeti* (*visṛja-iti*) *çeshaḥ*.

Quelquefois, s'il faut en croire les scolies, la désinence de l'accusatif est bien autrement significative. Dans un hymne aux Maruts (R. V., I, 64, 8), nous lisons ce qui suit :

siṁhâ iva nânadati...
kshapo jinvantaḥ pṛshatîbhir ṛshṭibhiḥ samit sabâdhaḥ çavasâhimanyavaḥ (*çavasâ-ahi...*);

Rosen traduit ainsi ce passage : « Leonum instar, strepunt (Marutes),.... (hostium) deletores, (cultori) grata facientes, maculosis (cervabus et) armis (adeunt) sane (opitulaturi viros pios, ab hostibus) vexatos, cum vigore, cædi intentis mentibus. » Aucun des mots mis entre parenthèses ne se trouve dans le texte. Les ellipses de *hostium*, *cultori*, *cervabus*, et *viros pios*, *ab hostibus*, n'ont rien d'extraordinaire et sont très-conformes aux habitudes de ce genre de style. Le traducteur aurait même pu se dispenser, à l'exception de la conjonction *et*, de les suppléer dans son latin; on pourrait aussi à la rigueur se passer d'*opitulaturi* : *vexatos adeunt* suffirait, mais ce dernier verbe est tout à fait indispensable. *Sabâdhaḥ* = *çatrubhir bâdhitân yajamânân.... rakshitum âgacchantîti çeshaḥ*, dit la scolie, où se trouvent exactement tous les termes dont Rosen s'est servi pour expliquer, lui aussi, le substantif *sabâdhaḥ*. Il me semble évident que ce n'est pas le sens. M. Benfey, dans son *Glossaire*, traduit *sabâdh* en général par « prêtre, » signification parfaitement convenable dans la stance qui nous occupe; le mot n'est pas à l'accusatif, mais au nominatif, et se rapporte à *Marutaḥ*, sous-entendu, qui est le sujet de toute la proposition[1]. L'interprétation de Sâyaṇa, adoptée par Rosen, paraît très-forcée, impossible même; mais elle n'en est pas moins curieuse, en ce qu'elle nous montre quelle force on croyait pouvoir prêter, dans l'idiome védique, à la signification des cas. Dans l'hypothèse de Sâyaṇa, cette simple désinence d'accusatif, *as*, renfermerait une double idée verbale, ou du moins l'indiquerait assez pour rendre possible l'omission de deux verbes[2].

On sent avec quelle facilité, d'après cela, de nombreux compléments, souvent placés dans des propositions diverses, doivent pouvoir dépendre d'un verbe exprimé précédemment ou qui le sera plus tard. Ces sortes d'ellipses, qui donnent souvent tant de vivacité ou de concision à la phrase grecque ou latine, sont beaucoup plus communes et plus hardies dans la langue des Védas. Souvent elles donnent à la tournure une élégante symétrie :

taṁ sacante sanayas taṁ dhanâni
« Illum sequuntur dona, illum divitiæ; » (R. V., I, 100, 13),

sa gâ avindat so avindad açvântsa (açvân sa) oshadhîḥ so apaḥ sa vanâni
(I, 103, 5),

1. Le scoliaste donne au mot-racine *sa-bâdh* une signification passive. Pour adopter le sens de « prêtre, sacrificateur, » il n'est pas besoin de dériver le mot d'une autre racine que *bâdh*, « frapper, tourmenter. » Il est probable que les prêtres étaient ainsi nommés parce qu'ils pressaient le Sôma. (Voy. plus haut, p. 108.)

2. La langue allemande, avec les particules qui marquent direction, aime à se passer du verbe. C'est une de ses tournures les plus usitées, les plus habituelles. En voici plusieurs exemples, tirés d'une seule pièce de Schiller (*le Chant de la cloche*) : « Schnell das Zinn herbei! » — « Der Mann muss hinaus ins feindliche Leben. » — « Herein! herein! Gesellen alle, schliesst den Reihen! » et ces deux vers de la même poésie :

Welch Getümmel
Strassen auf!

Dans cette dernière citation, l'accusatif *Strassen* n'est point gouverné par *auf*, qui ne joue pas dans cette phrase le rôle de préposition. Le cas a ici une force d'expression qui ne laisse pas d'avoir une certaine analogie avec quelques-uns des exemples dont nous avons parlé plus haut. On sait qu'en grec, le préfixe, ou si l'on veut, la préposition, supplée quelquefois aussi à l'emploi du verbe (ἔνι, πάρα, pour ἔνεστι, πάρεστι, etc). Les langues classiques nous offrent en outre çà et là quelques accusatifs employés sans verbe, comme le *Me, me, adsum qui feci* de Virgile, l'*Italiam* du même poëte, mais ce sont des exceptions, des tournures plus insolites, justifiées par le désordre de la pensée, la vivacité du sentiment. Il faut toujours distinguer les aptitudes propres et ordinaires d'un idiome, de celles que lui donne, par exception, le génie ou la fantaisie d'un auteur, l'inspiration du moment.

« Ille vaccas obtinuit, ille obtinuit equos, ille herbas, ille aquas, ille silvas; »

sa naḥ parshad ati durgâṇi viçvâ nâveva (*nâvâ-iva*) *sindhuṁ duritâty* (*duritâ-ati*) *Agniḥ*[1]

(I, 99);

La traduction latine était préférable pour les exemples précédents, et rendait mieux le jeu des pronoms; pour ce dernier, le français sera plus clair: « qu'il nous aide à franchir tous les mauvais pas (littér. qu'il nous aime, nous aide par-dessus tous les mauvais pas), comme un fleuve, un lac, avec un vaisseau, qu'Agni (nous conduise) par-dessus tous les malheurs! » Un très-grand nombre d'hymnes offrent des tournures du même genre.

Pour exprimer, soit direction, soit situation, il faut dans les langues, en général, un verbe ou un mot verbal, soit d'action, soit d'état; dans les premiers exemples que nous avons cités, le cas y supplée, tant sa valeur essentielle et originelle est encore bien sentie. Pour nous, au point de vue où nous placent les langues que nous parlons et que nous connaissons le mieux, une telle façon de parler est une ellipse. L'ellipse est un moyen fort commode de tout ramener aux règles et aux usages de nos idiomes : *metiri quæque suo modulo ac pede;* mais bien souvent ces ellipses n'existent que dans notre imagination, et les locutions que nous voulons expliquer n'ont nul besoin des mots que nous y ajoutons. Quand Homère disait : πόδας ὠκὺς Ἀχιλλεύς, il ne pensait guère, non plus que les Grecs qui le lisaient, au κατὰ, dans le sens de *secundum*, à cet élément barbare que nous insérons dans la tournure, pour qu'elle soit correcte et logiquement complète à notre gré. Cet accusatif était une très-légitime dépendance du sens de possession qu'exprime tout adjectif, et comme un régime du suffixe d'ὠκύς, régime s'accordant avec le radical même de ce qualificatif. L'ellipse n'est pas non plus absolument nécessaire pour rendre compte de l'accusatif *kshâm*, etc. La flexion, comme les racines, semble réunir, dans le principe, la double valeur nominale et verbale. Les grammairiens indiens font venir les pronoms, aussi bien que les substantifs et les verbes, d'une seule et même catégorie de racines, et ne connaissent pas la théorie dont nous avons parlé, qui consiste à diviser en deux familles les éléments significatifs des mots. On dirait qu'en ce point,

1. Plus haut, p. 68, note 1, nous avons déjà eu l'occasion de citer cet exemple, où, comme nous l'avons dit, se trouvent réunis dans un même vers les deux synonymes *durga* et *durita*, que nous avons plusieurs fois rapprochés l'un de l'autre.

comme dans beaucoup d'autres, ils ont, par une sorte d'instinct plutôt que par le raisonnement, pénétré la véritable nature du langage. C'est aux racines pronominales que M. Bopp ramène l'origine des suffixes et des désinences. En réfléchissant au vrai rôle de ces exposants de rapports, et surtout de la flexion; en voyant les exemples de sa force primitive, on est tenté de donner raison aux antiques grammairiens des bords de l'Indus et du Gange. La déclinaison, dans ces tournures, où elle a toute son énergie, fait du radical comme un nom et un verbe à la fois, en exprimant simultanément, par la désinence, et un point déterminé, un but, et l'arrivée à ce but. Ces faits, qui semblent justifier l'opinion indienne, n'empêchent en aucune façon que l'ingénieuse théorie de l'illustre grammairien de Berlin ne garde une grande vraisemblance. Quand nous admettrions que la source première soit la même, il ne s'ensuivrait pas que, très-près de cette source et du commun point de départ, les deux sortes de racines n'aient pu prendre et suivre deux courants, et changer assez de nature pour qu'il soit permis de les diviser en deux classes, devenues bien distinctes l'une de l'autre.

Après ce sens fondamental de l'accusatif, qui est de marquer le but, de répondre, comme nous l'avons dit, à la question *quo*, son emploi principal et le plus commun est de servir de régime direct aux verbes transitifs, et c'est là son rôle dans la plupart des exemples cités dans notre tableau des cas : *pâhi naḥ*, *mâ naḥ.... ava sṛjaḥ*, etc. Ce rôle, qui est devenu sa fonction ordinaire et la plus essentielle, n'est que la conséquence immédiate, je n'ai pas besoin de le dire, de sa nature première, de sa signification locale : l'objet où aboutit l'action, le complément direct, n'est pas autre chose que le but, le point d'arrivée.

Quelquefois ce but est double, comme dans les phrases : *Agne tvam pâraya.... asmân.... ati duḥgâṇi viçvâ*, « Agni, fais-nous traverser tous les mauvais pas ; » *devân yat cakṛma kat cit âgaḥ ; idaṁ yat iha upa bruve vâm*. Dans la première, *ati* aide le verbe à marquer l'un des deux rapports, et c'est, je le répète, le seul mot de l'hymne qui soit employé comme préposition; dans les deux autres, comme cela arrive souvent aussi en grec et en latin, les deux accusatifs suffisent, sans le secours d'aucune copule.

Nous avons dans nos deux hymnes quelques exemples de participes qui gouvernent l'accusatif : *viçvâni vayunâni vidvân*, « connaissant toutes les « voies » ou « toutes les sciences ; » *gṛṇânaḥ tanve varûtham*, « (te) louant (comme) un rempart pour son corps, » etc. Ce sont là des locutions tout ordinaires, communes aux diverses langues à flexion ; mais l'idiome des Védas nous en offre d'autres, voisines de celles-là, qui sont à la fois une preuve de la force des cas et de la force des racines. Dans un certain nombre de mots, la racine, même à l'état de nom ou d'adjectif, conserve son influence verbale. Le suffixe, qui la fait passer dans une autre catégorie, ne l'affaiblit ni ne la dénature : elle devient un qualificatif et reste un verbe, comme les participes proprement dits. Dans la suite, les langues, en classant méthodiquement leurs richesses et leurs ressources, ne laissent qu'à un petit nombre de formations ce double rôle. Les participes proprement dits, surtout ceux qui peuvent gouverner des cas, deviennent de plus en plus rares : le grec n'en a plus que quatre, parfois cinq ou six à l'actif, qui aient cette influence, autant au moyen, et leur désinence est presque identique dans chacune des deux voix, modifiée seulement par les lettres qui caractérisent le temps (οντ, όντ, αντ, ότ, à l'actif; μενο, μένο, au moyen). Le latin n'en a gardé que deux à l'actif, et autant au passif, qui servent en même temps, les uns et les autres, sans rien changer à leur forme, aux verbes déponents; on peut y joindre ce vestige méconnu du participe moyen, qui est devenu, avec ellipse de l'auxiliaire, une seconde personne du pluriel : *mini*, et qui, dans les verbes moyens ou déponents, gouverne aussi l'accusatif. Aux participes grecs, on peut ajouter également les adjectifs verbaux en τέο(ς), qui, au neutre du singulier ou du pluriel, τέον, τέα, peuvent aussi se subordonner des noms à l'accusatif; et les infinitifs, qui sont des cas obliques d'anciens noms verbaux, de la valeur desquels on n'avait plus conscience et qu'on traitait comme des substantifs indéclinables, propres à marquer tous les cas[1], et pouvant par suite s'adjoindre tous les cas de l'article. Dans la langue latine, qui est moins riche en adjectifs-participes, nous trouvons en revanche, auprès d'eux, un plus grand nombre de substantifs-participes, je ne dis pas des formes plus variées, mais plus d'espèces diverses, à savoir, les infinitifs proprement dits en *re* et en *ri*, en *se*, *isse*, les deux cas du supin en *tum* et en *tu*, à côté duquel se place un ancien vestige d'un nom verbal plus simple encore en *u(m)*, (*venum*, *veno*, *venui*,) et les cas du gérondif en *ndum*, *ndi*, *ndo*. Le sanscrit classique est bien autrement riche en participes, soit adjectifs, soit noms, et si nous remontons aux Védas, cette langue si simple encore dans l'usage qu'elle fait de ses ressources acquises et de ses procédés ou moyens d'en acquérir de nouvelles, cette phase de l'idiome qu'on serait tenté parfois de trouver pauvre parce qu'elle est sobre, a une bien plus grande

1. Voy. mon *Traité de la formation des mots dans la langue grecque*, § 192 *bis*.

abondance encore d'annexes de la conjugaison : ou plutôt, je ne crains pas de revenir sur cette remarque, car il est peu de faits qui caractérisent autant cet âge primitif, les éléments radicaux du discours n'appartiennent pas encore d'une manière aussi étroite et aussi rigoureuse à telle ou telle catégorie; les mots ne forment pas encore de ces castes aussi sévèrement closes et inaccessibles qu'elles le deviennent plus tard, ayant chacune leur nature et leurs fonctions propres. L'emploi nominal, la déclinaison n'empêchent pas telle ou telle partie du discours de conserver sa dualité de nature : comme je l'ai dit, en devenant ou adjectif ou substantif, certains mots restent verbes et continuent à gouverner l'accusatif. Leur flexion nominale ne modifie ni n'arrête cette vertu régissante de la racine. Ce n'est pas en qualité de verbe, mais en qualité de racine, d'élément absolu, abstrait, doué de toutes les aptitudes, qu'elle appelle ce cas. C'est du cœur du mot que part l'influence.

Une des formes de substantif devenues les plus communes dans les idiomes indo-européens est celle des noms d'agents qui se terminent, en sanscrit, en *trĭ* (thème des cas obliques *târ*, nomin. *tâ*, par suite de la chute du *r*); en latin et en grec, en *ter*, *tor*, τηρ, της, τωρ, etc. Aucune espèce de substantifs n'a plus qu'eux, dans les langues classiques, la valeur exclusivement nominale. Rien ne semblerait plus bizarre ni plus impossible que de dire, en grec, δότης ἀργύριον, ou, en latin, *dator pecuniam*, pour signifier « il donne ou il donnera de l'argent. » Le sanscrit a introduit cette forme de nom dans sa conjugaison, comme l'a montré depuis longtemps l'ingénieuse analyse de M. Bopp[1] : elle constitue, soit avec l'auxiliaire *as*, « être, » soit avec ellipse de l'auxiliaire[2], son second type de futur; mais, dans le sanscrit classique, son emploi est borné à ce temps. Dans les Védas, son rôle n'est pas ainsi limité. Elle sert au présent en même temps qu'au futur, et joue de même, avec ou sans l'auxiliaire *asti*, le rôle d'un verbe. Je cite, après M. Bopp[3], quelques exemples tirés du *Sâma-Véda*[4], auxquels j'en joindrai d'autres :

HANTÂ *yo vrĭtram sanitota* (SANITÂ + *uta*) *vâjam* DÂTÂ *maghâni* (I, 4, 1, 5, 4).

J'ajoute l'interprétation littérale, le mot à mot, pour que, même sans savoir

1. *Conjugationssystem*, p. 26 et suiv.

2. Et la supposition de cette ellipse n'est nécessaire que pour donner au verbe la valeur personnelle, et, juqu'à un certain point, pour marquer le temps. Ce n'est point l'auxiliaire, comme nous le dirons, qui sert de lien entre le nom et son complément.

3. Voy. *Grammaire comparative*, § 814.

4. M. Benfey renvoie à ces divers passages du *Sâma-Véda*, dans son *Glossaire*.

18

le sanscrit, on puisse bien se rendre compte du fait : « *yo* (pour *yaḥ*), lequel (il s'agit d'Indra, du Dieu du tonnerre); *hantâ*, frappeur, frappant (*verberator*); *vrĭtram*, (la) nuée; *sanitâ*, dispensateur, dispensant (*largitor*); *vâjaṁ*, (la) nourriture; *dâtâ*, donneur, donnant (*dator*); *maghâni*, les richesses. » En réunissant la traduction, nous aurons : « qui verberator nubem, largitor cibum, dator divitias, » et en suppléant le verbe *être*, qui, comme affixe de conjugaison, exprime seulement les rapports de personnes, de nombres, de modes, de temps, et n'ayant pas lui-même de vertu transitive, ne peut pas donner à l'élément radical la valeur régissante[1] : « lequel est frappant, etc., c'est-à-dire, frappe la nue, dispense la nourriture, donne les richesses. »

Voici d'autres exemples non moins remarquables :

ya âdrĭtyâ çaçamânâya sunvate DÂTÂ *jaritra* (pour *jaritre*) *ukthyam* (II, 1, 1, 14, 2);

Traduction littérale : « *ya(ḥ)*, lequel; *dâtâ*, donneur, donnant; *ukthyam* le louable (une chose louable); *jaritre*, à l'adorateur (au chanteur); *sunvate*, exprimant (le Sôma); *çaçamânâya*, sacrifiant; *âdrĭtyâ*, avec soin. » C'est le même emploi de *dâtâ*, sans verbe : « qui dator laudabile, » c'est-à-dire, « qui dat laudabile. »

ASTÂSI (pour ASTÂ + *asi*) *çatrave vadhaṁ yo na Indra jighâṁsati* (II, 9, 1, 14, 3);

Traduction littérale : « *asi*, tu es (ici le verbe auxiliaire est exprimé); *astâ* (de la racine *as*, jeter), envoyeur, envoyant; *vadhaṁ*, la mort; *çatrave*, à l'ennemi; *yo*, *yaḥ*, qui; *Indra*, (ô) Indra; *jighâṁsati* (désidératif de *han*), veut tuer; *naḥ*, nous, » c'est-à-dire, « tu envoies la mort à l'ennemi. » Ce même mot, *astâ*, cette fois sans le verbe substantif, est construit avec l'accusatif *adrim*, « pierre, » dans le *Rig-Véda* (I, 61, 7) :

sahīyân vidhyad varâhaṁ tiro adrim ASTÂ[2].

1. Il faut convenir toutefois qu'à cause de sa nature verbale, on peut le considérer comme contribuant à faire passer les termes auxquels il s'attache si étroitement, dans la catégorie des mots qui sont plus particulièrement aptes à s'adjoindre un complément direct. Mais la plupart des exemples que nous citons ici nous montrent que les noms dont nous parlons n'ont besoin d'aucun secours pour prendre eux-mêmes cette aptitude, et que c'est bien par eux-mêmes qu'ils gouvernent l'accusatif.

2. Voyez, au sujet de ces constructions verbales, la règle de Pâṇini (II, 3, 69), citée par Sâyaṇa, à la fin de sa glose sur la stance 7 de l'hymne d'où nous avons tiré cet exemple.

Sâyaṇa, dans son commentaire, propose une double interprétation de ce passage. Rosen, adoptant la seconde, traduit ainsi : « prævalidus confodit nubem, prope (accedens), saxum jaciens. »

Dans la phrase suivante du *Sâma-Véda* (II, 8, 2, 1, 3), le nom verbal paraît avoir le sens du futur, et ne remplace plus un mode personnel, mais, de même que dans l'exemple précédent, un vrai participe, s'accordant avec le sujet du verbe :

PÂTÂ *vrĭtrahâ sutam â ghâ gamat;*

Traduction littérale : *vrĭtrahâ,* (que) celui qui tue Vrĭtra ; *â gamat*, approche ; *ghâ* (pour *gha*), certes ; *pâtâ,* buveur, devant boire, pour boire ; *sutam*, le jus (du Sôma) : c'est-à-dire, « que le meurtrier de Vrĭtra s'approche, pour boire le Sôma. »

hiraṇyapâṇim ûtaye Savitâram upa hvaye sa CETTÂ[1] *devatâ padam*
(R. V., I, 22, 5);

« J'appelle au secours Savitrĭ aux mains d'or : (ce) Dieu connaît (enseigne) l'endroit. »

La prononciation distinguait très-logiquement cet emploi verbal des noms d'agents. Quand ils sont pris de cette manière, comme des annexes de la conjugaison, aptes à gouverner un cas, l'accent, qui, lorsque le sens du substantif en *trĭ*, *târ*, *tâ*, est purement nominal, se trouve sur le suffixe, passe sur la syllabe radicale, sans doute pour bien marquer la force que garde, dans ces façons de parler, la racine, pour relever sa vertu régissante.

Nous pourrions multiplier ces exemples d'accusatifs construits avec des noms d'agents en *trĭ* (*târ*) ; mais ceux qui précèdent suffisent pour montrer l'influence transitive que ce genre de mots peut exercer dans les Védas, et nous nous contenterons de renvoyer aux passages indiqués dans le *Glossaire* de M. Benfey, aux articles *yâtrĭ*, « qui va, » *yantrĭ*, « qui donne, dispense, » *jetrĭ*, « vainqueur, » *upa-çrotrĭ*, qui entend, » etc.

1. Voyez le *Glossaire* de M. Benfey, à l'article *cetishṭha*, superlatif adjectif, tiré du nom d'agent *cettrĭ*, ou plutôt, si l'on considère la forme plutôt que le sens, du nom abstrait *cetaḥ*, « esprit. » Il y a, comme nous le verrons plus loin, un bon nombre de superlatifs de ce genre, tirés de noms de substances ou de qualités, que le suffixe du superlatif fait ainsi passer dans la classe des adjectifs. Ce sont encore là des exemples de cette étendue et de cette variété de signification par laquelle les mots se rapprochent de la valeur générale et absolue qui est propre aux racines.

Il y a encore d'autres mots déclinables, terminés différemment, qui ont de même le double rôle de noms et de verbes, et peuvent être suivis d'un complément direct. Dans la stance suivante du *Sâma-Véda* (II, 8, 3, 3, 2), M. Benfey fait dépendre avec raison l'accusatif neutre *drĭdhâ* (pour *drĭdhâni*), « les lieux forts, les forteresses, » de *âruja*, « qui brise, » mot dérivé simplement au moyen du suffixe *a*, de la racine *ruj*, « briser : »

> *vrĭtrakhâdo valaṁrujaḥ purâṁ darmo apâm ajaḥ*
> *sthâtâ rathasya haryor abhisvara Indro drĭḍhâ cid* ÂRUJAḤ[1].

Le savant traducteur qui, en général, reproduit le texte avec une concision aussi exacte qu'énergique, à laquelle la langue allemande se prête beaucoup mieux que la nôtre, et qui n'exclut ni la vérité de ton ni les effets poétiques, rend ainsi ces deux vers :

« Als Feindevernichter, Kraftbrechender, Städtezerstörer, Fluthbringender, auf Kriegswagen stehend, hinter dem Falbenpaar, *brechend*, Indra, *die Festen* all. »

En français, littéralement : « dévorant Vrĭtra (*ou* les ennemis), brisant le nuage (*ou* la force), rompant les villes, poussant les eaux, debout sur le char (de guerre), derrière tes deux (chevaux) couleur de feu, *brisant*, (ô) Indra, *toutes les (places) fortes*. »

Un autre dérivé de la racine *ruj*, dérivé de formation secondaire, *ârujatnu*, figure dans un autre hymne (II, 2, 2, 7, 3), avec la même signification, et régit également l'accusatif :

> *vîḍu cid* ÂRUJATNUBHIḤ,

« avec ceux qui brisent les citadelles[2]. »

1. Ces deux vers sont remplis d'expressions énergiques, toutes voisines de la racine, et renferment plusieurs alliances de mots, dignes d'attention, dont nous aurons l'occasion de parler ailleurs. Je ne ferai remarquer en ce moment que le composé *valaṁrujaḥ*, « qui brise le nuage, » où nous avons un dérivé de cette même racine *ruj*, d'où vient, comme nous l'avons dit, l'adjectif-participe *â-rujaḥ*. Il exerce, on le voit, dans l'intérieur du composé, où le premier terme, *valam*, est à l'accusatif, la même influence que fait *ârujaḥ* sur le complément détaché *drĭḍhâ*. Nous reviendrons ailleurs sur ce genre de composés. M. Benfey, dans sa traduction a rendu ce mot par « Kraftbrechender, » en donnant à *vala* le même sens qu'à *bala*; dans son *Glossaire*, il le rend par « Wolkenbrecher. »

2. L'adjectif *vîḍu*, « fort, » est employé au neutre comme *drĭḍha*, que nous avions dans l'exemple précédent, et avec la même signification. Il est aussi accompagné de la particule indéfinie *cid*, qui, comme nous l'avons dit, étend et généralise le sens : elle se joint volontiers aux mots qui désignent tout un genre, toute une espèce de choses. Voyez plus haut, p. 49, note 3.

Voici un exemple tiré de même de la deuxième partie du *Sâma-Véda* (II, 2, 1, 15, 2), qui nous offre deux adjectifs d'origine diverse, jouant l'un et l'autre, quant au régime, le rôle de verbes :

JAGHNIR *Vrïtram amitriyam̃* SASNIR *vâjam̃ dive dive* | *goshâtir açvasâ asi*[1],

« tuant Vrïtra, le malveillant, prodiguant chaque jour la nourriture, (tu) nous donnes des vaches, (tu nous) donnes des chevaux. »

Le premier adjectif, *jaghnih*, vient de *han*, « tuer; » le second, *sasnih*, vient de *san*, « aimer, donner, » que nous retrouvons dans les deux composés *goshâtir* et *açvasâ*, où l'élément radical a la même influence, mais sans que le complément, combiné en un seul mot avec lui, porte le signe de la dépendance.

Voyez dans le *Rig-Véda* (I, 81, 7) et dans le *Sâma-Véda* (II, 9, 1, 14, 3) une construction semblable avec *dadi*, « qui donne, », et (II, 3, 2, 14, 2) avec le composé *parâ-dadi*.

M. Benfey, qui renvoie à ces trois passages dans son *Glossaire*, note, à l'article du substantif *sani*, une locution encore plus remarquable, où ce nom abstrait aurait également un complément direct. Dans le vers suivant (R. V., I, 116, 21) :

ekasyâ vastor âvatam̃ ranâya Vaçam Açvinâ SANAYE *sahasrâ*,

Il considère l'accusatif neutre védique *sahasrâ* comme dépendant directement du datif *sanaye*, « pour le don, pour que vous lui donniez. » Sâyana explique ainsi ce vers : *he Açvinâu Vaçam etatsam̃jñam rïshim ekasyâ vastor = ekasyâhno (ekasya-ahno) ranâya = ramañïyâya sahasrâ sahasrasam̃khyâkâya sanaye dhanalâbhâyâvatam (lâbhâya-âvatam) = arakshatam* | *sa rïshih pratyaham̃ yathâ sahasrasam̃khyam̃ dhanam̃ labhate tathâ rakshitavantâvity (...tavantâu-iti) arthah.* Rosen suit fidèlement cette glose dans son interprétation latine : « Servastis Vaçam, Asvini! ut singulis diebus gratas divitias millenarias (nancisceretur). » Il semblerait, à la manière dont traduit Rosen, que nous avons encore ici un de ces accusatifs non régis dont nous avons cité des exemples, ou plutôt que *sahasrâ* sert d'épithète à *sanaye*, et joue le rôle de datif; mais je crois qu'il faut plutôt regarder ce terme comme

1. M. Benfey traduit, avec sa fidélité habituelle, et en gardant le mètre de l'original : « Mordest den bösgewillten Feind, Speise spendend je Tag für Tag, bist Rinder-Rosse-Spender du. »

une dépendance du nom abstrait *sanaye*, comme un régime de l'élément radical que ce nom contient, « pour que tu lui donnes des milliers de biens, » littéralement : « pour-l'action-de-donner des milliers de biens (*largitioni-millia*)[1]. »

Les infinitifs, et particulièrement ces formes védiques en *ase*, qui sont des datifs de noms abstraits en *as*, étaient en réalité, dans le principe, des mots de même nature que ces noms-participes dont nous parlons, et employés de la même façon dans le discours[2]; mais, nous l'avons dit, le temps est venu peu à peu où ces termes ont perdu complétement cette dualité de nature, où les catégories grammaticales ont été séparées par de rigoureuses limites, et, par suite de cette séparation bien marquée, les infinitifs, c'est-à-dire, les noms substantifs qui ressemblaient au verbe, quant à la faculté de régir, sont devenus indéclinables et ont été considérés comme des parties de la conjugaison; tandis que les autres noms, gardant le libre usage de leur flexion, ont perdu en revanche la vertu transitive devenue exclusivement la faculté du verbe. La grammaire y a gagné en régularité, en méthode; mais la force d'expression et l'influence exercée au dehors par les éléments radicaux se sont affaiblies d'autant. Au reste, dans les Védas, ces noms qui s'adjoignent des compléments directs sont déjà relativement peu nombreux, ce ne sont déjà plus que des vestiges d'un état plus ancien, mais des vestiges encore bien conservés, et de sûrs témoins de la liberté et de la variété d'emplois que la racine devait à sa signification absolue et abstraite[3].

Le passage de l'espace au temps est la plus simple et la plus naturelle des métaphores, si même on peut lui donner ce nom : le lieu et la durée sont le double théâtre de toutes les choses du monde matériel. Aussi voyons-nous les cas, dans toutes les langues, exprimer des rapports, en quelque sorte identiques, de temps et de lieu. Nous avons, dans l'*hymne à Agni* (st. 4), un double accusatif temporel : *nûnam*, « maintenant, » et *aparam*, « plus tard, dans la suite, une autre fois[4]. » *Nûnam* est un accusatif, dérivé de la particule *nû*, *nu*, qui marque « rapidité, promptitude, » se rattache à la racine

1. Nous avons vu, dans la dernière stance de l'*hymne à Agni*, le singulier *sahasram* employé de même pour signifier « un millier de biens, une infinité de biens, » et traduit dans la glose de Sâyaṇa par *aparimitaṁ dhanam*.

2. M. Benfey, à la page 151 de son *Glossaire*, cite encore le datif du nom abstrait *yajatha*, l'action d'offrir, comme employé avec un régime direct, à la manière de l'infinitif.

3. Voyez mon *Traité de la formation des mots dans la langue grecque*, § 38 *bis*.

4. C'est là, comme nous l'avons dit, le premier sens proposé par le commentateur, et celui que nous avons adopté.

nu « venir, » et répond à la fois au grec νῦν et dans un autre sens à νό[1]. Le second accusatif que je lis, d'après le pada-pâṭha, *aparam*, mais qui pourrait être aussi bien *param*, car l'*â* de *mâ*, qui précède, est long, et une contraction n'en changerait pas la quantité : le second accusatif, dis-je, vient de l'adjectif *para*, qui paraît être un ancien comparatif du préfixe *apa* (ἀπό), et qui, signifiant proprement « plus loin, plus éloigné, » a pris le sens de « suprême, le plus éloigné, » et par extension d' « ennemi. » Dans le sanscrit classique, l'adjectif *apara*, ainsi que la forme apocopée *para*, a en outre le sens d' « autre » ou « différent, » et c'est dans ce sens que Sâyaṇa le prend ici : « (une) autre (fois). » Dans l'hymne *Katarâ pûrvâ*, le neutre *nityam*, « perpétuellement, » et les anciens accusatifs *sadam it* expriment également le temps.

On comprend que l'accusatif puisse servir tout aussi bien que le locatif, qui est par excellence le cas du repos, de la question *ubi*, à marquer le point de la durée où une chose se fait. On peut considérer le moment de l'exécution, de l'accomplissement tout aussi logiquement comme un but, un point que l'action atteint, que comme un point où elle est, où elle se trouve. Le premier cas, l'accusatif, le cas du but, est même à la rigueur plus exact pour toute action qui est présentée comme s'accomplissant, c'est-à-dire, atteignant, prenant sa place dans le temps; le second, le locatif, le cas de situation, pour les faits mentionnés comme déjà accomplis, comme occupant déjà leur place dans le temps. On voudra bien me pardonner, je l'espère, ces analyses, en apparence bien fines et bien subtiles, mais qui souvent peuvent montrer, ce me semble, à quel point l'instinct et la raison ont été logiques et délicats dans la constitution primitive du langage. Il n'y a point d'usage grammatical constant, commun à toute une langue (je ne parle pas, cela va sans dire, des fantaisies, des étrangetés individuelles) qui n'ait quelque excellente raison d'être, fondée vraiment sur la nature des choses et sur les conditions essentielles de l'intelligence humaine.

J'ai dit que primitivement tous les cas, je n'ai pas besoin d'ajouter que je parle des cas obliques, marquaient d'abord et avant tout une relation locale. Par une rencontre qui paraît assez remarquable, mais qui est certainement fréquente dans les Védas, les seize vers de l'*hymne à Agni* nous les offrent à peu près tous dans ce sens primitif. Dès le premier vers, l'instrumental, qui est devenu l'exposant du moyen, marque, dans le sens propre « la route, » *supathâ*, « par un bon chemin, » et le datif *râye*, qui le suit, ex-

1. Voy. le *Glossaire du Sâma-Véda* de M. Benfey, p. 114.

prime la tendance toute locale aussi, comme *cælo* dans le vers de Virgile : « *It clamor cælo.* » Dans le sanscrit ordinaire, ce n'est plus le datif qui est l'exposant régulier de ce rapport. Aussi le commentateur a-t-il bien soin de nous dire que ce datif peut être considéré comme employé pour l'accusatif : *dvitîyârthe caturtî*, « le quatrième cas dans le sens du second. » Il faudrait dire : « dans le sens qu'a surtout le second maintenant ; » mais primitivement le datif, sans faire pour cela double emploi avec l'accusatif, se combinait comme lui avec les verbes de mouvement. L'ablatif, comme nous allons le voir, marque le point de départ ; l'accusatif, nous l'avons vu, indique le point d'arrivée, le but. Le datif était le cas intermédiaire : il exprimait, et exprime encore métaphoriquement, dans la plupart de ses emplois, la tendance d'un de ces points à l'autre, et c'est bien exactement dans ce sens que notre premier vers dit :

Agne naya supathá râye *asmán*,

« Agni, conduis-nous par le bon chemin *à la richesse.* »

Notre langue, en ceci plus logique peut-être et plus précise que le sanscrit classique, traduit précisément cette locution par le mot qui, dans nos périphrases analytiques, remplace le datif ; et le latin, où ce cas a presque perdu cette valeur primitive et locale de tendance, est forcé de recourir aussi à une préposition qui y supplée : *ad rem*, *ad opes*. L'analyse, qui précise les rapports par les prépositions, fait ainsi à la langue latine comme un double accusatif, dont l'un, tenant la place du datif primitif, est déterminé par *ad*, et dont l'autre, qui a le sens véritable et originaire du but atteint, s'emploie seul ou est renforcé et précisé par *in*.

Ce datif local, dont nous venons de voir un exemple, se rencontre très-fréquemment dans le style védique :

Váyo tava... dhená jigáti dâçushe (R. V., I, 2, 3),

« Vâyu, ta voix va *à* (*ton*) *adorateur* (*adit cultorem*, comme traduit Rosen). » Sâyana remplace le datif *dâçushe*, par les accusatifs *dâçvâṁsaṁ dattavantam yajamânam ;*

surúpakrĭtnum ûtaye *sudughám iva* goduhe *juhúmasi dyavi dyavi* (I, 4, 1),

« Nous appelons journellement *à (notre) secours* le (Dieu) qui fait de belles choses; comme la (vache) qui donne de bon lait, *vers celui qui (la) trait;* »

avasyavo vrĭshaṇaṁ vajrádakshiṇam marutvantaṁ sakhyâya *havâmahe*
(I, 101, 1),

« Désireux de secours, nous appelons *à (notre) aide* le (Dieu) libéral, qui a la foudre dans sa droite, et qu'entourent les Maruts (les vents de la pluie). »

On trouve même ce cas construit avec la particule *â*, c'est-à-dire, avec celle qui, entre toutes, exprime le mieux l'idée de « venir, » d' « approcher, » et qui sert à suppléer les verbes de mouvement :

ghrĭtaprĭshṭhá manoyujo ye tvá vahanti vahnayaḥ
â *devántsomapitaye* (pour *deván somapítaye*)
(I, 14, 6),

« (Que) les chevaux au dos luisant, attelés par la pensée, qui te traînent dans ton char (littér. *qui te vehunt vectores*), (amènent) ici les Dieux *à la boisson du Soma*, pour boire le Soma. »

Viennent ensuite, dans les exemples de notre tableau, les diverses fonctions que remplit le datif, dans toutes les langues de la famille, dans celles que l'on parle encore aujourd'hui[1], dans celles qu'écrivaient Cicéron et Démosthène : le rôle de complément indirect des verbes actifs, rôle presque identique avec le sens primitif et local, que nous avons mentionné d'abord. Le complément direct, c'est le but atteint; le complément indirect, la tendance au but : les deux cas, dans ce rôle qui est devenu leur fonction dominante, ne s'écartent, pour ainsi dire, pas du tout de leur valeur première et fondamentale :

mâ naḥ... ava srĭjaḥ aghâya, « ne nous abandonne pas *au péché;* »

mâ datvate daçate *mâ* adate *naḥ... parâ dâḥ*, « ne nous livre pas *à qui a des dents, à qui mord,* ni *à qui n'a pas de dents;* »

tat rodasî janayataṁ jaritre, « Ciel et Terre, produisez (procurez) cela *à (votre) chantre.* »

Puis, le rapport d'appartenance :

1. Notre langue a elle-même conservé, comme l'on sait, quelques datifs dans les pronoms : *me, moi, te, toi, se, soi, lui, leur.*

pûḥ ea prithvî naḥ *bhava* tokâya tanayâya *çam yoḥ*, « qu'une large ville soit *à nous, à nos enfants, à notre descendance.* Repos! salut! »

Puis encore le datif plus indépendant du verbe, le datif d'attribution, que nous rendons par *pour, en faveur de :*

asmabhyam suvitâya *kshâm*, « viens sur la terre *pour nous, pour notre salut.* » Le pronom *asmabhyam* pourrait être aussi dans la signification de tendance tout à fait locale : « viens *à nous* sur la terre, pour, etc. »

grînânaḥ Agne tanve *varûtham*, « (te) louant, (ô) Agni, (comme un) rempart *pour son corps*, pour le bien de son corps. »

L'emploi du datif d'appartenance, d'attribution, et du datif complément indirect des verbes, se varie, comme dans plusieurs langues, de beaucoup de manières :

yad udîrata âjayo dhrĭshṇave *dhîyate dhanâ*
(R. V., I, 81, 3),

« Quand des combats se livrent, des richesses sont acquises *au vainqueur ;* »

Indro madâya *vâvrĭdhe* (*vavrĭdhe*) çavase *vrĭtrahâ nrĭbhiḥ*
(R. V., I, 81, 1),

« Indra a été célébré par les hommes, *pour la joie, pour la force* (pour qu'il leur accorde la joie et la force); »

yad... dâçushe *tvam Agne bhadram karishyasi tavet* (*tava-it*) *tat satyam*
(I, 1, 6),

« Ce que tu feras de salutaire, (ô) Agni, *à ton adorateur*, cela certes te sera bon (à toi-même). »

Souvent il signifie : *à*, *en l'honneur de...* :

archâmârkam (*archâma-arkam*) nare viçrutâya
(I, 62, 1),

« Nous chantons (notre) chant *au héros illustre* (en l'honneur du héros illustre, c'est-à-dire, d'Indra) ; »

Et au commencement de cette même stance :

pra manmahe çavasânâya *çûsham âmgûsham* girvanase,

« Nous méditons un beau chant *en l'honneur du* (*Dieu*) *fort*, *du* (*Dieu*) *qu'il faut louer.* »

La désinence du datif exprime fréquemment le rapport d'attribution, seule et par elle-même, et sans verbe :

bhadrá çaktir yajamânâya sunvate

(I, 83, 3),

« Une force salutaire (échoit) *à qui sacrifie*, *à qui fait l'offrande du Sôma.* »

La septième stance de l'hymne *Agne naya* nous présente un dernier usage du datif, qui est un des plus remarquables entre tous ceux qui se déduisent du premier sens. Nous y voyons le datif servir de complément à un participe passif en *ya*, forme qui répond au participe latin en *dus*, *da*, *dum* :

manave *çâsyaḥ bhûḥ*, « sois docile *à l'homme*, » et plus exactement : « docendus *homini.* »

Ici encore Sâyaṇa, qui, comme je l'ai dit, ramène toutes les formes et toutes les tournures au type classique, a bien soin d'ajouter : « le datif pour le génitif, le quatrième cas dans le sens du sixième : » *shashṭhyarthe caturthî;* mais les observations de ce genre signifient simplement, je le répète : voici encore une façon de parler qui est devenue rare ou qui a passé d'usage, et elles prouvent qu'à son berceau l'idiome avait certaines habitudes, certains pouvoirs, auxquels plus tard il a renoncé. Rapprochons de cette dernière tournure les datifs latins joints à certains passifs, le datif grec employé de la même manière : seulement, en grec, le datif est le substitut de plusieurs flexions perdues, et c'est plutôt sans doute en sa qualité d'instrumental ou d'ablatif qu'il est régi par la voix passive.

L'idiome que nous étudions nous offrira à chaque pas un double phénomène : nous y trouverons, d'une part, certaines propriétés que les langues plus tard ont perdues ou désapprises, et de l'autre, l'origine de la plupart des usages, des anomalies même les plus curieuses des âges postérieurs. Il n'y a pour ainsi dire rien, ni en latin, ni en grec, qui ne soit en germe dans les hymnes védiques. Plus on les étudiera, plus on y trouvera, je n'en doute pas, comme à leur source, non-seulement tous les éléments significatifs des mots, mais encore tous les procédés de syntaxe intérieure et de liaison immédiate : je me hâte d'ajouter cette double épithète, parce que le développement de la pensée, la phrase, la période ont fait aux époques suivantes d'incontestables, et l'on peut ajouter, d'admirables progrès. Les monuments littéraires de la Grèce ou de Rome sont, à cet égard, si on les compare à ces chants lyriques qui portent les noms d'Agastya, de Vasishṭha, de Viçvâmitra, etc., des palais auprès de cabanes, des temples comme ceux du siècle d'Auguste auprès des sanctuaires de Numa; mais ces cabanes, ces antiques sanctuaires ne sont pas faits de terre ou de chaume : l'architecture, les proportions diffèrent; mais les matériaux sont déjà formés, taillés, disposés, comme ils le seront aux siècles postérieurs; de leur nature même sortiront en partie les règles de l'art : viennent les pensées plus larges, plus étendues, plus combinées; tout est déjà là, en quelque sorte, pour les développer, les lier, en exprimer les multiples relations.

Je n'ai cité qu'un seul instrumental, *supathâ*, et le datif dont il était suivi nous a entraîné à épuiser d'abord les emplois de ce dernier cas; mais nous avons aussi plusieurs exemples de l'instrumental, de la 3ᵉ flexion de la déclinaison sanscrite, et des exemples de nature diverse. Par la plus naturelle des métaphores, on a passé de l'idée de *voie* à celle de *moyen :* encore aujourd'hui, dans notre langue, les deux mots sont synonymes.

Pâraya.... svastibhiḥ *ati duḥgâṇi*, « fais-nous, *par* (*ces*) *salutaires* (*offrandes*), traverser les mauvais pas (les péchés); » le verbe de mouvement *pâraya* donne à *svastibhiḥ* une valeur locale presque absolument identique avec celle de *supathâ* au premier vers.

Dans la proposition suivante, l'instrumental est nettement et entièrement au figuré :

vayaṁ sahasram rïshibhiḥ *sanema*, « que nous obtenions *par* (*ces*) *Rïchis*, au moyen de ces Rïchis et de leurs hymnes, un millier (de biens). »

L'instrumental revient fréquemment dans l'*hymme au Ciel et à la Terre*, mais il n'y donne lieu à aucune remarque particulière. Partout il marque l'instrument, le moyen, la cause efficiente, et répond le plus souvent à son substitut français *par :*

viçvaṁ tmanâ (*âtmanâ*) *bibhrïtaḥ*, « vous portez tout *par vous-mêmes ;* »

rïtena *huve*, « j'invoque *par cette offrande ;* »

ubhe mâm.... avasâ *sacetâm*, « qu'elles me protégent toutes deux *par* (*leur*) *protection ;* »

Et avec le même nom au pluriel, *rakshatâm* avobhiḥ.

Ces deux derniers exemples nous conduisent à une construction semblable de l'*hymne à Agni*, où l'instrumental a le même rôle, mais où il nous offre, en outre, le modèle antique d'une de ces tournures qui sont devenues plus tard, dans toutes les langues, une des ressources ordinaires d'expression de la poésie et de l'éloquence :

pâhi *naḥ* pâyubhiḥ *ajasrâiḥ,* « protégez-nous *par des protections* immuables. »

Pâ-yubhiḥ est le nom de l'action même signifiée par le verbe *pâ-hi :* c'est comme s'il y avait « protége-nous immuablement. » La manière la plus élégante de rendre l'adverbe, c'est de tirer du verbe son élément radical, l'idée qu'il exprime, pour y joindre, après l'avoir ainsi extraite, sous forme nominale, un adjectif qui la qualifie et la détermine. Ce nom sera tantôt au cas du complément direct, de l'accusatif; tantôt il figurera dans la phrase comme régime moins immédiat, il sera à l'instrumental, comme ici ; à l'ablatif, au datif, comme souvent en grec ou en latin ; mais presque toujours son rôle sera uniquement de mettre en rapport une épithète avec le radical du verbe, de remplacer par une tournure plus légère à la fois et plus hardie, le qualificatif verbal, souvent lourd et traînant. C'est encore là, on le voit, une de ces ressources fécondes, non pas seulement de la langue, mais du style, qui ont été enseignées, par un art encore bien voisin de l'instinct, aux plus anciens artisans du langage.

A propos de cette tournure qui supplée à l'emploi, soit de l'adverbe, soit d'une préposition avec son complément, et qui consiste à faire accorder l'idée accessoire avec l'un des termes principaux et dominants de la proposition, qu'on me permette de dire un mot, en passant, du progrès que ce genre de synthèse a fait par la suite en sanscrit. La langue s'est créé une infinité de procédés de construction, propres à réunir autour d'un mot central, comme autant de rayons, toutes les dépendances d'une idée. Voici quelques exemples qui, mieux que tout ce que je pourrais dire, mettront en lumière ce polysynthétisme, bien différent des combinaisons du style védique. Les phrases que je vais citer contrasteront d'une manière frappante avec le style des hymnes et toutes ses habitudes de langue essentiellement vive et pratique et populaire. Je les emprunte, il est vrai, au style didactique, où les artifices auxquels la composition a recours pour serrer la phrase et grouper les pensées, sont peut-être plus légitimes que partout ailleurs. Yâjñavalkya, dans son code de lois, veut dire, par exemple, que le roi qui fait telle ou telle chose défendue perdra son bonheur et périra avec tous ses parents. Il trouve moyen de rendre les deux idées « perdra son bonheur, » et « avec tous ses parents » par deux composés possessifs, qu'il fait accorder avec le sujet :

so 'cirâd vigataçrîko nâçam eti sabândhavaḥ

(I, 339);

Littéralement : « ce (roi) bientôt ayant-son-bonheur-parti, va à la mort (à la ruine), ayant-avec-lui-ses parents. » Nous sommes obligés d'ajouter « ayant, » en français; mais, en sanscrit, un simple suffixe suffit pour changer en adjectifs possessifs se rapportant au pronom *sa*, « il, » et s'accordant avec lui, les noms des choses possédées : « ce roi bonheur-parti, parents-avec, va à la mort. »

Chaque page en quelque sorte, dans les ouvrages de ce genre, nous offrirait les mêmes artifices de syntaxe. Voici un autre exemple, tiré du çloka précédent, où la concision est rendue plus surprenante encore par la longueur du mot composé :

sadânamânasatkârân çrotriyân vâsayet sadâ (I, 338),

« qu'il fasse toujours habiter (dans son royaume) *crotriyân*, c'est-à-dire les (-hommes)-qui-connaissent-le-Véda, *sa-dâna-mâna-satkârân*, comblés de présents, de marques d'honneur, de bienfaits. »

Ce dernier mot, que nous interprétons si longuement, ne renferme d'autres éléments que ceux-ci : *don-honneur-bienfait-avec*, plus une désinence d'accusatif qui transforme tous ces termes accessoires en une épithète immédiate de *çrotriyân*.

Il n'y a point de complément circonstanciel qu'on ne parvienne à rattacher ainsi à un substantif principal, le plus ordinairement au sujet même de la proposition : « Il faut donner une vache, riche en lait, avec un vase de cuivre jaune et avec le présent qu'on fait pour l'offrande. » Cinq mots suffisent pour rendre toute cette phrase française :

sakâṁsyapâtrâ dâtavyâ kshîriṇî gâuḥ sadakshiṇâ (I, 204);

Mot à mot : « *gâuḥ*, une vache, *kshîriṇî*, ayant du lait, *dâtavyâ*, (est) à donner (*danda*), *sakâṁsyapâtrâ*, accompagnée d'un vase de cuivre jaune (plus littéralement : vase de cuivre jaune avec), *sadakshinâ*, accompagnée du présent pour l'offrande, du salaire de l'offrande (présent-avec). »

Je ne cite plus qu'un dernier exemple où la tournure est encore plus concise et plus concrète, puis je reviens aux remarques qu'il me reste à faire sur l'emploi des cas dans nos hymnes. Yâjñavalkya veut distinguer, parmi les Çûdras, ceux de qui l'on peut recevoir de la nourriture. Ce sont, dit-il, un serviteur, un vacher, un ami de la famille, un laboureur, un barbier, et celui qui se livre à vous (pour devenir votre propriété) :

> *Çûdreshu dâsagopâlakulamitrârdhastriṇaḥ*
> *bhojyânnâ nâpitaçcâiva yaçcâtmânaṁ nivedayet*
>
> (I, 166).

Le mot remarquable de cette phrase, qui, comme l'on voit, n'a pas de verbe, non plus que la précédente, est *bhojyânnâ*, composé de *bhojya*, « edendus, » et *anna*, « nourriture, » et signifiant à lui seul : « (sont) ceux dont on peut manger la nourriture, (sont ayant) nourriture mangeable, » et pour que le participe *bhojya* et le substantif *anna*, combinés ensemble, prennent ce sens, il n'est besoin d'aucune addition : il suffit, ce qui se fait par une opération de l'esprit plutôt qu'en réalité, il suffit, dis-je, de mettre à la place de la désinence *a*, d'*anna*, le suffixe identique de possession, *a*, appartenant non plus seulement, comme la finale primitive d'*anna*, au dernier terme du composé, mais au composé tout entier. Ce distique montre encore mieux que les citations précédentes quelle force de concentration l'idiome avait acquise, en développant artificiellement les qualités synthétiques, cette puissance des racines, des flexions, des suffixes, que nous trouvons dans les poésies lyriques du Véda.

Nous n'avions pas entièrement achevé ce que nous voulions dire de l'instrumental. Il y a une signification de ce cas où, d'après les habitudes des langues que nous connaissons le mieux, l'absence de préposition a pour nous, dans un grand nombre de tournures, quelque chose d'assez frappant. C'est quand il exprime la concomitance, le rapport que rend en français le mot *avec*, ancien adverbe devenu préposition, semblable au reste en cela à toutes les prépositions. Ce rôle de l'instrumental est demeuré une de ses fonctions ordinaires dans le sanscrit classique; mais il est difficile qu'il la remplisse jamais d'une manière plus hardie que dans la tournure suivante, où il figure sans verbe auprès de l'accusatif *kshâṁ* :

> *deva kshâṁ* viçvebhiḥ amrĭtebhiḥ,

« Dieu viens sur la terre *avec tous les immortels.* »

Ce sens paraît d'abord un peu éloigné du sens primitif de *voie*, du premier sens figuré de *moyen ;* mais, quand on y regarde de plus près, la déduction est fort simple et si naturelle que, dans toutes les langues peut-être, dans la plupart bien certainement, *avec* est devenu le synonyme de *par;* l'instrument n'est pas autre chose que ce qui nous accompagne et nous aide dans notre action : « frapper, briser au moyen du marteau, » c'est « frapper, briser avec le marteau. » Ce que nous exécutons se fait par nous *et* par le moyen que nous employons. Ce peu de mots suffit pour montrer combien, comme toujours, la langue est rigoureusement et philosophiquement exacte dans ses déductions. La moindre attention suffit pour trouver le raisonnement sur lequel les divers usages sont fondés.

L'instrumental a une valeur semblable, au 2e vers de la 7e stance de l'*hymne à Agni :*

manave çâsyaḥ bhûḥ marmṛijenyaḥ uçigbhiḥ *na* signifie, d'après Sâyaṇa, qui donne *yajamânaḥ* pour synonyme à *marmṛijenyaḥ*, « sois docile à l'homme, comme[1] lorsque tu sacrifies avec de fervents adorateurs, » ou, comme nous avons traduit, en faisant d'*Uçij* un nom propre, « avec les *Uçiks.* »

Cet emploi de l'instrumental est très-fréquent; il marque le rapport exprimé par *avec*, tantôt, comme nous venons déjà de le voir, pour les noms de personnes, et tantôt pour les noms de choses. Dans le premier hymne du *Rig-Véda*, à la 5e stance, il y a une invocation toute semblable à celle que nous analysions il n'y a qu'un instant :

devo devebhir *â gamat*, « qu'il vienne, dieu, *avec les dieux*, » *devâiḥ saha*, comme l'explique la glose.

Dans le second hymne (stance 4), c'est à un nom de chose que la désinence donne cette même valeur :

Indravâyû ime sutâ upa prayobhir *â gatam*, « Indra et Vâyu, ces offrandes sont prêtes, venez à nous *avec des mets.* »

Du moins, c'est ainsi que Sâyaṇa (que Rosen a suivi) explique ce passage :

He Indravâyû bhavadartham ime somâḥ sutâḥ=abhishutâḥ | *tasmâd yuvâm prayobhir* = annâir asmabhyaṁ dâtavyâiḥ sahopâgatam = *asmat samîpaṁ pratyâgacchatam.* On pourrait aussi, en donnant à l'instrumental une force qu'il a souvent dans le style védique, considérer ici *prayobhiḥ* comme le nom de la cause, de la cause efficiente : « venez par les mets, attirés par les mets que nous vous offrons. »

1. Nous avons déjà vu *na* signifiant « comme. » Les hymnes emploient aussi, dans ce sens comparatif, *iva*, qui remplit habituellement ce rôle dans le sanscrit classique. Les deux mots se trouvent, l'un à la suite de l'autre, dans le 64e sûkta du 1er maṇḍala (st. 2) :

sûryâ iva satvâno na,

« comme des soleils, comme des guerriers. »

Malgré sa concision, la tournure n'a rien d'étrange ni d'obscur pour qui est une fois bien familiarisé avec ces rapports si expressivement marqués par la déclinaison ; mais elle est une nouvelle preuve de la force significative des cas dans l'idiome védique. La concision et le laconisme du style sont de tous les temps, mais cette concision inhérente à la nature même de la langue, et non au travail de l'auteur ou à un artifice de composition, n'appartient qu'aux idiomes où les radicaux, les flexions, les suffixes, les exposants d'idées et de rapports, ont cette plénitude, cette énergie de sens que nous remarquons ici.

Ce n'est pas seulement l'accusatif qui a cette puissance synthétique et concrète que nous avons signalée plus haut, à l'occasion de la tournure concise et hardie qui termine la 3e stance de l'*hymne à Agni :*

punaḥ asmabhyaṁ suvitáya deva kshâṁ viçvebhiḥ amrĭtebhiḥ yajatra[1].

Les autres terminaisons ne sont pas moins expressives, et nous pourrions citer, pour la plupart d'entre elles, des exemples de cet emploi, pour ainsi dire absolu, que les autres idiomes ont restreint à un très-petit nombre de cas. Les deux désinences de la déclinaison qui me paraissent avoir le plus souvent cette abondance de signification, et s'adjoindre au thème déclinable avec cet excès de séve, si l'on peut ainsi parler, *quasi prægnantes surculi*, comme Pline dit quelque part, sont celles du datif et de l'instrumental. Elles se trouvent toutes deux ainsi, sans verbe, sans aucun mot qui les régisse, dans le vers que nous avons plusieurs fois cité : *punaḥ asmábhyaṁ*, etc. Le datif y reparaît même deux fois, exprimant deux rapports divers : *asmabhyam* et *suvitáya* (voyez ce que nous en avons dit un peu plus haut, p. 146). J'ai donné de préférence, à la page 131 et suiv., des exemples de l'accusatif, parce qu'entre tous les cas il semble que ce soit celui qui puisse le moins se passer du verbe et figurer dans la proposition sans subir l'influence transitive d'un mot qui le régisse. Les exemples semblables des autres cas que je pourrais citer paraîtraient souvent encore très-remarquables, mais, en général, beaucoup moins hardis.

L'instrumental a encore quelque chose d'absolu dans ces tournures où il accompagne un verbe neutre et lui donne comme la valeur d'un passif. Le

1 Pour les citations extraites de nos deux hymnes, nous suivons, je le répète, l'orthographe du padapâṭha, qui est celle de notre transcription en lettres latines.

datif s'emploie quelquefois de cette manière en grec, avec θανεῖν et d'autres mots semblables. Par extension, il se construit dans une acception analogue, comme, au reste, aussi en grec et en latin, avec des verbes actifs, dans ce vers, par exemple, qui nous offre en même temps un composé remarquable, où la syntaxe intérieure a une force de combinaison non moins énergique que celle que nous observons dans la syntaxe extérieure :

pra mandiṇe pitumad arcatá (pour *arcata*) *vaco yaḥ krĭshṇagarbhá nirahann* Rĭjiçvanâ (R. V., 1, 101, 1),

« Au Dieu, digne de louange » (ou peut-être plutôt : « qui réjouit, ») « chantez un hymne accompagné d'offrande, (au Dieu) qui tua *par (le fait de) Rĭjiçvan*, celles que Krĭshṇa avait fécondées (*krĭshṇagarbhâḥ*). » Les scoliastes considèrent *Krĭshṇa* comme le nom d'un Asura, *Rĭjiçvan* comme celui d'un roi. Le premier de ces noms désigne sans doute le noir nuage de la pluie, et le second le vent. Dans les tournures de ce genre, la désinence est toujours comme l'équivalent d'un nom, « par le fait de, par le secours de » :

pra vo mahe mahi namo bharadhvaṁ...
yenâ (pour *yena*) *naḥ pûrve pitaraḥ padajnâ... gá avindan* (I, 62, 2),

« Offrez une grande adoration au grand (Dieu), *par lequel* nos anciens pères, connaissant les traces des pieds, trouvèrent (leurs) vaches. »

Au reste, dans ces manières de parler, la flexion a en réalité son sens d'instrument, son sens primitif, celui qu'elle a, sans figure et avec une acception toute matérielle, dans la phrase suivante :

ghaneva (ghanâ *iva*) *vajriñchnathihyamitrán* (*vajriñ-çnathihi-amitrán*) (I, 63, 5),

« comme avec une massue, (Dieu,) armé de la foudre, tue les ennemis[1]. »

Nous avons déjà eu l'occasion de parler plus haut, au sujet du commentaire

1. Le commentaire donne pour synonyme à *ghaná* des noms qu'il met tous à l'instrumental : *ghanena kaṭhinena parvateneva* (*parvatena-iva*) *vajreṇa çnathihi*.

de l'*hymne au Ciel et à la Terre* (stance 3)[1], de l'instrumental employé dans les comparaisons. En voici un exemple védique :

so añggirobhir *añggirasṭamo bhûd vrĭshâ* vrishabhiḥ sakhibhiḥ *sakhâ san*
rĭgmibhir *rĭgmî* gâtubhir *jyeshṭho* | *marutvân no bhavatvindra* (*bhavatu-Indra*) *ûtî*
(R. V., I, 100, 4),

« Il fut le plus agile entre les agiles[2], étant généreux entre les généreux, ami entre les amis, louable entre les louables, la meilleure des voies (du salut). Qu'Indra, entouré des Maruts, soit notre protection ! »

C'est proprement le rôle de l'ablatif d'exprimer la comparaison. Aussi le commentateur ajoute-t-il, après avoir expliqué le sens des mots : *pañcamyarthe trĭtîyâ*, « le troisième cas dans le sens du cinquième. » Nous parlerons tout à l'heure de cet emploi du cinquième cas ; mais l'instrumental, comme nous l'avons déjà montré, remplit très-logiquement aussi cette fonction. Les qualités que nous attribuons aux choses de ce monde sont toutes relatives : c'est par rapport à tel objet plus petit que nous appelons tel autre objet plus grand ; c'est ce terme de comparaison plus petit qui est *cause* que nous trouvons l'autre terme plus grand, c'est par son *moyen* que l'autre est jugé plus grand, est plus grand pour nous.

L'ablatif termine le refrain de l'*hymne au Ciel et à la Terre :*
dyâvâ rakshatam prĭthivî naḥ abhvât.

La signification d'*abhvât* serait, d'après la glose, incertaine. Si l'on adopte le premier sens proposé par Sâyaṇa, la désinence de l'ablatif, du cas d'*ablation*, y figure avec sa signification propre : « délivrez-nous *du péché*. » Si l'on suit de préférence la seconde glose du commentateur, l'emploi du cas est figuré, il marque la cause, ce qui est une déduction bien naturelle du sens primitif. C'est ce rôle tout primitif qu'il remplit aussi dans l'autre construction où il se rencontre :

1. Voyez p. 30, note 4.

2. Plus littéralement encore, si nous nous en rapportons au scoliaste : « le plus marcheur entre les marcheurs » : *añganti = gacchantîty añgiraso gantârah*. Le superlatif est commenté de la même manière que le comparatif *sudâstarâya* de l'hymne à Agni : *tebhyo 'pyañgirastamo 'bhût = atiçayena gantâ bhavati*. Il donne, comme l'on voit, à *bhût* pour *abhût*, le sens du présent. Dans la suite de la glose, les positifs *vrĭshâ*, *sakhâ*, etc. sont également transformés en superlatifs par l'addition d'*atiçayena* : *varshitrĭbhyo 'apyatiçayena varshitâ*, etc. La dernière comparaison *gâtubhir jyeshṭhaḥ* est interprétée par Sâyaṇa d'une tout autre manière que dans notre traduction : *atiçayena stotavyaḥ*, « louable par-dessus (tous les louables) ; » plus bas, il ajoute *gâ stutâu*, « (la racine) *gâ* (est) dans (le sens d')éloge. »

pâtâm avadyât duḥitât, « qu'elles nous protégent (nous préservent) *du vil péché.* »

Dans l'*hymne à Agni*, l'ablatif revient trois fois, trois fois dans son sens tout local, dans le sens de point de départ, et pour marquer ce dont on s'éloigne :

yuyodhi asmat *enaḥ*, « détourne *de nous* le péché ; »

asmat *yuyodhi amîvâḥ*, « détourne *de nous* les maladies. »

vi yaṁsat... viçvât ririkshoḥ *uta vâ* ninitsoḥ, « qu'il se préserve *de quiconque veut nuire ou veut médire.* »

Ce ne sont pas des emplois figurés ni déduits, c'est le sens propre, le rapport d'éloignement, de départ. Dans la langue latine, il y a eu confusion : la variété des relations que l'ablatif s'est trouvé chargé de rendre, par la suppression de l'instrumental et du locatif, empêche, jusqu'à un certain point, de reconnaître sa signification originelle, bien que ce soit celle qui rende raison de toutes les autres et dont toutes les autres dérivent. Les Védas, et parfois, comme pour le cas dont il s'agit, le sanscrit à toutes les époques, nous révèlent ainsi presque partout, quand il y a ailleurs nuage ou confusion, la vraie nature de tous les instruments et moyens du langage : les formes grammaticales d'un côté, et les racines de l'autre, ne sont pas autre chose.

L'ablatif a conservé en latin le sens comparatif : il l'a déjà, comme nous l'avons dit, dans le style védique, et c'est une déduction on ne peut plus naturelle et plus logique de la signification de point de départ. Les poëtes des hymnes le construisent, dans cette acception, avec les mots *pûrva*, « antérieur à..., » *anya*, « autre que..., » *purâ*, « avant, devant, » etc. Ils le joignent au comparatif proprement dit ; par exemple, dans ce rapprochement remarquable :

> *â vâṁ ratho Açvinâ çyenapatvâ*... *yâtvarvâṅg* (*yâtu-arvâṅg*)
> *yo martyasya* manaso *javîyân*...
>
> (R. V., I, 118, 1),

« Qu'il vienne ici, Açvins, (qu'il vienne) volant comme le faucon, votre char qui (est) plus rapide que l'esprit (la pensée) de l'homme. » La comparaison est ici l'inverse de la métaphore ordinaire, qui éclaire généralement les qualités spirituelles par des caractères, des désignations empruntés aux qualités matérielles. Au commencement de l'hymne suivant (119, 1), la même comparaison est exprimée par un seul mot, par un composé, dont le premier terme est par rapport au second dans la relation marquée par l'ablatif ; car la syntaxe intérieure, comme nous l'avons souvent dit, reproduit, avec une concision encore plus grande, les combinaisons de la syntaxe extérieure :

â vâm̃ ratham purumâyam̃ manojuvam̃ *jîrâçvam̃ yajñîyam̃ jîvase huve*,

« Votre char admirable, rapide comme la pensée (*mano-juvam*), attelé de chevaux rapides, adorable, je (l')invoque, pour vivre (pour le bien de ma vie). » Sâyaṇa explique l'épithète *manojuvam* en ces termes : *mana iva çîghram̃ gacchantam*, « allant vite comme l'esprit, la pensée. »

Voici un second exemple, qui renferme un comparatif de formation assez intéressante :

nakishṭvad (*nakiḥ*-tvat) *rathîtaro (rathitaraḥ) harî yad Indra yacchase*
nakishṭvânu (*nakiḥ-tvâ-anu*) *majmanâ*
(R. V., I, 84, 6),

« Nul [1] n'est meilleur cocher que toi, quand tu attelles, *Indra*, (tes chevaux) couleur de feu, nul ne t'égale en force, » littér. : « Nul n' (est) après toi par la force. »

L'ablatif se subordonne de même aux verbes et aux prépositions où préfixes de comparaison :

ut te çatân *maghavann ucca* bûyasa *ut* sahasrâd *ririce krĭshṭishu çravaḥ* [2]
(R. V., I, 102, 7),

« La nourriture que tu donnes aux hommes [3], (Dieu) opulent, l'emporte sur des biens centuples, sur plus encore, sur des biens qui se comptent par mille. » Au moins est-ce là le sens que la glose donne à ce vers. D'autres constructions sont possibles, mais dans toutes l'ablatif est le cas de la comparaison. D'après la tournure adoptée par Rosen, la désinence a encore plus de force, et exprime la supériorité par elle-même et sans le secours d'aucun autre mot [4]. Voici la

1. Sur le pronom *kir*, *kiḥ*, et ses deux significations, voyez le *Glossaire du Sâma-Vêda*, p. 46.

2. Voici le pada-pâṭha du commencement de ce vers, où un grand nombre de lettres sont modifiées par les lois du sandhi :

ut te çatât magha-van ut ca bhûyasaḥ...

3. Nous avons vu ce sens de *krĭshṭi*, dans l'hymne *Agne naya* (st. 3). Voyez plus haut le Commentaire, p. 69.

4. Rosen traduit ainsi : « Ultra quam centum Maghavan, et pluribus, ultra quam mille hominibus sufficit cibus tuus. »

glose de Sâyaṇa : *He maghavan = dhanavann Indra krishṭishu = manushyeshu tvayâ dîyamânam̃ çravo yad annam asti tacchatât (tat-çatât) çatasam̃khyâkâd dhanâd udririce=udriktam=adhikam bhavati.* Il fait, comme l'on voit, dépendre ces ablatifs (il explique les suivants de la même façon) du verbe composé *udririce*, qu'il explique par *adhikam bhavati*, « est supérieur à... »

De même que l'accusatif, le datif et l'instrumental, l'ablatif a parfois une grande plénitude de sens et rend à lui seul, non pas seulement le point de départ, mais encore le mouvement pour s'en éloigner :

> *Maruto yasya hi kshaye pâthâ* (*pâtha*) divo *vimahasaḥ*
> *sa sugopâtamo janaḥ....*
>
> (R. V., I, 86, 1),

« Maruts, celui dans la maison de qui vous buvez, (*venant*) *du ciel*, éclatants, cet homme a les meilleurs protecteurs. »

Les derniers cas obliques dont il nous reste à parler sont le génitif et le locatif. La première fonction du génitif paraît avoir été d'exprimer, non pas seulement point de départ et éloignement comme l'ablatif, mais sortie, extraction. En grec, où l'ablatif manque, le génitif a réuni la double relation, et sert aussi bien de régime à ἐκ qu'à ἀπό. C'était, en effet, entre tous les cas conservés, celui qui se rapprochait le plus par son sens de la flexion perdue. Cette idée de sortie caractérise le rapport de filiation, qui a donné au cas son nom latin, de *genitivus*, génitif. C'est un rapport tout primitif et local et qui n'a rien de figuré ni de déduit :

mânasya *sûnuḥ*, « fils *du mantra*, de la prière ; »

dâtram Aditeḥ, « le don *d'Aditi* ; »

bhuvanasya *nâbhim*, « le centre de *l'eau* (voy. plus haut le commentaire, p. 38). »

De là on a passé au rapport d'appartenance, et je dirais, si je ne craignais de paraître subtil en n'étant pourtant que vrai, qu'ici la grammaire semble venir donner raison au philosophe qui regarde la propriété comme une extension et, en quelque sorte, une partie du moi : c'est le cas consacré à rendre *l'extraction*, qui rend en même temps *l'appartenance.* Au reste, que le philosophe ait tort ou raison, la passion humaine, la convoitise, et de nobles sentiments aussi, ne confondent-ils pas comme lui, plus que lui, *le mien* et *le moi*, et cela ne suffit-il pas pour expliquer et justifier en ce point la grammaire et l'instinct du langage ?

Les deux autres génitifs que nous avons cités dans notre tableau sont un double exemple du pronom personnel *te* pour *tava* de toi. Il rend, dans les deux vers où nous le lisons, le rapport de possession ou d'appartenance dont nous venons de parler :

bhûyishthâm te *namaḥ-uktim*, « la meilleure formule d'adoration de toi (la meilleure manière de t'adorer) ; »

te *jaritâram*, « l'adorateur de toi (ton adorateur). »

Au reste, il faut remarquer que *te* n'est pas uniquement un génitif, mais qu'il sert aussi pour le datif, c'est-à-dire, le cas qui semble encore mieux approprié à rendre la possession, quand on n'y mêle pas l'idée que j'ai dite. Nous l'exprimons encore aujourd'hui par les deux prépositions qui, dans notre langue, suppléent au génitif et au datif, je veux dire par *de* et par *à*.

Du rapport d'appartenance se déduit naturellement l'emploi du génitif auprès de certains verbes :

sa viçvasya *karuṇasyeçe* (karuṇasya-*îçe*) *ekaḥ*

(I, 100, 7),

« Il est seul maître, il jouit seul de tout sacrifice. » C'est encore le modèle antique d'une fonction très-ordinaire de ce cas en grec et en latin.

Pâṇini (II, 3, 69) défend de construire le génitif après certains noms verbaux, entre autres ceux en *trî*, employés comme noms d'agents avec une valeur transitive : *shasṭhî nishidhyate*, dit la glose, « le 6ᵉ cas, le génitif, est interdit. » Il y a dans le style védique des exceptions assez remarquables à cette règle, la suivante, par exemple, qui se trouve dans un hymne du *Sâma-Véda*, que nous avons déjà cité (II, 8, 3, 3, 2) :

sthâtâ rathasya... *Indraḥ*[1];

ce qui, traduit en latin, nous donnerait « *stator currus Indra*, Indra qui se tient sur le char (de guerre). » La langue use de toutes ses flexions avec infiniment d'aisance, et, sans jamais perdre de vue leur nature première, leur vrai sens, elle les construit et les combine avec autant de variété que de hardiesse.

Les locatifs qui se trouvent dans nos deux hymnes n'ont rien que de fort ordinaire. Ils marquent tous, soit rapport de lieu, sans mouvement, soit, par

1. M. Benfey renvoie à cet exemple dans son *Glossaire*, p. 202.

la plus simple et la plus naturelle des figures, le rapport de temps que nous avons indiqué plus haut, en parlant de l'accusatif :

pitroḥ upasthe, « *dans le sein* des parents ; »
yajñe asmin, « *dans ce sacrifice* ; »
devânâm avame, « *dans le voisinage* des dieux ; »
priye sadane *çuçukvân*, « brillant *dans cette agréable demeure* ; »
asmin agnau, « *dans ce feu*, auprès de ce feu. »

Puis, dans le sens temporel, les deux locatifs adverbiaux que nous avons expliqués, *prapitve, abhipitve*.

Mais de cette signification originelle le style védique tire une infinité de rapports secondaires, que le locatif exprime avec autant de souplesse que de clarté. Ce cas a gardé dans le sanscrit ordinaire un grand nombre de rôles plus ou moins détournés de son acception première, mais qui peuvent toujours, sans aucune subtilité, s'y ramener très-logiquement.

Je vais en indiquer rapidement quelques-uns. Du sens de lieu avec idée de repos, du sens de la question *ubi*, comme on dit en latin, on a passé à celui de la question *quo* : ainsi, au début même du *Rig-Véda* (I, 1, 4), nous lisons :

> *Agne yaṁ yajñam adhvaraṁ viçvataḥ paribhûr asi*
> *sa id* deveshu *gacchati*,

« Agni, le sacrifice que tu entoures de toutes parts, celui-là certes va vers les dieux[1]. »

Cette phrase nous offre encore un exemple remarquable, comme nous en avons cité plusieurs, d'un adjectif verbal gouvernant l'accusatif : *yajñam.... paribhûr asi.*

Le locatif exprime fréquemment l'idée de « parmi, entre » :

tvâṁ deveshu *prathamaṁ havâmahe tvam babhûtha* prĭtanâsu *sâsahiḥ* (pour *sasahiḥ*) (I, 102, 9),

« Nous t'invoquons le premier parmi les dieux : tu es vainqueur dans les combats. » Le second locatif, qui est pris dans son sens ordinaire, montre

1. Sâyaṇa développe *deveshu* et le détache de *gacchati*, d'où il dépend évidemment ; mais il donne lui-même le locatif *svarge* pour complément au verbe de mouvement : *sa eva yajño deveshu trĭptim praṇetum svarge gacchati.* Par *adhvaram* il entend « sain et sauf, » c'est-à-dire, « non attaqué par les mauvais génies, » *na hyagninâ sarvataḥ pâlitaṁ yajñaṁ Râkshasâdayo hiṁsitum prabhavanti.*

combien le premier s'éloigne peu de la signification primitive : « parmi les dieux, dans les dieux; dans les combats, parmi les combats. »

Il peut se construire comme régime indirect ou complément circonstanciel avec un grand nombre de verbes :

mâdayasva sute (I, 81, 8), « réjouis-toi dans l'offrande, de l'offrande ; »

uta naḥ subhagân arir voceyur dasma krĭshṭayaḥ
syâmendrasya (*syâma-Indrasya*) çarmaṇi

(I, 4, 6),

« Que les hommes ennemis, exterminateur (des méchants), nous appellent heureux ! que nous soyons dans la tutelle, sous la tutelle d'Indra ; »

kam̃ vasâu *dadho 'smân Indra* vasâu *dadhaḥ*

(I, 81, 3),

« Qui as-tu donné à l'opulence, mis dans l'opulence ? C'est nous, Indra, qu'il faut mettre dans l'opulence. »

Dans l'exemple suivant le rapport est précisé par *adhi,* « sur : »

vayo na sîdannadhi (*sîdan-adhi*) barhishi priye

(I, 85, 7),

« Comme des oiseaux, qu'ils s'assoient sur l'agréable jonchée (de l'offrande). »

Nous avons vu plusieurs locatifs que le scoliaste considérait comme entièrement détachés des mots environnants, et qu'il expliquait en ajoutant un participe. Voyez, par exemple, plus haut, dans ce que nous avons dit de l'ablatif, le locatif pluriel *krĭshṭishu* interprété par *manushyeshu tvayâ dîyamânam̃* (*çravaḥ*), et, parmi les emplois du locatif que nous venons de citer, la proposition *sa id deveshu gacchati*, où il rend *deveshu* par *deveshu trĭptim pranetum*. La désinence de cette flexion a souvent, en effet, cette signification pleine et concrète; c'est elle qui sert le plus ordinairement, dans le sanscrit classique, de cas absolu, comme l'ablatif en latin, le génitif en grec. Le style des Védas l'emploie déjà de cette façon :

â tvetâ (pour *â-tu-â-ita*) *nishîdatendram* (*ni-sîdata-Indram*) *abhi pra gâyata*
sakhâyaḥ stomavâhasaḥ
purûtamam (pour *purutamam*) *purûṇâm îçânam̃ vâryâṇâm*
Indram̃ some *sacâ* sute

(I, 5, 1 et 2),

« Venez, venez, asseyez-vous, célébrez Indra, amis, apportant l'hymne (sainte), Indra qui dompte de nombreux (ennemis)[1], maître de beaucoup de choses désirables, (chantez,) aussitôt le (jus du) Sôma exprimé. » On peut, dans cette phrase, donner à *sacâ*, « simul, » la valeur d'une préposition signifiant « avec ; » mais cet usage même des cas, construits comme compléments d'adverbes devenus prépositions, n'est qu'une extension de leur emploi absolu. Il est évident que, dans le principe, ces préfixes, ces adverbes ne régissaient point le cas, mais ne faisaient qu'en mieux déterminer le rapport, et c'est par suite de leur fréquente et habituelle apparition dans le discours, auprès de certaines formes de la flexion, qu'on a fini par les regarder comme exerçant sur les mots déclinables qu'ils accompagnaient une influence régissante.

Un fait très-curieux, que je ne veux qu'indiquer en passant, c'est le redoublement de la désinence du locatif pluriel dans *prĭtsushu*[2] (thème *prĭt*, « combat, » + *su* + *su; prĭt* remplace à certains cas le radical *prĭtanâ*, « armée, combat »). Cette forme *prĭtsushu* (R. V., I, 129, 4), que Sâyaṇa, dans sa glose, remplace simplement par *prĭtsu*, est accompagnée de *kâsu-cit*, « quelconques, *quibuscumque.* » C'est donc un sens analogue à celui que la langue exprime par la répétition distributive ; on dirait que la reprise de la désinence seule supplée, en quelque façon, à celle du mot entier, laquelle rendrait *kâsucit* inutile. Comparez les locatifs du singulier *made made* (I, 81, 7), « dans toute joie, » *bare bare* (I, 100, 2), « dans tout combat, » et beaucoup d'autres locutions du même genre.

Je ne me suis occupé que des cas obliques. Le rôle du nominatif est, comme il le fut depuis, et toujours et partout, celui de sujet et d'attribut de la proposition, ou de complément logique s'accordant avec l'un de ces deux termes. Tout ce que nous avons à remarquer au sujet de cette fonction, c'est la fidélité avec laquelle ce cas l'a toujours remplie, jusqu'au jour où le latin, pour ne parler que de l'idiome dont l'altération confirme le mieux ma pensée, fut entièrement abandonné aux instincts populaires, où l'ignorance, brouillant tout, régla tout d'une nouvelle façon, et se fit une autre langue à sa mode, dans laquelle les cas obliques prirent le plus souvent la place du cas absolu ou sujet. C'est du reste une chose très-remarquable que cette confusion et la

1. Je traduis *purutama*, comme fait le scoliaste, en le considérant comme composé de *puru* et de *tam*, dans le sens transitif et causal de « terrere, vexare. » Cependant je pense qu'il serait peut-être mieux de prendre tout simplement ce mot pour le superlatif de *puru*, πολύς, et de le faire accorder avec *îçânam*.

2. M. Benfey signale cette forme de locatif redoublé dans sa *Grammaire sanscrite* et dans son *Glossaire du Sâma-Véda*.

manière dont elle s'est faite. Dans ce désordre, il y a évidemment encore bien plus de logique qu'il ne paraît d'abord. Les cas obliques sont ceux qui, la flexion une fois retranchée, nous donnent la forme pure et primitive du thème nominal. Au nominatif, pour des causes diverses, surtout des causes d'équilibre et d'euphonie, très-souvent ce thème est mutilé ou altéré. Il est donc naturel que, la déclinaison et sa valeur significative de coordination ayant été méconnues et désapprises, on ait repris pour type constant et unique du nom sa forme radicale entière, celle qu'il avait, je le répète, aux cas obliques, qu'on l'ait dépouillé, sans le mutiler. On n'a pas toujours procédé de la sorte, je le sais, mais au moins le plus souvent, et cela suffit pour que mon observation et mon explication soient vraies et fondées. Les mutilations sont venues ensuite, car ce sont les désinences, les annexes de la dérivation et de la flexion qui garantissent le corps du mot et lui servent comme de rempart, et, quand elles sont tombées, il est exposé, sans barrière ni défense, à toute sorte de ravages; mais je parle du moment même de la transition, du temps où l'on passa, pour ce qui concerne la déclinaison, de la synthèse à l'analyse : ce passage se fit, pour la plupart des mots déclinables, comme je viens de le dire. Bien d'autres principes d'ordre et de conservation se mêlèrent aux désordres du changement, et préparèrent les nouvelles créations qui devaient suivre ce chaos : *Spiritus Dei ferebatur super aquas*.

Le nominatif védique nous offre une autre particularité, dont nous aurons à parler dans un autre endroit : c'est la nature flottante qu'on lui attribue, et la facilité avec laquelle il semble qu'il se prête à remplacer d'autres cas. Quand nous montrerons les caractères populaires de l'idiome, ce sera le lieu d'insister sur ce fait, dont nous avons des exemples dans l'*hymne à Agni*, un surtout qui serait fort remarquable, si l'on adoptait la construction proposée par le scoliaste.

Une autre ressemblance de syntaxe à la fois intérieure et extérieure, de flexion et de combinaison des mots, qui est une marque étonnante d'affinité entre les idiomes de la famille, c'est l'existence et l'usage du vocatif. Entre tous les cas, c'est le moins nécessaire, ce semble, et celui que le nominatif suppléerait le plus aisément. Aussi le voyons-nous dans nos stances céder trois ou quatre fois la place au cas sujet, et dans les langues néo-latines, ainsi que dans l'allemand moderne, il n'en reste plus de trace. Il y a, comme je l'ai dit ailleurs, certaines conditions essentielles du langage, certaines nécessités du discours, qui naturellement se retrouvent partout, et ne prouvent pas le moins du monde la communauté d'origine ni la parenté des langues; mais lorsque la similitude porte sur les embellissements volontaires, sur ce qu'on peut appeler en quelque sorte les fantaisies de la grammaire, sur le luxe et le superflu tout autant que sur le nécessaire, alors la fraternité ou la filiation deviennent bien autrement vraisemblables, pour ne pas dire manifestes. Ces sortes de rapports tout gratuits, si l'on peut ainsi dire, sont comme ces marques, ces signes maternels (les Allemands les appellent *Muttermal*), *egregio inspersos corpore nævos*, qui se transmettent dans certaines familles et y attestent la descendance.

Ce qui ressort surtout, je crois, de tout ce que nous venons de dire sur la flexion nominale, sur les désinences de cas, c'est qu'elles ont gardé dans l'idiome védique cette primitive énergie, que nous voyons s'affaiblir peu à peu dans les autres langues, jusqu'au jour où la déclinaison disparaît entièrement. Le sanscrit, aux époques qui suivirent cette première phase, a conservé en grande partie cette force des cas : dans les langues classiques, elle est déjà bien diminuée; leur vertu préhensive, pour me servir d'une expression que j'ai employée ailleurs, leur rôle de lien et de chaîne étroite s'amoindrit par suite de la confusion même qui s'introduit dans leur usage, et les prépositions deviennent de plus en plus nécessaires pour distinguer, en grec, par exemple, le datif propre, ou d'attribution, du datif instrumental, du datif point de départ ou ablatif, du datif de lieu ou locatif; car à lui seul, comme le serviteur de l'avare, il faut qu'il suffise à toutes ces tâches. En sanscrit, et surtout dans la langue des hymnes, les désinences, ces lettres, ces syllabes qui tiennent si peu de place dans le discours, et y sont souvent comme inaperçues, ont encore presque toujours une valeur équivalente à des mots entiers, et je ne sache rien de plus propre que la lecture des Védas à rendre vraisemblable, sinon certaine, cette théorie de l'agglutination qui considère les désinences comme des vestiges d'anciens pronoms, comme ayant été et comme valant encore des mots entiers. Les scoliastes, sans ériger en doctrine cette théorie de la nature des terminaisons, en ont bien l'instinct, car, comme nous l'avons vu dans le commentaire de nos deux morceaux, c'est par des mots entiers qu'ils les traduisent : la finale qui rend l'ablatif, ils l'interprètent, avons-nous dit plus d'une fois, par *sakâçât*, celle de l'instrumental par *nimittena*, celle du génitif par *sambandhi*, du datif d'attribution par *artham* ou par quelque mot plus expressif encore, comme lorsque Sâyaṇa explique *tanve* par *çarîraposhâya*, etc.; et le plus ordinairement on sent que ce n'est point là une exagération d'exactitude grammaticale, une surcharge inutile : le cas a bien réellement cette force concrète qui, dans l'interprétation, ne peut se faire comprendre que si l'on exprime le rapport à part, par un exposant détaché.

De cette vertu si expressive à la fois et si distincte des désinences des cas, il naît pour le style un double avantage : d'une part, une concision significative, qui, comme je l'ai déjà dit, n'est point inconciliable avec la clarté dans un idiome ainsi construit, car les nombreuses obscurités qui arrêtent dans l'étude des Védas tiennent souvent moins à la tournure, à la combinaison des mots, à la valeur des rapports, qu'au sens véritable des termes, et à toutes les particularités d'une société, d'une civilisation, d'un ordre d'idées qui sont si loin de nous; d'autre part, il en résulte une variété, un jeu et un mélange harmonieux, pour l'esprit autant que pour l'oreille, de rapports bien nets et bien divers, exprimés par des chutes non moins diverses ni moins nettes :

Agne naya supathâ râye....;
Agne tvam pâraya navyaḥ asmân svastibhiḥ ati duḥgâni viçvâ;
... asmabhyam̃ suvitâya deva kshâm̃ viçvebhiḥ amrĭtebhiḥ yajatra.

Toutes ces relations se marient sans embarras, sans nuage, sans auxiliaires, sans autres jointures que les exposants propres, adhérents aux thèmes et aux racines. Sans doute l'usage clair et facile d'une telle langue suppose cette simplicité d'idées et de rapports dont nous avons parlé plus haut, et qui caractérise ce degré de civilisation et de culture dont cette langue était l'interprète; mais cette simplicité, qui exclut la complication, l'enchevêtrement des idées, les longues et pénibles déductions, ne fait nullement obstacle à la hardiesse, à ces figures inattendues, à ces traits soudains, parfois sublimes, à ces rapports vivement saisis, audacieusement rendus, comme il y en a tant dans la langue des prophètes hébreux, dans toute poésie lyrique primitive.

On pourrait écrire un gros volume sur l'emploi des cas dans les Védas, sans épuiser les remarques intéressantes auxquelles leurs divers usages pourraient donner lieu, surtout si l'on voulait se rendre toujours compte de la vraie raison de chacun de ces usages, et y chercher, ce qu'on y trouverait sans peine, l'origine et le modèle des règles et des habitudes que nous offrent, pour cette partie de la syntaxe, les autres langues de la famille. Ici, j'ai voulu surtout caractériser nettement cette nature et cette valeur primitives des diverses formes de la flexion, qui ne nous apparaît peut-être nulle part d'une manière plus frappante que dans cet idiome antique. Ce que j'ai dit suffit, si je ne me trompe, à expliquer la plupart des autres fonctions des cas que la langue, ou plutôt le style, ont déduits de ces sens premiers et fondamentaux.

On trouve déjà, par exemple, dans les hymnes, le génitif employé comme dans la locution grecque : οἴνου πίνειν, « boire du vin : »

somasya *somapâḥ piba*
(R. V., I, 4, 2),

« Bois *du Sôma*, (Indra), buveur du Sôma ; » Sâyaṇa remplace *somasya*, dans sa glose, par *somam*, et, au vers qui suit, *teshâm* par *tân* :

ime somâ aramkrĭtâḥ teshâm *pâhi*
(R. V., I, 2, 1),

« Ces (offrandes de) Sôma sont prêtes, bois-*en* (littér. bois *d'elles*). » Le sens d'extraction du génitif explique d'une manière on ne peut plus naturelle cette façon de parler.

D'autres fois il veut dire « parmi. » Ainsi, dans l'un des deux hymnes que nous venons de citer (R.V., I, 4, 3) :

athâ (pour *atha*) *te* antamânâm *vidyâma* sumatînâm,

« Et que nous te voyions parmi les plus voisins de toi, parmi ceux qui ont de bonnes pensées, » Sâyaṇa ajoute *madhye*, « au milieu de, » pour bien préciser le rapport que marque ici le cas. Nous avons vu, du reste, qu'il expliquait par la même addition le génitif par lequel commence notre *hymne au Ciel et à la Terre : katarâ pûrvâ katarâ aparâ ayoḥ*, et en effet ce génitif exprime un rapport tout semblable ; seulement le voisinage du pronom comparatif et interrogatif *katarâ* en facilite l'intelligence, tandis que la construction est plus hardie ou, du moins, nous paraît plus insolite dans l'autre exemple que je viens de donner. Ce n'est pourtant encore qu'une extension parfaitement simple et logique du sens partitif et du sens d'extraction.

Ailleurs le génitif sert de régime à un verbe de signification morale et proprement transitif :

Vâyavindraçca (*Vâyo Indraçca*) *cetathaḥ* sutânâm
(I, 2, 5),

« Vâyu et Indra, remarquez les offrandes, le Sôma, » *abhishutân somân*, comme dit encore Sâyaṇa. Il est vrai qu'ensuite il explique ce génitif *sutânâm* par l'ellipse fort inutile de *viçesham*, « la distinction. »

Ce génitif, qui remplace le complément direct après un verbe qui exprime une perception de l'esprit, ne diffère de ceux que nous avons vus après *piba* et *pâhi*, qu'en ce qu'il a une valeur métaphorique ; mais au fond c'est de même le sens d'extraction, le sens partitif. En outre, et en nous plaçant à un point de vue différent, nous pouvons retourner ici ce que nous avons dit plus haut de l'essence à la fois verbale et nominale des radicaux déclinés : la racine conjuguée peut prendre également la double valeur et régir le génitif par sa nature de substantif, comme elle gouverne l'accusatif par sa nature de verbe.

Le génitif temporel, usité en grec et en allemand, paraît avoir également son modèle dans le style védique. Voyez plus haut (p. 141), la manière dont Rosen a traduit *ekasyâ vastoḥ*, dans l'exemple que nous avons déjà cité et expliqué :

ekasyâ vastor âvataṁ raṇâya Vaçam Açvinâ sanaye sahasrâ
(R. V., I, 116, 21).

On pourrait, dans ce vers, considérer le génitif comme une dépendance soit de *sanaye*, soit de l'élément nominal de la racine *av*. Si on lui donne, comme Rosen, une valeur absolue, « singulis diebus, » ce sera ou bien une extension nouvelle, plus hardie, du sens partitif, ou bien cette déduction du sens d'extraction, et de propriété, qu'on appelle le sens attributif, déduction qui est devenue une des valeurs les plus ordinaires du génitif dans le sanscrit classique, où il joue si souvent le rôle du datif grec ou latin.

Ce que nous venons de faire en partie pour le génitif, nous pourrions le faire également ici pour les autres formes de la flexion, et ramener leurs usages figurés à leur valeur originelle, si nous ne craignions de donner trop de place, dans cette première étude, à la syntaxe des cas. Les cas sont employés, dans cette antique poésie, avec la plus grande variété, et, quand on compare leurs emplois divers à ceux des désinences correspondantes dans les langues classiques, il semble qu'un même cas serve à rendre les relations les plus dissemblables ; mais ce n'est là bien souvent qu'une apparence qui tient à une manière différente de saisir et d'envisager les rapports. Rien de plus multiple que les liens, les convenances, la dépendance mutuelle des choses, et l'on comprend quelle élasticité doit avoir le jeu des flexions, qui exposent ces convenances, dans une langue abandonnée au peuple et à ses poëtes, et que les philosophes et les grammairiens n'ont point encore disciplinée, ni par leurs préceptes, ni par l'exemple de leur style. Nous aurons à revenir sur cette liberté avec laquelle les cas sont employés dans les hymnes, quand nous nous placerons, pour apprécier la langue védique, à l'autre point de vue dont nous avons parlé, et que nous examinerons ses habitudes caractéristiques d'idiome populaire. Une des principales est cette souplesse avec laquelle les formes de la déclinaison se manient et se mettent en œuvre dans la phrase, sans autre frein ni limite que les conditions, très-larges aussi pour l'inspiration lyrique, de la logique instinctive et de la clarté.

Nous aurions maintenant, avant de sortir de la flexion, à parler du verbe, et c'est certainement une des parties les plus intéressantes de la grammaire des Védas. Nous avons déjà dit qu'il y avait une différence très-marqnée entre la langue aussi bien que le style des hymnes et les habitudes du sanscrit ordinaire, quant à l'usage de la conjugaison; qu'autant l'on devint sobre et avare, par la suite, des formes verbales, autant on les prodigue à l'origine. Nous avons dit aussi, en parlant de la force expressive des éléments radicaux, que le verbe, dans cette phase antique, aimait à paraître dans le discours sans autre addition à la racine que les signes les plus rudimentaires de la flexion, les lettres, par exemple, qui caractérisent les personnes, et relativement à ces signes-là même, tout brefs et tout simples qu'ils sont, nous avons vu qu'ils n'établissaient pas toujours une distinction bien rigoureuse, et qu'il y en avait qui se prêtaient à exprimer des rapports divers[1]. D'un autre côté, nous avons parlé de cette force non plus significative, mais matérielle et phonique, de la racine, qui est frappante surtout dans le verbe; de cette sensibilité intérieure et de cette faculté d'expansion à l'aide desquelles, sans secours étranger, le monosyllabe radical, se redoublant, se dédoublant en quelque sorte, ou modifiant régulièrement ses lettres, suffit par lui-même, je le répète, aux divers besoins de la pensée et de l'harmonie. Après cette primitive énergie de sens et de sons, les deux caractères les plus remarquables peut-être de la conjugaison, quand on la compare à celle des époques suivantes, c'est une richesse de modes bien plus grande, et une liberté, bien plus grande aussi, dans l'emploi des temps. Nous reparlerons ailleurs de ces cadres plus larges et plus flottants de la flexion verbale, parce que c'est là encore une des choses qui distinguent le temps d'usage populaire et universel, de celui où l'art, avec sa

1. Voyez ce que nous avons dit plus haut, p. 45, de la 2e personne du potentiel.

savante rigueur, est venu classer sévèrement les ressources de l'idiome. Une conjugaison aussi variée que paraît l'être celle des hymnes n'est possible, ce me semble, qu'à la condition qu'une grande latitude soit laissée à l'usage : il est difficile de se retrouver parmi des formes si diverses, si l'on ne peut les employer qu'en observant toujours, avec une précision scrupuleuse, les moindres nuances de signification. Pour qu'un tel luxe ne soit point une gêne, il faut que la fantaisie ait quelque part à sa dispensation. L'économie méthodique introduite peu à peu dans la grammaire pourrait bien être une des raisons qui plus tard appauvrirent la conjugaison, bien plus encore dans la pratique qu'en théorie. A cette cause s'en joignirent d'autres, dont nous parlerons; mais celle-là, si je ne me trompe, ne fut pas une des moins actives. C'est afin de n'avoir pas à traiter deux fois le même sujet, et pour ne pas m'exposer à d'inévitables redites, que je remets à exposer plus loin, et tout ensemble, ce que j'ai à dire de la forme et de l'emploi du verbe dans les chants des Richis. Je ferai de même pour les pronoms et les particules, qui sont également très-caractéristiques et donnent lieu à beaucoup de remarques intéressantes, soit qu'on cherche les qualités primitives de l'idiome, soit qu'on en apprécie les habitudes populaires. C'est en examinant les particules dans cette seconde partie de notre étude que nous parlerons aussi de leur emploi comme prépositions, et des cas qu'on considère comme leurs compléments : nous en avons déjà dit un mot au sujet d'un de nos exemples du locatif[1].

L'une des figures favorites de la poésie et de l'éloquence est la syllepse, le κατὰ τὸ σημαινόμενον des grammairiens grecs, c'est-à-dire, l'accord avec les mots remplacé par un accord avec le sens, avec l'idée que les mots expriment. Nous en avons un exemple dans l'*Hymne au Ciel et à la Terre* (st. 8) :

> *devân vâ* yat *cakrĭma* kat cit âgaḥ *sakhâyaṁ vâ sadam it jâspatiṁ vâ*
> *iyaṁ dhtḥ bhûyâḥ avayânam* eshâm...

Le relatif singulier *yat.. âgaḥ* a pour antécédent logique le génitif pluriel *eshâm*, parce que, si le nom est au singulier, l'idée est, si l'on peut ainsi parler, au pluriel. Cet exemple-là n'a rien que de très-ordinaire, rien qui ne se trouve à peu près dans toutes les langues, et je suis loin de le donner pour une témérité de langage. Mais la même figure reparaît souvent dans les hymnes, et forme parfois les tournures les plus hardies. Nous aurons donc encore à y

1. Voyez plus haut, p. 162.

revenir, et nous en prendrons occasion de parler de l'emploi du genre et du nombre, en général, quand nous citerons des exemples des libertés du style védique, de ces licences de construction auxquelles on ne peut pas toujours appliquer la sage épithète d'Horace, *sumpta pudenter*, mais qui souvent toutefois produisent de beaux effets de langage, qu'on peut rapprocher des artifices, beaucoup moins instinctifs, du style lyrique des époques cultivées.

Outre ces libertés dans l'usage des cas et, par suite, dans la construction des phrases, cette poésie populaire se donne aussi, quant aux formes mêmes de la flexion nominale, et bien plus encore pour la conjugaison, une certaine latitude à laquelle la langue renonce dans la suite. Les terminaisons sont déjà bien marquées, bien arrêtées, et en général bien distinctes les unes des autres; mais plusieurs cas, pour ne parler en ce moment que de la déclinaison, comportent encore une variété de désinences favorable à l'harmonie, commode pour la mesure, et qu'on peut comparer aux habitudes, larges aussi et faciles à cet égard, de l'ancienne épopée grecque. C'est encore un point dont nous traiterons en parlant des caractères auxquels on reconnaît l'idiome manié par tous et qui, comme nous l'avons dit, n'est encore discipliné, ni par les modèles, ni par les règles.

Nous avons parlé des racines et de la flexion : il y a un autre élément significatif de la langue, qui participe de la nature des deux autres, je veux dire les signes de dérivation, les suffixes, et nous avons déjà dit quelques mots de ceux qui entrent dans la structure des termes dont se composent nos deux hymnes, lorsque nous avons essayé de montrer que les formatives dont la langue védique fait usage se retrouvent, la plupart, aux époques suivantes, et que ce n'est point la différence des éléments mis en œuvre par la dérivation qui distingue essentiellement les unes des autres les diverses phases de l'idiome [1]. Ce qui nous a surtout frappé dans les flexions, comme auparavant dans les racines, c'est la force significative que conservent les matériaux du langage, les moindres pierres dont se compose l'édifice du discours. Les procédés de dérivation viennent encore confirmer ce caractère de l'idiome. D'abord, nous l'avons vu bien souvent, pour changer la racine en mot, la flexion suffit, elle cumule les fonctions de désinence des cas et de suffixe : au moins, les grammairiens indiens paraissent-ils l'entendre ainsi; pour eux, pas de

1. Voyez p. 86 et suiv.

formation de mots sans suffixe ; ils désignent par un nom de suffixe tout passage d'une racine au rôle de partie du discours, et l'on peut voir dans la grammaire de M. Benfey le nombre assez considérable de formatives qu'il a ingénieusement classées sous la rubrique zéro (0), mais qui, pour les Indiens, à qui l'abstraction plaît tant et coûte si peu d'effort, ont une existence tout aussi réelle, quoique simplement virtuelle, que les affixes les plus apparents, les plus lourds, les plus développés. Ainsi, d'une part, plus qu'aucune autre phase de langage, je parle, cela va sans dire, des idiomes qui ont la nature et les aptitudes de la famille indo-européenne, plus qu'aucune autre phase, celle des Védas laisse et prend le sens à sa source, et sait se passer, pour l'introduire dans le discours, des moyens et des canaux de la dérivation.

Un autre caractère que nous avons remarqué, c'est que les suffixes n'amoindrissent pas, autant que dans les langues auxquelles nous sommes le plus habitués, l'influence régissante des racines ; que cette influence passe à travers ces agglutinations qui se groupent autour de l'élément fondamental et du cœur du mot, et va agir au dehors sur les termes subordonnés. Mais de ce fait, que le suffixe n'affaiblit pas autant que plus tard la force significative et l'action extérieure de la racine avec laquelle il se combine, on aurait tort de conclure qu'il soit lui-même plus insignifiant, plus vide qu'aux époques postérieures. Loin de là, il a, lui aussi, ce caractère primitif de force expressive que nous avons trouvé dans les racines comme dans les flexions. Sa légèreté de forme, sa simplicité matérielle tiennent précisément en grande partie à sa plénitude énergique de sens. Les superfétations, les surcharges auxquelles la dérivation a recours dans la suite ont pour cause sans doute, jusqu'à un certain point, les rapports plus déduits, plus compliqués qu'elle veut rendre ; mais elles viennent, et plus encore peut-être, de l'appauvrissement de signification des moyens qu'elle emploie.

La confusion des parties dont les mots se composent est une des causes les plus directes et les plus agissantes de l'altération des idiomes. On ne distingue plus les racines des thèmes, les thèmes des suffixes, les suffixes des flexions ; tout s'enchevêtre et s'amalgame, et quand il n'y a plus d'organisme, plus de membres, que le mot n'est plus un corps où le sens, comme la séve ou le sang, circule dans toutes les parties, où chacune de ces parties, comme dans l'apologue védique, dans la parabole de Ménénius Agrippa, contribue, pour sa bonne part, à la vie de l'ensemble, quand il est devenu un bloc, une masse inerte, il n'est pas étonnant qu'on le mutile et le tronque, parfois à l'aveugle et comme au hasard : on ne risque plus de trancher dans le vif.

Voyez notre langue, par exemple. Dans la conjugaison, elle a conservé plus qu'ailleurs les désinences qui marquent les rapports : aussi, dans celles des formes du verbe où ces désinences sont bien marquées et bien senties, le radical est-il bien mieux préservé, bien plus reconnaissable, plus voisin de son origine, que dans les catégories de mots qui ont perdu ces exposants de rapports, lesquels sont à la fois le signe de la vie et de l'action du mot, et une défense contre tout ravage. Et dans le verbe même, considérez ce que deviennent les formes dont la désinence est tombée, ou se confond aisément avec le thème, ou n'a laissé qu'un vestige presque effacé. Qui reconnaîtrait au premier aspect, dans les monosyllabes *né*, *tu*, *mû*, *eu*, leurs auteurs latins *natus*, *tacitus*, *motus*, *habitus*? Prenez au contraire des temps, des personnes où la finale est restée pleine et significative : le thème y a été préservé, on sent la fonction bien distincte de la racine et de la terminaison, et la langue y a gardé cette force de multiple et concrète unité des idiomes synthétiques, qui fait que l'individualité de l'ensemble se concilie très-bien avec le sentiment et la valeur des parties : *nous naissons*, *je me taisais*, *je mouvais*, *j'avais*. Il y aurait bien d'autres choses à dire à cet égard, mais ce n'est pas ici le lieu.

Ce qui précède ne s'applique en aucune façon, on le sait déjà et on le devinerait au besoin, à la langue védique, et les détails où je viens d'entrer ne sont ici à leur place que comme contraste. La confusion des suffixes, car c'est de la dérivation et de ses moyens que nous parlons en ce moment, leur amalgame, soit avec la désinence, soit surtout avec le thème, ne s'est point encore fait : au reste, le sanscrit s'en est aussi préservé, en très-grande partie, aux époques suivantes. Les éléments divers des mots forment encore une association, association fort étroite sans doute, mais où chaque partie compte et a ses droits, sa valeur propre. Les plus petites parties sont respectées, et comprennent et remplissent leur rôle.

Voilà pourquoi les formatives les plus légères, celles qui s'effacent le plus aisément, dès qu'elles sont méconnues, ont encore une si grande place dans les procédés de dérivation. Les trois voyelles simples, l'*a*, l'*u* et l'*i*, qui sont les moyens de formation les plus commodes, les plus faciles, et par cela même les plus fréquents dans le principe, et employés de préférence entre tous, parce qu'ils dénaturent moins les racines, n'ont presque rien perdu, on le sent, de leur vertu primitive, et sont, surtout la première des trois, les agents les plus féconds de la structure des mots. Elles le sont demeuré, j'en conviens, dans les autres idiomes qui se sont développés plus tard, en conservant les procédés synthétiques ; mais elles semblent, dans bien des formes, avoir passé à l'état de simples désinences, tandis qu'ici les lois de l'euphonie, celles qui règlent la combinaison des parties des mots, et qui sont différentes à beaucoup d'égards, des lois, souvent fort délicates aussi, qui président à la rencontre des mots et à leur contact extérieur, tandis qu'ici, dis-je, les lois de l'euphonie intérieure protégent ces lettres formatives, et les préservent le plus ordinairement, et empêchent la confusion.

Ce fait remarquable, que je signale ici, est commun en grande partie à la langue védique et au sanscrit classique. L'*i* bref, pour parler d'abord de la plus légère des voyelles, ou devient consonne, c'est-à-dire, se change en sa semi-voyelle, *y*, pour garder sa place devant la voyelle de la désinence, ou insère une nasale qui la préserve du contact, ou se développe en *ay* par le guṇa ; l'*î* long, qui se décompose en *iy*, quand il appartient à la racine, c'est-à-dire, qu'il est de nature essentiellement durable et précieuse pour le sens, devient également consonne pour précéder, sans confusion, les voyelles initiales des cas. L'*u* bref, par une frappante analogie, suit absolument les mêmes lois : tantôt c'est le changement en sa semi-voyelle *v*, tantôt l'insertion d'une nasale, tantôt le guṇa et l'extension en *av*, qui le défendent, à la plupart des cas, du contact et de la contraction ; et l'*û* long, qui se divise également en *uv*, quand il est radical, également se change en sa consonne *v*, quand il appartient à la dérivation.

Je cite quelques exemples, pour rendre bien sensible ce respect de la langue pour les voyelles formatives, respect qui est un des signes les plus manifestes des tendances synthétiques d'un idiome. Le nom masculin, qui a pour thème *kav-i*, fait à l'instrumental *kav-i-n-â*, le neutre *vâr-i*, *vâr-i-ṇ-â;* le féminin *mat-i*, *mat-y-â*, et au datif *mat-y-âi* ou *mat-ay-e; kav-i*, à ce dernier cas, n'a que la seule forme *kav-ay-e;* pour le neutre *vâr-i*, il continue à se servir de la nasale et devient *vâr-i-ṇe*. Le masculin *bhân-u* et le neutre *tâl-u* ont à l'instrumental *bhân-u-n-â* et *tâl-u-n-â*, tandis que le féminin *dhen-u*, suivant l'exemple de *mat-i*, fait au même cas *dhen-v-â* et au datif *dhen-v-âi* ou *dhen-av-e*, de même que *bhân-u*, conforme en cela à *kav-i*, devient, sans alternative, *bhân-av-e*, et que le neutre, comme ceux en *i*, prend encore la nasale : *tâlu-n-e*[1]. J'ai parlé aussi de l'*î* long et de l'*û* long qui appartiennent à la

1. Dans les exemples que je cite, il y en a où les formatives *i*, *u*, ne sont pas à elles seules le suffixe, mais le terminent seulement. Cela ne les empêche pas de servir ici légitimement de preuves. Ces sortes de suffixes sont en général des finales composées, où les voyelles *u* et *i* ont pris, auprès des consonnes formatives, la place du suffixe encore plus commun *a*.

racine, pour montrer en passant, bien que ces voyelles n'aient rien à faire avec les formatives de dérivation, combien les langues ménagent les lettres quand elles sont encore dans les mots l'unité vivante et significative : *bhî*, « crainte, » devient à l'instrumental *bhiy-â*, au datif *bhiy-âi* ou *bhiy-e*, au locatif *bhiy-i* ou *bhiy-âm;* et *bhû*, « terre, » par un procédé parfaitement analogue, fait *bhuv-â*, *bhuv-âi* ou *bhuv-e*, *bhuv-i* ou *bhuv-âm*.

Il y a, outre cela, des formes où ces voyelles, que la langue traite avec tant d'égards, n'échappent point à la contraction; mais alors la fusion se fait de telle sorte qu'on y reconnaît généralement sans peine les éléments dont son produit se compose. A l'ablatif et au génitif, par exemple, *kavi* + *as*, par une sorte de métathèse des voyelles contractées, nous donne *kaves; mati*, *mates*. *Bhânu* + *as*, par un renversement semblable, devient *bhânos; dhenu*, *dhenos*. Le sanscrit, comme l'on sait, n'a point d'*e* ni d'*o* brefs, rien qui réponde à l'ε ou à l'ο des Grecs; l'*e* indien vaut *a* + *i;* et l'*o*, *a* + *u*. Quant à l'*î* long et à l'*û* long, qui appartiennent à la racine, ils n'admettent aucune contraction (*bhiy-as*, *bhuv-as*, au génitif et à l'ablatif), et le neutre, où la voyelle semble être plus nécessaire comme signe du genre, n'en souffre qu'une seule, ou plutôt une altération facultative, qui, au vocatif, le distingue du nominatif et de l'accusatif : *vâri* ou *vâre*, *tâlu* ou *tâlo* (comme *kave*, *mate*, *bhâno*, *dheno*); partout ailleurs la nasale empêche le contact et, par suite, la fusion.

La formative *a* n'a pas de moyens aussi faciles de se garantir, parce qu'il lui manque une semi-consonne correspondante : la fusion pour elle est donc plus fréquente, mais, en général aussi, de telle nature qu'on l'y retrouve aisément; le suffixe n'est point absorbé, il ressort bien en relief dans les pesantes diphthongues *e*, *o*, *âi*, *âu*, qui en sanscrit se ramènent toujours sans peine à leurs éléments[1].

Dans la combinaison des lettres, et l'application des lois de l'euphonie, la langue védique est, comme toujours et partout, moins sévère, moins artificiellement méthodique que le sanscrit proprement dit. Elle emploie les mêmes

1. Le grec, dans sa déclinaison parisyllabique, a aussi respecté, à la plupart des cas, la formative *a*, qu'il a changée en ο dans la flexion propre au masculin et au neutre : cet ο paraît à toutes les formes, excepté au vocatif singulier masculin, où il est remplacé par ε, autre substitut de l'*a* sanscrit. Quant au latin, qui l'a modifiée en *u*, il l'a traitée bien plus légèrement à tous les cas en *i* et *is*. L'*a* du neutre pluriel dans les deux langues est digne d'attention. Ce genre, comme nous l'avons vu en sanscrit, paraît préserver plus fidèlement que les autres sa forme primitive. Le latin et le grec ont gardé, aux trois cas en *a*, la forme originelle du suffixe, mais ils ont fini par regarder cet *a* comme désinence, tandis qu'il n'était réellement que lettre formative. Comparez le sanscrit *çivâ-ni* et le latin *templa*. L'idiome des Védas nous offre déjà, du reste, une formation semblable. Nous avons vu, dans l'un de nos hymnes, le double pluriel neutre *âni et â* (remarquez seulement que l'*a* est long) : *vayunâni viçvâ*.

moyens de réunion et de suture, la crase ou la contraction, l'élision, le changement de la voyelle en liquide, l'insertion de la nasale ou des semi-consonnes *y*, *v*; mais ces divers procédés, elle les applique avec plus de liberté. Très-sévère, très-délicate pour tout ce qui affecte l'organisme, elle l'est beaucoup moins qu'on ne le devint plus tard pour ce qui n'est que mécanisme ou souci de l'uniformité. Elle ne proscrit point l'hiatus dans le sandhi extérieur avec d'aussi minutieuses exigences, se permet parfois la contraction, même quand l'*a* bref ou long est un reste de la décomposition d'*e* ou d'*o*, et qu'il n'est devenu final que par suite de la chute de *y* ou de *v*, substituts d'*i* et d'*u*; elle varie davantage les permutations des voyelles en consonnes, use plus librement tantôt des syncopes, tantôt, au contraire, des extensions et développements phoniques; se donne en même temps plus de latitude dans les transitions d'un degré ou d'un ordre de consonnes à un autre, transitions toujours fondées cependant sur de réelles affinités; plus de latitude aussi, dans le maniement de la quantité; enfin elle laisse souvent une grande influence euphonique au mètre, au rhythme, à la césure. Nos deux spécimens nous ont présenté quelques formes qui confirment en partie ce que je viens de dire ; la forme *suvita*, composée selon toute apparence, comme nous l'avons dit, du participe *ita* et du préfixe *su*, dont la voyelle sans doute s'est d'abord allongée, puis développée en *uv*. Dans *prapitve*, au contraire, si nous admettons l'étymologie probable de M. Benfey (*pra*+*ap*), nous avons une élision antique, un amoindrissement de quantité[1]. Plus on étudiera les textes des Védas et plus on se familiarisera avec la constitution et l'esprit de l'idiome, plus on sera frappé, je n'en doute pas, de la conciliation, si bien pondérée, qui y règne, de la règle et de la liberté, de la règle généralement observée, je le répète, dans tout ce qui tient à l'organisme, de la liberté laissée à l'usage pour tout ce qui n'est que convention ou artifice grammatical.

J'ai cité tout à l'heure un exemple de développement phonique, *suvita* pour *svita*, *su* + *ita* : cette séparation d'un groupe de consonnes, au moyen de l'insertion d'une voyelle, est évidemment une des habitudes antiques de la langue. Comparez *dhaniva* pour *dhanva*, *dâçivân* pour *dâçvân*, *prîthivî* pour *prîthvî*, formes qui se trouvent concurremment dans les hymnes, et quant aux phénomènes inverses, aux élisions, aux syncopes, voyez des formes telles que les dérivés redoublés *jaghni*, de *(g)han; jagmi*, de *gam; sasni*, de *san*, etc.; les suppressions plus considérables que nous offrent les com-

1. Voyez ce que nous avons déjà dit plus haut à cet égard, p. 89.

posés *maghatti*, pour *maghadatti; bhagatti*, pour *bhagadatti; vasutti*, pour *vasudatti*, etc., et, si nous nous en rapportons encore aux ingénieuses conjectures de M. Benfey, les contractions *vîdu*, *nîda*, *pîd*, pour *vi* + *sad*, *ni* + *sad*, *pi* + *sad*, où la longue et la cérébrale seraient une dernière et faible trace, mais la cérébrale, une trace bien organique, des éléments réunis par la fusion (la sifflante dentale de *sad* se changerait régulièrement en la sifflante cérébrale, *sh*, par l'influence de l'*i* final du préfixe).

C'est une étude fort curieuse et pleine d'enseignements pour les lois générales de l'euphonie dans les langues, que celle des combinaisons, des affinités, des permutations et, en général, de la nature des lettres, dans l'idiome des Védas. M. Benfey a consacré à cette étude une grande partie de l'Introduction qui précède son édition du *Sâma-Véda*, et il y a porté à la fois ce soin consciencieux, et, dans la découverte des principes et des raisons des choses, qu'il indique çà et là, comme en passant, cette puissance et cette pénétration d'esprit qu'on remarque partout dans ses ouvrages. Quant au sandhi védique, il résulte, entre autres choses, de son travail, que les règles de combinaison qui y sont suivies ont une grande conformité avec celles du sandhi classique; que, dans les points où la rédaction des hymnes s'écarte de ces règles, elle ne le fait pas toujours avec suite et conséquence, et, fait remarquable, qu'elle paraît alors se rapprocher des habitudes du zend; puis, second résultat non moins intéressant, il est certain, quand on contrôle, par le rhythme et la mesure, le sandhi de cette antique rédaction des textes qui est parvenue jusqu'à nous, il devient certain, dis-je, que les lois d'euphonie suivies par les poëtes mêmes, au temps où les hymnes furent faits, sont bien différentes de celles qu'on a adoptées pour les écrire; qu'il faut, souvent, pour scander le vers, lire *iy*, *uv*, pour *y*, *v*, décomposer une longue en deux brèves, changer *ya* en *i* + *a* dans le suffixe *ya* devant une désinence de cas, changer le plus ordinairement *tvam* en *tu(v)am*, faire toujours deux syllabes de *hyas*, *çvas*, *jyok*[1], etc.

Ces sortes d'analyses et ces observations sur les lettres pourront paraître, à première vue, bien minutieuses; mais on peut dire du langage, de cette création intellectuelle et matérielle à la fois, qui est tout ensemble l'œuvre de Dieu et l'œuvre de l'homme, ce qu'on a dit de la création en général : *ita est artifex magnus in magnis, ut minor non sit in parvis*[2], et la

1. Sur tout ce qui est relatif aux lettres, à leur valeur, à leur combinaison, voyez, outre l'Introduction du *Sâma-Véda*, que nous avons citée, les premiers chapitres de la *Grammaire sanscrite* de M. Benfey, et les remarques diverses qu'il a semées çà et là dans son *Glossaire*.

2. Voyez la *Cité de Dieu* de saint Augustin, l. XI, ch. 22. Ce qui suit immédiatement ce passage vient

micrographie, pour me servir du terme technique et consacré, si je ne me trompe, dans les sciences naturelles, ne doit pas être appréciée en elle-même, mais dans ses résultats. Rien n'est minutieux de ce qui sert à trouver et à établir les lois et les grands principes des choses, et le microscope d'Ehrenberg a eu sa belle part dans les découvertes de notre temps et dans la vaste et magnifique ordonnance du *Cosmos*. Avons-nous bien le droit, quand il s'agit des merveilles de la nature ou physique ou morale, de rien négliger, de rien rejeter, comme petit ou insignifiant? Dans l'étude de la nature, dans toutes les sciences d'observation, il y a une règle à suivre, règle à la fois d'honnêteté et de bon sens : ne mettre jamais son imagination à la place de ses yeux, ne donner pour vu et perçu que ce qu'on a vu et perçu réellement; mais, du reste, n'imposer aucune autre limite à l'observation ni à l'analyse, aux yeux ni au microscope. Où en seraient aujourd'hui la physique et la chimie, si l'on s'était borné à toujours tout voir en gros et en masse, si l'on n'eût pas pénétré jusqu'aux molécules indivisibles et aux substances impondérables? Je continue donc, sans crainte d'encourir, ou, du moins, de mériter le blâme, cette appréciation souvent analytique et en apparence minutieuse : j'en ai fini, d'ailleurs, pour ce qui est de la dérivation, de ces sortes de remarques, pour lesquelles il faut regarder avec le microscope, ou du moins y voir de si près.

Le riche et fréquent usage des formatives les plus simples, les plus primitives n'empêche pas que l'idiome védique n'ait à sa disposition des moyens de dérivation plus marqués, plus accentués, si l'on peut ainsi dire. Sa simplicité, comme nous aurons toujours à le dire quand il s'agira de la syntaxe intérieure, n'est point dénûment ou pauvreté. La langue connaît déjà la plupart des suffixes dont le jeu si varié et les combinaisons multiples donnent aux époques suivantes de l'idiome tant de facilité pour nuancer les idées; mais elle diffère de ces époques suivantes en deux choses, dont l'une est la conséquence de l'autre. Les suffixes, comme nous l'avons déjà fait remarquer, et nous en avons dit autant des racines et des flexions, y sont généralement plus expressifs, plus voisins par leur signification de cet état où ils avaient, selon la théorie d'agglutination, la force de véritables mots. Les dérivés, par suite, ont gardé, ce semble, quelque chose de la valeur de mots composés. Par suite encore, les suffixes se combinent moins entre eux; il n'est pas

également à l'appui de ce que nous disons ici : *quæ parva non sua granditate, nam nulla est, sed artificis sapientia metienda sunt.*

besoin de multiplier autant les parties de l'expression, quand chacune, en elle-même, est bien pleine et significative.

Nous avons énuméré plus haut les formations et les dérivations qui sont contenues dans nos spécimens, et, si l'on veut bien retourner à ce tableau, on verra qu'il confirme la vérité de ce que je viens de dire. Il est vraiment surprenant de trouver réunie dans un si petit nombre de vers une telle variété de formatives simples. Aucun ordre de suffixes n'y manque, et ils nous apparaissent presque tous dans un état de simplicité toute primitive. Plus on étudie les langues, plus on est frappé des nuances infinies d'idées qu'elles peuvent rendre avec des moyens en apparence si limités. Comptez, par exemple, le nombre relativement si borné des racines pronominales, et voyez toutes les relations et toutes les modifications qu'elles expriment. Cette simplicité, cette ressemblance des éléments et moyens fondamentaux est nécessaire, pour que toute mémoire puisse suffire à se retrouver dans le langage, et elle devient possible, elle peut se concilier avec le besoin de varier les idées à l'infini, grâce à la possibilité de varier également à l'infini les combinaisons de ce très-petit nombre d'éléments, et à la parfaite méthode avec laquelle ces combinaisons se font, à la division très-nette de ces premiers éléments en catégories plus ou moins compréhensives. Les uns, pour me servir encore des termes employés dans l'histoire naturelle, sont de grands caractères de règnes, d'ordres, de familles : à ceux-là se subordonnent les marques génériques, à celles-ci les spécifiques, et enfin viennent les signes individuels, ceux qui déterminent la fonction actuelle et particulière du mot dans le discours[1]. On connaît la belle comparaison où Lucrèce a développé l'idée de la similitude des lettres ou moyens de formation, et de l'infinie diversité des mots et des objets que les mots désignent :

Quin etiam refert nostris in versibus ipsis
Cum quibus et quali sint ordine quæque locata.
Namque eadem cœlum, mare, terras, flumina, solem
Significant, eadem fruges, arbusta, animanteis :
Si non omnia sint, at multo maxuma pars est
Consimilis : verum positura discrepitant res

(II, 1013).

1. Voyez ce que j'ai dit à ce sujet dans mon *Traité de la formation des mots dans la langue grecque*, § 288 *bis*, Notions comparatives sur les verbes dérivés.

Je ne veux appliquer en ce moment ce que je viens de dire de cette alliance de la simplicité des moyens et de la richesse si féconde des effets, alliance qui s'étend à toutes choses dans les langues, et surtout dans les langues les mieux faites, qu'aux procédés de la dérivation, à la nature des suffixes. Pour prouver de plus en plus que je n'ai pas choisi nos deux hymnes de manière à y trouver la confirmation d'idées préconçues, et pour montrer que partout la langue védique a cette même énergie, et à la fois cette même simplicité, prenons un autre morceau et examinons rapidement les formations de mots dérivés qui y sont contenues.

Si je ne me trompe, on trouvera, dans cet examen, aussi bien que dans l'énumération que nous avons faite plus haut des dérivés de nos spécimens, d'une part, la confirmation de ce que nous avons avancé sur les caractères de la dérivation védique, et, de l'autre, une nouvelle preuve de ce que nous disions tout à l'heure : on y verra combien, avec un petit nombre de lettres différemment assemblées, différemment modifiées, on peut attacher aux racines d'idées accessoires et de relations diverses.

Je choisis un hymne au Soleil (*Savitri*), et j'en transcris le pada-pâṭha, que j'accompagne d'une traduction, pour qu'on puisse mieux suivre les analyses que nous allons faire. Je prends à dessein un des morceaux contenus dans le recueil publié par Rosen (I, 35) : c'est d'abord la portion du Véda qui, en ce moment encore, est le plus accessible à tous, et celle que je connais le mieux ; et, d'un autre côté, ce qui est, pour cette partie de notre sujet, une raison déterminante, nous y trouvons Sâyaṇa pour guide dans l'analyse des composés et des dérivés. Plus loin, il est beaucoup plus sobre d'explications grammaticales. Ma raison, pour donner ici le texte de l'hymne et le traduire, c'est que, pour bien apprécier la dérivation, il faut la voir jouant son rôle dans le discours, unissant les termes entre eux au moyen des rapports qu'elle exprime : en un mot, mise en œuvre par le style. Dans des listes de mots détachés, les formatives ont peu de vie, peu d'action : il faut les voir, dans la phrase même, animant par l'union les idées qu'elles enchaînent et coordonnent.

HYMNE A SAVITRI.

TRANSCRIPTION EN LETTRES LATINES.

1. *Hvayâmi Agnim prathamaṁ svastaye hvayâmi Mitrâvaruṇâu iha avase*
Hvayâmi Râtrîṁ jagataḥ ni-veçanîṁ hvayâmi devaṁ Savitâram ûtaye.

2. *Â krishṇena rajasâ vartamânaḥ ni-veçayan amrîtaṁ martyaṁ ca*
Hiraṇyayena Savitâ rathena â devaḥ yâti bhuvanâni paçyan.

3. *Yâti devaḥ pra-vatâ yâti*[1] *ut-vatâ yâti çubhrâbhyâṁ yajataḥ hari-bhyâm*
Â devaḥ yâti Savitâ parâ-vataḥ apa viçvâ duḥ-itâ bâdhamânaḥ.

4. *Abhi-vrîtaṁ krîçanâiḥ viçva-rûpaṁ hiranya-çamyaṁ yajataḥ brî-hantaṁ*
Â asthât rathaṁ Savitâ citra-bhânuḥ krîshṇâ rajâṁsi tavishîṁ da-dhânaḥ.

5. *Vi janân çyâvâḥ çiti-pâdaḥ akhyan rathaṁ hiraṇya-pra'ugaṁ vahantaḥ*
Çaçvat viçaḥ Savituḥ daivyasya upa-sthe viçvâ bhuvanâni tasthuḥ.

6. *Tisraḥ dyâvaḥ Savituḥ dvâu upa-sthâ ekâ Yamasya bhuvane virâshâṭ*
Âṇiṁ na rathyam amrîtâ adhi tasthuḥ iha bravîtu yaḥ u tat ciketat.

7. *Vi su-parṇaḥ antarikshâṇi akhyat gabhîra-vepâḥ asuraḥ su-nîthaḥ*

1. D'après Sâyaṇa, le verbe *yâti* marque ici que Savitrî vient vers le lieu du sacrifice : *yajñadeçe gacchati.*

2. Les adjectifs *çubhrâbhyâm* et *haribhyâm* sont au duel, et il s'agit de deux chevaux ; un peu plus bas (st. 5), nous avons le pluriel. Ailleurs ce sont sept chevaux couleur de feu que le soleil attelle à son char :

Sapta tvâ harito rathe vahanti deva Sûrya
(R. V., I, 50, 8).

HYMNE A SAVITRI.

TRADUCTION.

1. J'invoque Agni d'abord, pour le salut; j'invoque Mitra et Varuṇa pour (qu'ils nous viennent en) aide;

J'invoque la Nuit, qui invite le monde au repos; j'invoque le céleste Savitrï, pour qu'il (nous) protége.

2. Reparaissant dans l'univers obscur, et rappelant à leur tâche immortels et mortels,

Le divin Savitrï s'avance avec son char d'or, et contemple les créatures.

3. Le dieu va par la descente, par la montée (céleste), (le dieu) adorable, avec ses deux chevaux brillants, enflammés;

Il vient de loin, le céleste Savitrï, mettant fin à tous les méfaits.

4. Il est debout sur son grand char, l'adorable Savitrï, (son char) couvert d'or, diversement orné; l'aiguillon d'or (à la main), brillant en tous sens, il donne la force aux mondes plongés dans les ténèbres.

5. Ils éclairent les hommes, ses coursiers fauves aux pieds lumineux, traînant le char dont le joug est d'or :

Toujours les hommes, et toutes les créatures, sont là, en présence du divin Savitrï.

6. Il y a trois mondes; deux (qui sont) en présence de Savitrï, un (autre) qui reçoit les hommes dans le séjour de Yama[1].

Comme la cheville (unit toutes les parties) du char, Savitrï soutient (tous) les (êtres) immortels? (Comment?) que celui-là nous le dise, qui le sait.

7. (Le dieu) aux belles ailes illumine les airs, agité d'un mouvement invisible, vivant et sage.

1. C'est là le sens que Sâyaṇa donne à *virâshâṭ*. Il décompose ainsi ce mot : *virâshâṭ virân gantrïn sahate | pretâḥ purushâ antarikshamârgena yama-loke gacchanti*. M. Lassen cite ce passage (*Indische Alterthumskunde*, t. I, p. 767), et s'exprime ainsi, au sujet de Yama : « *Yama*, der Bändiger, der Gott des Todes, wird in den bisher mitgetheilten Hymnen nur selten erwähnt : den weg des *Yama* wandeln ist ein Ausdruck für Sterben. »

Kva idânîm̃ Sûryaḥ kaḥ ciketa katamâm̃ dyâm̃ raçmiḥ asya â tatâna.

8. *Ashṭâu vi akhyat kakubhaḥ prithivyâḥ trî dhanva yojanâ sapta sindhûn*
Hiraṇya-akshaḥ Savitâ devaḥ â agât dadhat ratnâ dâçushe vâryâṇi.

9. *Hiraṇya-pâṇiḥ Savitâ vi-carshaṇiḥ ubhe dyâvâprithivî antaḥ îyate*
Apa amîvâm bâdhate veti sûryam abhi krishṇena rajasâ dyâm riṇoti.

10. *Hyraṇya-hastaḥ asuraḥ su-nîthaḥ su-mrilîkaḥ sva-vân yâtu arvâñg*

Apa-sedhan Rakshasaḥ yâtu-dhânân asthât devaḥ prati-dosham̃ grîṇânah.

11. *Ye te panthâḥ Savitar pûrvyâsaḥ areṇavaḥ su-kritâḥ antarikshe*

Tebhiḥ naḥ adya pathi-bhiḥ su-gebhiḥ raksha ca naḥ adhi ca brûhi deva.

Où est maintenant le soleil ? Qui le sait ? Sur quelle partie du ciel s'étendent ses rayons ?

8. Il éclaire les huit régions de la terre, les trois mondes et leurs habitants [1], les sept fleuves [2] ;

Qu'il vienne, le céleste Savitrĭ, aux yeux d'or, apportant de belles richesses à son adorateur.

9. Savitrĭ, aux mains d'or, qui voit tout, va entre le ciel et la terre ;

Il détruit les maladies, il mène le soleil, il arrive dans le ciel, traversant l'univers obscur.

10. Le dieu aux mains d'or, vivant, sage, possédant la belle joie, la richesse, qu'il vienne ici !

Le voici, repoussant les Rakshas, les génies malfaisants, le dieu que nous louons chaque nuit.

11. Par les voies antiques, sans poussière, bien frayées, (que tu suis) dans les airs, (ô) Savitrĭ,

Par ces voies faciles, (viens) aujourd'hui, protége-nous, (ô) Dieu, et commande-nous.

1. Voyez ce que nous disons plus bas, p. 186, du sens de *yojana*.

2. Sur les sept fleuves, voyez *Indische Alterthumskunde*, t. I, p. 843.

Ce que nous avons dit de l'hymne au Ciel et à la Terre, nous pouvons le répéter au sujet de celui-ci. Il a plus d'éclat, mais tout aussi peu d'art et d'ordre. Les images sont prodiguées sans choix et semblent entassées comme au hasard. Aussi, traduite surtout dans une langue moderne, capable de reproduire d'heureux effets de style, mais beaucoup moins ce genre de beauté qui tient à la structure même des mots, au génie de la langue, dans ce qu'il a de plus intime, de plus inimitable pour un idiome analytique, une poésie de cette espèce peut-elle paraître désordonnée, et peut-être un peu étrange, à qui s'est nourri des chefs-d'œuvre de nos langues classiques. L'axiome d'Horace, *adeo series juncturaque pollet*, s'applique aussi, au moins dans une certaine mesure, à l'inspiration lyrique : il faut que les écarts, le désordre même de l'enthousiasme aient, si je puis ainsi parler, leur raison d'être, une raison qui se voie, se comprenne. Les pics des Alpes sont séparés par des abîmes, mais n'en forment pas moins, pour l'œil qui les considère, un magnifique ensemble. Mais ce n'est point du style que je veux parler, et pour pouvoir l'apprécier justement, il faudrait entrer dans de longs détails, qui ne seraient point à leur place ici. C'est de la langue seulement qu'il s'agit, et, dans la langue, nous ne nous occupons en ce moment que de la manière dont se forment les dérivés [1].

En examinant ce nouvel hymne, nous trouvons que, pour la formation des mots, il diffère en un seul point de nos spécimens : les composés y sont plus nombreux. Du reste, la structure des termes y est de même nature, les règles de la dérivation conformes aux mêmes principes. Je ne reviendrai pas sur les dérivés que nous avons déjà analysés : les autres, comme on le verra, nous offriront plus d'un fait intéressant et digne d'attention.

La plupart des formes verbales personnelles ou appartiennent aux temps généraux, c'est-à-dire, à ceux qui n'ont point de suffixes de dérivation insérés entre la racine et la désinence, ou sont d'une classe de conjugaison qui

1. Il y a, dans cet hymne à Savitrî, comme dans la plupart des chants du Véda, des mots, des passages obscurs. Je n'ai arrêté ma traduction qu'après avoir étudié le commentaire. Je ne donne pas ici les raisons pour lesquelles je me suis çà et là, pour ces sortes de mots et de passages, écarté de son sens. Cela importe peu pour ce que nous avons à dire des dérivés.

n'en insère point même aux temps spéciaux : ainsi *asthât*, *âsthât* (*â* + *asthât*), *tasthuḥ*, *âgât* (*â* + *agât*), *yâti*, *yâtu*, *veti*, *brûhi*, *tatâna*, *akhyat*, *akhyan* (de la racine *khyâ*), et les deux formes redoublées de la racine *kit*, qui suit la 3e classe : *ciketa*, *ciketat*. Les présents *hvayâmi* (de *hve*), *bâdhate* (de *bâdh*), l'impératif *raksha* (de *raksh*), sont de la 1re classe, et prennent la plus ordinaire des formatives, c'est-à-dire, la voyelle *a*. La racine *rî* a dans le Véda des conjugaisons très-diverses; dans notre texte, elle suit la 5e classe : *riṇoti*[1]. Il nous reste une dernière forme remarquable : le passif réfléchi *îyate*[2] (de la racine *i*, « aller »), signifiant « il se meut, il se hâte, il va. »

Notre hymne est assez riche aussi en participes, surtout en participes présents, soit actifs, soit moyens : *paçyan*, *apa-sedhan*, *vahantaḥ* (nomin. sing. *vahan*), *niveçayan*, pour l'actif; *vartamânaḥ*, *bâdhamânaḥ*, pour la première conjugaison du moyen; *dadhânaḥ*, *grîṇânaḥ*, pour la 2e de la même voix. Parmi ces participes, il n'y en a que trois qui aient d'autres formatives que le suffixe même du participe, accompagné dans quelques-uns de l'*a* final des thèmes de la 1re conjugaison : c'est *paçyan*[3], de la 4e classe, qui insère *y*; *niveçayan*, qui est à la forme causale, et le passif védique *grîṇânaḥ*, « loué, » appartenant à la 9e classe, et tiré de la racine *grî*, « résonner, louer. » *Yajata*, « sacrificiis colendus, » qui est répété deux fois dans l'hymne, est une forme archaïque de participe futur passif, répondant au participe latin en *dus*, *da*, *dum*. Quant à *abhîvrîta* (le pada-pâṭha écrit *abhivrîta*), Sâyaṇa l'explique comme un accusatif d'*abhîvrît*, et renvoie à la règle de Pâṇini (VI, 3, 116), qui nous apprend qu'en composition la finale du premier terme s'allonge devant *nah*, *vrît*, et plusieurs autres racines, que Sâyaṇa n'énumère point[4]. Du reste, à ne voir que les lettres dont le mot se compose, on pourrait le prendre aussi pour le participe passé passif de la racine *vrî*, pré-

1. Voyez, au sujet de ce verbe, le *Glossaire du Sâma-Véda*. Un fait assez curieux est le passage de cette racine de la 5e classe à la 1re, c'est-à-dire, la combinaison des formatives des deux classes. Le suffixe qu'insère la 5e classe est *nu*, celui de la 1re est *a* : réunis, ils nous donnent le présent *riṇvati*.

2. Il est curieux de trouver déjà dans les Védas cet emploi réfléchi du verbe « aller, » devenu si commun en français avec *en* : « s'en aller, il s'en va. » M. Benfey rapproche fort à propos de cette forme *îyate* le grec ἵεμαι.

3. Voyez, au sujet de la forme *paç(y)*, qui remplace la racine *drîç* aux temps spéciaux, le *Glossaire du Sâma-Véda*, p. 93. La forme primitive paraît être *spaç*; comparez le latin *spec i-o*, *-spic-i-o*, et remarquez l'*i* inséré, comme en sanscrit, devant la désinence.

4. *Abhîvrîtam* | *abhito vartata ityabhîvrît* | *vrîtu vartane* (citation du Dâtupâṭha). | *kvipi nahivrîtityâdinâ pûrvapadasya dîrghatvam*. Dans Pâṇini, au lieu de *kvipi*, il y a *kvâu*. Le monosyllabe *kvi* (dont *kvâu* est le locatif) désigne à la fois les deux suffixes nommés *kvip* et *kvin*; voyez le Pâṇini de M. Böhtling, t. II, p. 448.

cédée du préfixe *abhi*. Nous avons dit ailleurs que le substantif neutre *durita* était également un participe passé passif; les composés *amrĭta*, *sukrĭta*, appartiennent, par leur forme, à la même catégorie.

On voit par ce qui précède que, pour les verbes et ces mots qui participent à la fois de la conjugaison et de la déclinaison, ce nouveau spécimen ne nous offre que des faits bien conformes à ce que nous avons dit, à ce que nous avons vu jusqu'ici. Pour les noms et les adjectifs, notre examen aura un semblable résultat : même simplicité logique et grammaticale, c'est-à-dire, même simplicité dans la déduction des idées et dans les moyens matériels de dérivation. Ce sont encore les suffixes primaires *a*, *i*, *u*, qui, soit par eux-mêmes, soit avec des modifications euphoniques de la racine ou du thème, soit en se mariant avec d'autres lettres formatives, jouent le plus grand rôle dans la structure des dérivés, et donnent naissance à des expressions dont le sens en général s'explique sans peine par les éléments dont elles se composent, et qui, à part quelques termes obscurs, sont de nature bien transparente. Ainsi, sans reparler de *deva*, *pâda*, *ubha*, *dosha* (que nous avons ici dans le sens de « nuit, » à la stance 10), le substantif *jan-a*, « homme, » se rattache on ne peut plus directement à *jan*, « engendrer; » le composé *antariksh-a*, « l'atmosphère, » proprement « le transparent, » à *îksh* (*iksh*), « voir, » précédé d'*antar*, « entre, *inter*. » Le *t*, soit seul, soit initial ou final dans le suffixe, nous donne, outre les participes, que nous avons indiqués plus haut, les formes *brĭh-at*, « large, » de *brĭh*, « croître; » *jaga-t*, redoublement de *gam*, qui devient *gat* dans un certain nombre de composés; l'adverbe *çaçvat* (primitivement *saçva-t*), « toujours, » de la racine *çvi*[1]; *çiti*, « blanc, brillant, » de *çi*, « aiguiser, polir; » *ûti*, de la racine *av*, etc. La sifflante dans *av-as*, que nous avons déjà vu plusieurs fois et qui vient de la même racine *av;* dans *vepas*, « tremblement, agitation, » de *vep* (*vip*), « trembler; » dans *raj-as*, proprement « couleur, » de *rañj* (*raj*); dans *tavishî*, adjectif féminin employé substantivement et dérivé de *tav-as*, « le fort; » *dâç-us*, « adorateur, » de *daç*, « honorer; » la nasale des dentales dans *bhuv-ana*, « créature, » de *bhû*, « être, devenir; » dans *yoj-ana*, dont le sens ordinaire est « mesure itinéraire, chemin, » de *yuj*, « joindre[2]; » *bhâ-nu*, « éclat, » de *bhâ*, « briller, » etc.; la semi-voyelle *y* dans *dâivya*, « divin, » de *deva*, « dieu; »

1. Pour *jagat* et *çaçvat*, voyez le *Glossaire du Sâma-Véda*. Sâyaṇa explique précisément ici *jagataḥ* par *jaṅggamasya*, qui veut dire « mobile, capable de locomotion. » Quant à *çaçvat* (*saçvat*), il signifie proprement « qui croît ensemble. » *Çvi* fait à l'aoriste *açvat*.

2. Sâyaṇa donne de *yojana* une autre interprétation, que nous avons suivie, sans être bien con-

dans *rathya*, « relatif au char, » de *ratha*, « char; » dans *vâr-ya*, « beau, distingué, » de *vri*, « choisir; » dans *sûrya*, « soleil » (cf. *sûri*, proprement « brillant »), de *svar*, *svri*, d'où *svar*, « ciel; » dans *martya*, « mortel, » de *mri*, « mourir; » la semi-voyelle *r*, soit seule, soit combinée avec d'autres consonnes, dans *çubh-ra*, « brillant, » de *çubh*, « briller; » dans *citra*, « varié, » proprement « digne d'être vu, » de *ci* ou peut-être de *cit*, qui n'est qu'une forme allongée de *ci*; *Savi-trî* (*Savi-târ*), de *sû*, « engendrer, » etc. : enfin les mêmes formatives sont employées avec une valeur analogue à celle que nous leur avons vue jusqu'ici, et à peu près dans la même proportion.

Il est inutile, je crois, d'insister davantage, et cette nouvelle analyse prouve surabondamment ce que je voulais établir : à savoir, que ce que nous avons dit des instruments et des procédés de la dérivation s'étend aux Védas en général, et ne s'applique pas uniquement à tel ou tel morceau qu'on aurait choisi à dessein. A côté des mots que nous venons de ramener à leur origine, il s'en trouve un certain nombre qui sont de formation obscure et dont l'étymologie est douteuse; cependant, parmi ceux-là même, il en est plus d'un qu'on a expliqué ou qu'on peut expliquer par des conjectures au moins très-probables. Ainsi *kakubh*, par exemple, qui paraît signifier proprement « tête, *vertex*, » est, selon toute apparence, un redoublement de la racine *kubh*, *kumbh*, *kumb*, « couvrir, » et probablement aussi « tourner, courber; » *arvâñc*, employé adverbialement au neutre *arvâñg*, dans le sens d'« ici, vers ce lieu-ci, vers nous, » est composé vraisemblablement d'*arva* pour *arvat*, « bas, » et de la racine *añc*, « aller, courber[1]. »

Je n'ai pas besoin de faire remarquer que cet hymne à Savitrî vient aussi confirmer encore ce que nous avons dit de l'emploi des racines pures comme mots : voyez *vrit*, *viç*, *upa-stha*, *su-ga*, employé ici adjectivement et tout à fait dans son sens propre[2]; *dyo*, dont nous avons une double forme, *dyâvas*, et la contraction *dyâm*, pour *dyâvam*.

Je ne ferai plus, au sujet des dérivés de ce morceau, qu'un très-petit nombre d'observations, relatives à quelques formations remarquables, qui me semblent propres à bien montrer que, pour la structure intime des mots, la langue védique a déjà de merveilleuses ressources, et que si, pour la construc-

vaincu qu'elle soit exacte. Le mot pourrait, ce me semble, se prendre ici dans son sens propre. — Sur *dhanvan*, qui précède *yojana*, voy. le *Gl. du S.V.*

1. Voyez le *Glossaire du Sâma-Véda*, aux articles *kakubh* et *arvâñc*. — Voyez aussi, dans la glose des stances 7 et 10, la double étymologie proposée par Sâyaṇa pour chacun des deux mots *Rakshas* et *asura*.

2. Voyez plus haut, p. 51, note 6.

tion, pour la syntaxe extérieure, il lui reste beaucoup à apprendre, elle a, en revanche, pour la syntaxe intérieure, une force et une fécondité étonnantes. Le second vers de la première stance renferme une très-belle épithète de la nuit : *niveçanîm*. Sâyaṇa l'explique ainsi : *niveçanîm upaveçanahetubhûtâm*, c'est-à-dire, « *niveçanî* signifie : qui est cause de retraite et de repos, cause qu'on se retire, qu'on va se reposer dans sa maison. » Puis il ajoute une citation : *jañggamâh sarve prâṇino divase svasvavyâpârân krĭtvâ svasvagrĭhe râtrâvupaviçanti* (*ratrâu-upa*...) « Les (êtres) animés mobiles (capables de locomotion), après avoir fait le jour chacun son œuvre, se retirent la nuit chacun dans sa maison. » Puis, à la fin de sa glose, il revient encore sur ce dérivé et précise avec plus d'exactitude la valeur du suffixe : *niviçantyasyâm iti niveçanî*. *Asyâm* est un locatif dans le sens temporel, et le commentaire signifie : « (domos) ingrediuntur in ea, i. e. *niveçanî*, » c'est-à-dire, *niveçanî* désigne la nuit, comme étant le temps où on se retire dans sa demeure. Ensuite il détermine par un axiome grammatical la signification de la formative *ana*, dont le nom technique est *lyuṭ* : *karaṇâdhikaraṇayoççeti lyuṭ*, « *ana* est dans le sens d'instrument et de lieu d'action. » *Adhikaraṇa* désigne l'endroit, la sphère de l'action, d'une manière tout à fait générale, et comprend tout ce dans quoi la chose se fait, le temps aussi bien que le lieu.

Dans les trois adjectifs *pra-vatâ*, *ud-vatâ*, *parâ-vataḥ*, dont les deux premiers sont à l'instrumental, le troisième à l'ablatif, et qui, employés sans substantifs, signifient, le premier « par la descente, » le second « par la montée, » le dernier « de loin, » le scoliaste considère *vat* comme dérivé de *van*, et il traduit *pravatâ* par *pravaṇavatâ mârgeṇa* (*pravaṇa* veut dire « pente, déclivité »). L'étymologie qu'il indique est possible, mais la finale *vat* a pris l'apparence d'un véritable suffixe, combiné directement avec les particules *pra*, *ut* et *parâ*[1].

Le composé *su-mrĭlîka*, « qui réjouit bien, auteur de la joie, » se tire de la racine *mrĭd*, précédée de *su* et suivie du suffixe *îka* ; cette racine, dans les Védas, à la forme causale, signifie « réjouir. » Le *d* est remplacé dans ce mot par un *l*. *Sumrĭdîka* se trouve dans le *Sâma-Véda* (II, 7, 3, 13, 1), absolument avec le même sens[2].

1. Après avoir traduit *pravatâ* et *udvatâ*, Sâyaṇa ajoute : *udayânantaram â madhyâhnam ûrddhvo mârgaḥ | tata upari â sâyam pravaṇo mârgaḥ*, « aussitôt après le lever, jusqu'à midi, la route (du soleil est) montante ; après cela jusqu'au soir (jusqu'au coucher), la route est en pente (la route descend). » Il serait difficile de pousser plus loin la clarté.

2. Voyez le *Glossaire* de M. Benfey, p. 198, à l'article *sumrĭdîka*.

Immédiatement après *su-mrilîka*, se trouve un autre dérivé remarquable, l'adjectif possessif *svavân*, qui signifie « riche, » *dhanavân*, comme le traduit Sâyaṇa. Le neutre *svam* du pronom *sva*, « sien, *suus*, » se prend, en effet, dans le sens de « bien, propriété, richesse, » et *vat* marque possession. En ramenant le mot à son sens primitif, il veut dire proprement « qui a *du sien*, quelque chose qui est à lui, qui est sa propriété [1]. »

Je n'ajoute plus qu'une seule analyse de ce genre, celle du pronom *katama*, qui est dans le dernier hémistiche de la 7e stance. Il se compose du thème *ka*, interrogatif, et du suffixe de superlatif *tama*, et veut dire : « qui entre plusieurs? » de même que le comparatif *katara*, le premier mot de l'*hymne au Ciel et à la Terre*, signifie « qui de deux? » C'est comme si l'on avait en grec, outre le comparatif πότερος (κότερος), un superlatif πότατος (κότατος) [2].

Ces divers exemples achèvent de prouver, si je ne me trompe, que, si la dérivation est, en général, simple et peu compliquée, cela ne l'empêche point d'être déjà expressive, ingénieuse et féconde. Il semble même, comme je l'ai déjà donné à entendre, et ce que nous dirons des composés le montrera également, que l'idiome compense, par l'art qu'il apporte à la formation des mots, ce qui peut encore lui manquer pour la construction des phrases et la suite du discours.

Parmi les suffixes que la langue védique emploie le plus souvent, se trouvent ceux du comparatif et surtout du superlatif, et l'usage qu'elle en fait nous fournit l'occasion de rappeler une remarque que nous avons déjà faite. Elle ne les attache pas uniquement aux adjectifs proprement dits, mais bien souvent à des substantifs, et aussi, avec une sorte de préférence, à certains composés, terminés par des noms-racines, qui, en général, jouent le rôle de noms d'agents. On voit par là que cette extension d'emploi sur laquelle nous avons appelé l'attention en parlant soit des racines, soit de la flexion, est aussi une propriété, une aptitude des suffixes. Pour cette partie de la langue, comme pour les autres, les cadres ne sont pas encore tracés avec cette rigueur exclusive que l'on remarque plus tard; on dirait, je le répète, que les racines pronominales, d'où se tirent en général les suffixes ainsi que la flexion, ont aussi gardé quelque chose de cette valeur plus absolue, plus multiple, plus diversement applicable, que nous avons observée dans les racines nominales et verbales. Les déductions de sens, le passage de l'abstrait au concret,

1. Le scoliaste l'explique ainsi : *svam asyâstîti* (*asya-asti-iti*) *svavân*, c'est-à-dire, « *svavân* (désigne celui de qui l'on dit :) *du bien est à lui*. »

2. Les Grecs ont ajouté à ce radical un autre suffixe de superlatif : πό-στος signifie « lequel (entre beaucoup, dans une série de choses)? »

de l'actif au passif, se font dans les dérivés qu'emploie la langue des hymnes, avec une facilité et parfois une hardiesse surprenantes : *yudh* signifie, par exemple, à la fois « combat » et « combattant; » *dvish*, « haine » et « ennemi; » *ûti*, « protection » et « protecteur; » *kratu*, « force » et « donnant la force, nourriture; » *dharuṇa* ainsi que *vidharman*, « porteur » et « action de porter; » *pakti*, « le cuire, le cuit, l'offrande; » *krïshṭi*, « labourage, culture, laboureur, homme, » etc., etc. Nous avons vu *vrïdh*, *vah*, *drïç*, à la fin des composés, tantôt dans le sens actif et tantôt dans le sens passif. Mais je ne veux m'occuper en ce moment que des formatives qui marquent les degrés de comparaison. Nous avons déjà vu le comparatif *rathîtara*, « plus cocher, meilleur cocher, » de *rathî*, « cocher; » le superlatif se trouve également, c'est *rathîtama*. Nous avons cité aussi *çaṁtama*, de *çam*, « repos, bonheur; » ce dérivé prend un sens d'adjectif et signifie : « qui rend le plus heureux, le plus propre à rendre heureux. » Les grammairiens supposent généralement comme positif quelque intermédiaire, quelque mot d'une signification moins abstraite, un nom d'agent, un adjectif. Ainsi ils regardent *sahîyas*, « plus fort, très-fort, » de *sahas*, » force, » comme le comparatif du nom d'agent *sodhrï; çavishṭha*, « très-fort, » de *çavas*, « force, » comme celui de *çavasvat*, etc. Un superlatif semblable se tire de *vapus*, « forme, belle forme; » *vapushṭha*, « le plus beau; » de *çrî*, « bonheur, salut; « *çreshṭha*, « le meilleur, » très-usité dans le sanscrit ordinaire; de *kavi*, « un poëte, un sage, » *kavîyas*, « plus sage, très-sage; » de *vîra*, « héros, » *vîratara*, « plus héros; » de *nrï*, ἀνήρ, *nrïtama*, « très-viril. » Les noms abstraits peuvent aussi élever de cette manière leur signification à la fin d'un composé : ainsi dans la 5e stance du premier hymne du *Rïg-Véda*[1], *citraçravas-tama*, « qui est diversement très-glorieux, » de *citraçravas*, « diversement glorieux. » Quelquefois on met le superlatif lui-même au superlatif, par l'addition d'un second suffixe marquant ce degré. Ainsi *creshṭha-tama*, de *çreshṭha; nedishṭha-tama* de *nedishṭha*, qui a pour positif, quant à la forme, *naddha*, « attaché, proche[2]. »

Ces formatives, qui expriment supériorité, s'ajoutent avec une grande facilité aux mots les plus divers; ainsi :

madin-tara, *madin-tama*, « plus enivrant, le plus enivrant; »

1. Il suffit de lire ce premier hymne pour voir que ce mode de dérivation dont nous parlons est une des habitudes ordinaires de la langue. Le superlatif *citraçravastama*, que nous trouvons à la 5e stance, est précédé de deux autres : *ratnadhâtama* et *vîravat-tama*.

2. Voy. le *Glossaire* de M. Benfey, p. 115, à l'article *nedîyas*.

rayin-tama, « le plus riche ; »

vîravat-tama, « qui a le plus de héros ; »

dyumat-tama, « très-brillant, » de *dyumat*, « brillant, » etc.

Quelquefois il semblerait qu'elles s'attachent directement à la racine :

vah-ishṭha, « vector optimus, » de *vah*, « vehere ; »

maṁhishṭha, « très-généreux ; » de *maṁh*, « être puissant » et « donner ; »

gamishṭha, « très-rapide, très-alerte, très-dispos, » de *gam*, « aller [1], » etc.

On élève de même au comparatif et au superlatif les racines pronominales, les préfixes (voyez plus bas, p. 198).

Nous avons dit que les noms-racines qui terminent les composés prenaient volontiers les suffixes qui marquent les degrés de comparaison ; en voici quelques exemples :

dasyuhan-tama, « très-tueur de méchants, » de *dasyu-han*, « qui tue les méchants » (voy. plus haut, p. 114, le comparatif *druhan-tara*, de *dru-han*) ;

kratuvit-tama, « très-donneur de force, » de *kratu-vid*, « qui donne la force ; »

varivodhâ-tama, « très-donneur de bénédiction, de trésors, » de *varivodhâ*, « qui donne la bénédiction, les trésors ; »

somapâ-tama, « très-buveur de Sôma, » de *soma-pâ*, « buveur de Sôma ; »

devavî-tama, « très-ami des dieux », de *deva-vî*, « aimant les dieux ; »

sugopâ-tama [2], « qui a un très-bon protecteur, » de *su-go-pâ*, « ayant un bon protecteur ; »

vâjasâ-tama, « très-libéral de force, de nourriture, » de *vâja-sâ* [3], etc., etc.

Outre les suffixes ordinaires du comparatif et du superlatif, la langue a un grand nombre d'autres moyens pour élever et fortifier la signification des termes. La modification que ces formatives apportent au sens, en se plaçant à la suite du mot, certains préfixes et certaines particules la produisent également, en se plaçant devant le mot (*dur*, *dus*, forme des superlatifs en sens contraire, en mal). Ce sont particulièrement les monosyllabes *pra*, *su* qui ont fréquemment cet emploi dans la langue. Un certain nombre d'adjectifs et de noms, propres à l'exagération à l'hyperbole, jouent aussi le même rôle : ainsi *prĭthu*, *puru*, *bhûri*, *tuvi*, *viçva*, *çata*, *sahasra*, etc.

1. *Vahishṭha* et *maṁhishṭha* se trouvent dans l'hymne 121 du *Rĭg-Véda ; gamishṭha*, dans l'hymne 118. Sâyaṇa traduit ce dernier mot par *gantrĭtama* ; *vahishṭhân*, par *atiçayena vôdhrîn* ; et *mañhishṭhâḥ*, par *atiçayena stutibhiḥ pravardhayitâraḥ*.

2. Nous avons ce superlatif dans la stance citée à la page 158.

3. *Vâjasâtama* se trouve dans le même hymne que *dyumattama*, que nous avons donné plus haut (R.V, I, 28, 5 et 7).

Nous pouvons dire de la dérivation ce que nous avons dit des cas : on pourrait faire un long traité sans épuiser le sujet ; car, pour la formation des mots, l'idiome védique a des richesses infinies. Nous ne voulions ici que donner une idée de ses ressources, et nous avons pensé que pour montrer quelle était, quant à cette aptitude créatrice, le génie et la nature de la langue, il valait mieux nous étendre un peu sur tel ou tel genre de dérivés en particulier, que de nous arrêter à des appréciations superficielles, ou du moins non accompagnées de preuves suffisantes, sur la dérivation en général. Ce qui précède est surtout relatif aux mots déclinables. Nous allons entrer dans quelques détails sur un mode assez intéressant de dérivation verbale, qui, comme la plupart des faits que nous avons examinés jusqu'à présent, viendra confirmer encore ce que nous avons dit de cette alliance étonnante qui se remarque dans la langue des hymnes, de l'énergie de signification et de la simplicité des moyens d'expression ; en d'autres termes, du peu de frais que l'idiome a à faire pour modifier les idées de la manière la plus sensible.

La classe de dérivés dont je veux parler est celle des verbes qu'on appelle dénominatifs, c'est-à-dire, des verbes qui se tirent des noms au moyen d'une addition matériellement très-légère, mais, si l'on veut bien me permettre ce mot, significativement très-notable et très-expressive. L'adjonction de la voyelle *i* ou de la syllabe *ya* à un thème déclinable en fait un verbe qui exprime le désir, l'amour de la chose ou de la personne désignée par le nom qui sert de primitif au dérivé. Les substantifs des significations les plus diverses, les pronoms eux-mêmes, se prêtent avec la plus grande facilité à cette sorte de dérivation [1].

Le substantif *açva* veut dire « cheval, » *açvây*, « désirer des chevaux ; »

jmâ, « terre, » *jmây*, « aimer la terre ; »

dhî, « offrande, » *dhiyây*, « vouloir accomplir l'offrande ; »

durhaṇa, « frappant violemment, » *durhaṇây*, « (vouloir frapper violemment) exercer des violences ; »

namas, « honneur, » *namasy*, « vouloir (rendre) honneur, honorer ; »

pritanâ, « combat, » *pritany*, « vouloir combattre » et « combattre ; »

çatru, « ennemi, » *çatruy*, « être ennemi, »

kavi, « sage, poëte, » *kavîy*, « vouloir être sage, se conduire comme un sage ; »

1. Voyez, au sujet de ces verbes dénominatifs, le *Glossaire* de M. Benfey, et les §§ 213 et suiv. de la *Grammaire sanscrite* du même auteur.

deva, « dieu, » *devay*, « aimer, honorer les dieux. »

Nous avons dit qu'il y avait des pronoms qui se transformaient de même en verbes dénominatifs :

de *tvâ*, qui répond par le sens au latin *te*, on a formé *tvây*, « amare te ; »

d'*asma(d)*, « nous, » *asmay*, « amare nos », d'où se tire l'adjectif *asmayu*, « qui nous aime ; » comme de *tvây*, on a fait *tvâyu*, « qui t'aime ; »

Car de ces verbes dénominatifs viennent d'une part des adjectifs en *u*, et de l'autre des noms abstraits en *â* : le thème verbal qui sert de transition pour dériver ces mots déclinables, ne se trouve pas toujours dans les textes, mais toujours au moins il existe virtuellement. Ainsi :

çravasyâ, « désir de gloire, » *cravasyu*, « désireux de gloire, » vient du verbe *çravasy*, « désirer la gloire ; »

indrayu, « aimant Indra, » présuppose un verbe *indray*, « aimer Indra » (comparez plus haut *devay*, « aimer les dieux ») ;

vîrayu, « aimant les héros, » un verbe *vîray*, « aimer les héros ; »

rathayâ, « désir de chars, » un verbe *rathay*, « désirer des chars ; »

svaryu, « désirant le ciel, » un verbe *svary*, « désirer le ciel ; »

dvayu, « aimant la duplicité, méchant, » un verbe *dvay*, « aimer la duplicité, » etc.

Le mot le plus riche, je crois, en dérivés de ce genre est le substantif *go*, « taureau » ou « vache. » On en a formé le dénominatif *gavy*, « désirer des taureaux ou des vaches » : de là un adjectif « *gavyu*, « désireux de taureaux ou de vaches ; » un substantif *gavyâ*, « désir de... ; » puis de *gavya*, autre dérivé du même radical *go*, on a fait, en passant par un nouveau dénominatif *gavyay*, le nom abstrait *gavyayâ*, synonyme de *gavyâ*, et l'adjectif *gavyayu*, synonyme de *gavyu*. Le radical *gavy*, directement tiré de *go*, prend dans le discours une signification assez remarquable, mais très-logiquement déduite. De cette idée première : « désirer des taureaux, des vaches, » on a passé à celle de « désirer du butin, » puis « désirer de faire la guerre. » Ainsi *gavyatâ manasâ* signifie, « avec une pensée belliqueuse, des dispositions guerrières[1] » (*gavyatâ* est l'instrumental du participe présent de *gavy*).

Cette variété de formes, issues du radical *go*, nous amène très-naturellement à parler de la fécondité qu'ont déjà, dès cette antique phase de la langue, certaines racines, et de la facilité avec laquelle elles groupent autour d'elles des exposants de rapports très-divers. Pour n'en donner qu'un seul exemple, *jan*,

1. Voyez le *Glossaire du Sâma-Véda*, à l'article *gavy*.

« engendrer, » qui suit la 1re et la 3e classe, et peut par conséquent prendre un redoublement, *jajan,* forme les dérivés :

jana, « race, créature, homme; »
jani, « femme, épouse ;»
janî, « mère; »
janus, « naissance ; »
janitri, « celui qui procrée ; »
janitrî, « celle qui procrée ; »
janitra, « lieu de la naissance ; »
jantu, « créature, homme ; »
janiman, *janman*, « naissance, race; »
janya, « fécond ; »
jâmi, « uni par des liens de frère ou de sœur ; »
jâvat, « ayant une descendance ; »
(vi-)jâvan, « se propageant ; »
janîy, « désirer une épouse ; » etc. ;

Joignez à cela, d'une part, les mots-racines, dont nous avons parlé ailleurs, *jâ*, « rejeton, » *gnâ*, « femme, » de la forme antique *gan* pour *jan* ; et d'autre part, les divers participes, *jajñâna*, *jâta* (d'où vient l'abstrait *su-jâtatâ*, bonne naissance), » *jâyamâna*, le participe futur passif védique *jantva*, *janitva*, etc. Trois de ces dérivés se trouvent réunis dans une stance que nous avons citée plus haut (p. 29) : *jana, jâta, janitva* : le premier tire un sens précis de *pañca*, qui l'accompagne ; les deux autres désignent « ce qui est né, ce qui naîtra. » Dans le mot *janmâdhikaraṇam*, par lequel Sâyaṇa explique *janitvam*, le second terme qui marque « endroit, sphère d'une action, » dans un sens tout à fait général, rend bien l'idée du futur : « tout ce qui est sphère, objet de naissance, de création, tout ce qui doit naître, doit être créé. »

Nous avons montré, par l'exemple de la racine *jan*, « engendrer, » la féconde variété de la dérivation védique. Un autre genre de variété, qui devient une source d'harmonie et de facilité pour le style et la mesure, est celle qui consiste à créer un grand nombre de mots ou de radicaux divers pour rendre une même idée, qui se distinguent par la forme, par le procédé de formation, sans différence bien appréciable, je ne dis pas pour l'emploi, mais pour le sens. Ainsi, de la racine *mah*, « signifiant exalter, honorer » (avec *sam*, « augmenter »), et qu'il faut rapprocher de *mamh*, « croître, » d'où *mamha*, « puissance, » se dérivent à la fois, pour rendre l'idée qu'exprime en français l'adjectif « grand, » en latin *mag-nus*, en grec μέγ-ας, les thèmes *mah*, mot-racine, *maha* (et une autre forme toute semblable, mais diverse par l'accent), puis *mahi*, *mahin*, *mahat*, *mâhina*, sans parler du comparatif *mahîyas*, du superlatif *mamhiṣṭha*, qui semble présupposer un sens adjectif dans *mamha*. Cette diversité de suffixes pour un sens analogue est une des richesses et des libertés remarquables de l'idiome : les mots *çâka*, *çâkin*, *çakvan*, signifient « puissant ; » *sadana* et *sâdana*, *sadas*, *sadman*, « siége ; » *vadha*, *vadhatra*, *vadhasna*, « arme de destruction ; » *samitha*, *samîka*, « combat ; » *vajrin*, *vajrivat*, « qui a la foudre, » etc., etc.

D'autres fois, au contraire, la plus légère différence modifiera notablement la signification. *Varman* veut dire « cuirasse, » *varmin*, « qui a une cuirasse » (dérivés tous deux de *vrï*, *var*, « couvrir ») ; *dhenu*, « vache, » *dhenâ*, « lait » (de *dhe*, « teter, boire ») ; *hotrï*, prêtre, » *hotra* et *hotrâ*, « l'offrande, » etc.

Ce sont là des observations qui s'étendent aux divers idiomes de la famille. Il y aurait à faire, en outre, un grand nombre de remarques curieuses sur les suffixes plus particulièrement propres à l'époque védique, ou sur l'usage plus régulier, plus ordinaire, qu'elle fait de certaines formations, devenues plus tard des archaïsmes dont on a oublié la vraie nature. Voyez, par exemple, les participes en *ata*, dont nous avons déjà parlé (*yajata*, *bharata*, *darçata*, *haryata*), certaines formations en *vin* (*dvayâvin*, *ubhayâvin*), en *îman* (*dharîman*), quelques emplois des suffixes *ni*, *nu*, *mna*, *tha* [1]. Mais ce n'est pas ici le lieu d'entrer dans de plus longs détails à ce sujet. Il ne s'agit que d'une appréciation qui puisse nous donner une juste idée de quelques-uns des principaux caractères de la langue des hymnes : c'est à la grammaire à détailler les faits, et je ne puis mieux faire que de renvoyer aux livres de M. Benfey, qu'il faut citer partout et toujours pour tout ce qui est relatif à l'étude des Védas.

Plus on étudie cet antique idiome, plus on est frappé d'y trouver l'explication et l'origine de presque toutes les aptitudes et habitudes des autres langues de la famille, et non pas seulement, quant aux formes, aux éléments mis en œuvre, mais encore, ce qui paraît plus surprenant, quant aux procédés logiques, à la manière de penser, de déduire les idées, de grouper autour d'elles leurs relations diverses. Pour la syntaxe extérieure, je le répète encore, il reste beaucoup à faire ; mais, pour la structure intime des termes, et les affinités d'idées, les combinaisons qu'ils expriment, il n'y a, pour ainsi dire,

1. Par exemple, sans parler de *varûtha*, que nous avons trouvé dans l'hymne à Agni : *çobatha*, *caratha*, *çvasatha*, *vrïtrahatha*, etc.

rien à inventer. Lisez les poésies lyriques des Grecs, ouvrez Pindare, Eschyle, qui, pour la formation des mots, sont, entre tous, brillants, hardis, ingénieux : vous n'y trouverez aucune création, aucune alliance d'idées, de rapports, je parle de celles que la dérivation exprime, qui n'ait son type, son premier modèle dans la langue des Védas. Et ce n'est pas seulement lorsqu'il s'agit de choses matérielles, ou de figures, que ces anciens monuments nous offrent ainsi la première image de ce qu'on a fait aux âges suivants de la langue, et, comme je l'ai dit, dans les diverses langues de la famille. Elle est déjà bien plus familiarisée qu'on ne serait tenté de le croire avant de l'avoir étudiée, avec les abstractions, les rapports purement intellectuels. Nous avons trouvé plus d'une fois, dans Sâyaṇa, le suffixe *tva*, et nous avons dit que dans la langue technique on en faisait souvent abus. Il exprime un rapport tout à fait abstrait, comme le latin *tas*, *tatis*, le grec της, τητος, que nous en avons déjà rapproché : il marque la nature, l'essence, la notion tout abstraite de la chose indiquée par le primitif auquel il est joint, comme dans ce mot, créé par Platon, pour généraliser une qualification : κυαθότης, « la nature, l'état de coupe, » de κύαθος, « coupe. » Il semble que l'idée métaphysique exprimée par cette formative soit un effort de l'esprit humain, et qu'elle suppose un degré d'analyse assez élevé. Eh bien ! elle figure déjà dans un bon nombre de formations védiques :

sakhitva, « amitié, » de *sakhi*, « ami ; »
pâpatva, « malheur, état de malheur, » de *pâpa*, « malheur, mal, péché ; »
amrĭtatva, « immortalité, » d'*amrĭta*, immortel ; »
patitva, « qualité de maître, de mari, » de *pati*, « maître, mari. »

A côté des substantifs *mahitva*, « grandeur, » *vasutva*, « richesse, » nous trouvons les formes *mahitvana*, *vasutvana*, qui sont peut-être, comme le fait remarquer M. Benfey, plus entières et plus organiques[1]. Ce suffixe se rattache évidemment au suffixe également abstrait et général, *tu*, accusatif *tum*, qui joue le rôle d'infinitif en sanscrit et qui est le nom verbal par excellence : *tva*, *tvana* est composé de *tu* et des suffixes *a*, *ana*, devant lesquels l'*u* devient consonne. Nous avons vu aussi *tva* former des participes futurs à sens passif ; là encore son rôle n'est pas sans affinité avec celui qu'il joue dans les substantifs abstraits : le futur est très-propre à rendre l'idée de possibilité, et les généralisations exprimées par le suffixe *tva*, dans les noms dont nous parlons,

1. Dans son *Glossaire*, il cite, à l'article *mahitvana*, les formes semblables, *patitvana*, *vrĭshatvana*, *kavitvana*, *martyatvana*, *janitvana*, *sakhitvana*.

que signifient-elles autre chose, sinon « aptitude à être telle ou telle chose, réunion des conditions qui font qu'on est, qu'on peut être telle ou telle chose? »

Le verbe substantif *as*, « être, εἶναι, *esse*, » est lui-même une abstraction, une conception métaphysique à laquelle la langue de bien des peuples sauvages ne s'est jamais élevée. L'idiome des Védas, non-seulement a détaché l'idée d'existence de celle des substances et des actions auxquelles, dans la réalité, elle est toujours unie, mais encore à cette première abstraction elle en marie déjà d'autres. Ainsi l'adjectif *satya*, « vrai, » qui, élevé à un degré d'abstraction de plus, devient au neutre *satyam*, « le vrai, la vérité; » ainsi *satvan* (védique pour *sattva*[1]), « essence. » Sans doute ces expressions ont pris plus tard une signification plus métaphysique encore : on voit par les divers emplois de *satvan*, par exemple, que, dans l'usage védique, la valeur abstraite se tempérait singulièrement; mais il n'en demeure pas moins vrai que la langue possède déjà des dénominations bien nettes, et logiquement fort exactes, de ces notions profondes, auxquelles il semble bien difficile d'atteindre, et qui, lorsqu'on les trouve dans un lexique aussi antique, aussi primitif, ressemblent véritablement à une sorte de révélation, aux vestiges qui se seraient conservés d'un état antérieur de haute culture intellectuelle et des premières vérités enseignées à l'homme par le Créateur.

La dérivation védique a beaucoup d'autres formatives d'une valeur abstraite ou qui se prêtent aisément à prendre une signification de ce genre. Je n'en mentionnerai qu'une seule, le suffixe *tâti*, réduit plus tard à *tâ*, forme abrégée que nous avons déjà dans le Véda (voyez *dvi-tâ*, « dualité, » *sujâta-tâ*, « qualité de qui est bien né, noblesse, » de *su-jâta*, « bien né »). Ce suffixe *tâti*[2], où nous trouvons, non plus seulement, comme dans *tva*, le sens, mais à la fois le sens et la forme des finales grecques et latines, της, τητος, *tas*, *tatis*, qui se sont conservées jusqu'à nous avec la même signification que nous leur voyons dans les hymnes : ce suffixe pourrait bien être primitivement une métaphore, un dérivé de *tan*, « étendre »[3]. Nous y verrions le passage du sens propre et matériel au sens figuré et tout abstrait.

Ce que je viens de dire des mots abstraits est encore une confirmation, comme nous en trouvons à chaque pas, de ce que j'avançais plus haut, et nous montre une fois de plus que ce vieil idiome a, tantôt en germe, tantôt

1. Voy. le *Glossaire* de M. Benfey, p. 189.

2. Voy. E. Burnouf, *Comment. sur le Yaçna*, p. 163.

3. Voy. le *Glossaire* de M. Benfey, à l'article *devatâti*, mot qui répond au grec θεότης, θεότητος.

à un état déjà bien développé, toutes les aptitudes des âges suivants. Il n'y a point de langue, je crois, qui ait poussé aussi loin que le sanscrit les abstractions de langage, qui, dans certains genres d'écrits, prodigue au même point le style métaphysique. En étudiant les hymnes, on reconnaît que tout est déjà prêt pour créer ces procédés d'expression intellectuelle et abstraite, et l'on comprend, en voyant la source, qu'il en soit sorti ce double courant, de langage brillant et figuré, et de langage abstrait et philosophique, que nous retrouvons dans les divers idiomes de la famille, et plus particulièrement peut-être en sanscrit et en grec. Tous les rapports qui sont vraiment dans la nature des choses, toutes les déductions d'idées, qui sont logiques et naturelles, ont leurs exposants dès cette première période, et l'innovation consistera beaucoup moins à en créer de nouveaux qu'à composer, à combiner entre eux ces moyens d'expression, à en varier et parfois aussi à en préciser l'emploi. Car il y a un certain nombre de suffixes pour lesquels la liberté de l'usage est bien grande dans la langue védique et qui se prêtent, nous en avons vu des exemples, aux significations les plus diverses. La dérivation a le même caractère que les autres parties de la grammaire, de la structure de l'idiome, que nous avons examinées jusqu'ici. Point de catégories rigoureuses, exclusives; de larges cadres, beaucoup de souplesse et d'élasticité.

Un autre fait remarquable et qui est également très-conforme à tout ce que nous avons dit jusqu'à présent du génie de la langue, c'est la facilité avec laquelle les formatives s'attachent à toutes les parties du discours, à toutes les espèces de mots, non pas seulement aux racines nominales et verbales, mais aussi aux racines pronominales, aux particules, aux pronoms. Quand nous parlerons de ces deux classes de mots, nous entrerons dans plus de détails. Ici, un petit nombre d'exemples seront assez pour bien faire comprendre ma pensée, ou plutôt il me suffira de rappeler quelques formations que nous avons eu l'occasion de voir ailleurs : l'adjonction du suffixe *vat*, si riche en dérivés, aux thèmes pronominaux *mad* et *tvad*, etc., pour former *mâvân*, *tvâvân*, etc.; l'addition de l'*i*, caractéristique des verbes nominaux, au même radical *tvad* ou *tvâ* (*tvây*, « amare te »), à *asmad* (*asmay*, « amare nos »); la formation, au moyen du suffixe *ka*, des adjectifs *abhîka*, *samîka*, *pratîka*, etc.; au moyen de la racine *añc*, qui est aussi devenue une simple formative, des mots *prâñc*, *nyañc*, etc., tirés des particules *pra*, *ni*; au moyen de *vat* encore, des mots *udvat*, *pravat*, *parâvat*, *nivat*, etc.; au moyen de *ra* ou de *tara*, de *ma* ou de *tama*, celle des comparatifs et des superlatifs (*a*)*para*, *avara*, *avama*, *pratara*, *pratama*, etc. Quelquefois le suffixe se combine même avec des cas[1], avec le locatif, l'instrumental, le nominatif : nouvelle preuve, d'une part, de la grande liberté avec laquelle la langue met en œuvre les éléments dont elle se compose, et, d'autre part, aussi de la force encore toute primitive des suffixes, qui, dans ces sortes de combinaisons, où ils s'allient avec de simples particules ou avec des termes infléchis, semblent vraiment jouer le rôle de mots.

On peut encore se placer à un autre point de vue pour apprécier la dérivation ; on peut y étudier, et la chose est facile dans une langue souvent aussi transparente et où l'on suit sans peine les procédés de formation, on peut, dis-je, y étudier la manière dont les idées sont déduites, la manière dont on voit et conçoit et se figure les choses. Analysée dans cette vue, la formation des mots jette le plus grand jour sur la façon de penser et de sentir, les habitudes d'esprit et de cœur, la tournure d'imagination, les idées religieuses et morales, enfin sur toute la culture du peuple dont on apprécie le langage. Nous avons déjà plus haut, mais avec une intention différente, ramené à leur source, un certain nombre d'expressions védiques, les divers noms de la nuit ; mais ce point de vue a trop d'importance, ce me semble, pour qu'on ne me permette pas d'y revenir dans cette partie de mon étude qui est spécialement consacrée à la dérivation. Les détails où je viens d'entrer en représentent surtout le côté matériel ; reste le procédé de l'esprit, l'opération de la pensée, les relations d'idées, les déductions de sens, auxquelles les combinaisons de lettres, d'éléments sensibles ne font que donner un corps. Je n'insisterai pas beaucoup sur ce point, mais le peu que je dirai suffira, je l'espère, pour montrer combien, dans le lexique des hymnes, il y a souvent, je le répète, de saine philosophie, d'appréciation nette et vraie des choses du monde physique et du monde moral, et combien parfois, avec cela, de profondeur et d'élévation, ou de grâce et de délicatesse.

Pour apprécier l'état de civilisation, les mœurs, les habitudes ordinaires d'un peuple, un bon moyen est d'ouvrir le dictionnaire, de voir quelle est la signification étymologique des mots qui expriment les idées communes, les plus nécessaires, les plus essentielles. Quand il s'agit d'une langue qui n'est, comme la nôtre, comme l'anglais, qu'une transformation d'une autre langue, qui, avant d'être l'interprète de nos pensées d'aujourd'hui, en a interprété beaucoup d'autres, et a été successivement l'expression d'états divers de culture et de

1. Voy. la *Grammaire sanscrite* de M. Benfey, § 614, p. 239, et le *Glossaire du Sâma-Véda*, p. 134, à l'article *barha*.

civilisation, cette épreuve, fondée sur l'étymologie et la signification radicale, est trompeuse. Ces sortes de langues, qui sont un héritage où chaque époque a laissé son empreinte, ont un lexique très-mélangé, composé d'éléments hétérogènes, et il est heureux peut-être que la transparence des termes ait diminué, car, sans cela, dans nos phrases, l'amalgame des manières de voir et de vivre de la république et de l'empire romain avec celles du moyen âge et des temps modernes ferait parfois un singulier effet. Il en est de même, à certains égards, des images et du style figuré de l'éloquence et de la poésie. Que de métaphores, de métonymies, de synecdoques, que les générations anciennes nous ont léguées, qui se sont perpétuées d'âge en âge, que nous employons de confiance! Sans doute, l'idiome védique n'a pas été créé par les chantres des hymnes, par la génération à laquelle ils s'adressaient; mais tout semble prouver, tout porte à croire du moins, que les générations précédentes n'ont légué à leurs descendants que les idées simples, et naturelles, et primitives, de cette vie patriarcale, qui est encore la vie des races contemporaines des Richis. La culture intellectuelle, l'état de société ont certainement passé déjà par des degrés divers; la transition s'est faite de la vie nomade, et surtout pastorale, à la vie sédentaire et plus agricole; mais la sphère des idées a dû rester en grande partie la même : les expressions nécessaires, comme les figures favorites, si elles ne remontent pas toutes à une même source, ont du moins, quant à leur origine, beaucoup d'analogie entre elles, une analogie de simplicité, de naturel, un commun caractère de création spontanée, qui doit exclure et exclut réellement les déductions pénibles, les subtiles complications. Qu'on ne s'étonne pas de trouver joint à cette simplicité beaucoup de profondeur et d'élévation. Ce triple caractère, quand la simplicité n'est plus, je dis mieux, n'est point, grossièreté, va très-bien ensemble. Cette simplicité originelle de l'esprit humain n'est-elle point, comme je le disais plus haut, une émanation de la divine essence et comme l'empreinte du Créateur?

Outre la langue, il y a à considérer dans les hymnes le style de leurs auteurs; mais ces auteurs sont peuple aussi, ou du moins, s'ils voulaient que leurs chants fussent écoutés, compris, chantés, ils devaient se dire à eux-mêmes (je citerais ici, à contre-sens, mon Horace, s'il n'était bien moderne en un pareil sujet) : *plebs eris*. Ainsi les figures mêmes et les hardiesses de la poésie peuvent prendre légitimement leur place dans cette appréciation de l'état de culture et de la tournure des esprits. Elles font partie, elles aussi, de la langue populaire, de la langue que le peuple parle, de celle du moins qu'il aime et comprend.

Je ne cite pas des exemples déjà souvent signalés, comme les mots *viç* et *krishṭi*, que nous avons vus, et dont le premier, nom-racine, veut dire « habitant, domicilié, ayant une maison, un séjour fixe, » dont le second, nous l'avons dit, signifie « labourage, culture, » et désigne au pluriel « les tribus, » et, par extension, « les hommes. » Nous ne parlerons pas non plus des nombreux dérivés du mot *go* « taureau » ou « vache » (voyez plus haut, p. 193, les dénominatifs qu'on en a formés); des emplois fréquents et variés de *vrishan*, « taureau, » d'*açva*, « cheval, » de *payas*, « lait, » de *ghrita*, « beurre (fondu), » etc., etc.; des termes de guerre, de combat, etc. Il serait facile de faire avec cette partie du lexique, soit propre et pratique, soit figuré, le tableau des travaux et des occupations ordinaires du peuple qui chantait les hymnes et disait les prières dont se composent les Védas. Je choisis de préférence un petit nombre d'expressions qu'on a moins remarquées peut-être.

Pour la manière de se représenter les phénomènes de la nature, je ne joindrai pour le moment au substantif *antariksha*, que j'ai noté ailleurs et qui signifie « l'atmosphère, le transparent » (de *antar*, « entre, » et *îksh*, « voir »), aux noms de la nuit (voy. p. 119 et suiv.), à ceux du Ciel et de la Terre, que nous avons dans notre premier hymne ou que nous avons eu occasion de citer, que cette métaphore bien naturelle qui assimile les nuages aux montagnes, et leur applique les diverses expressions qui désignent les monts, les rochers [1]. Si nous voulions ici nous étendre sur les images, les termes pittoresques de la poésie des hymnes, nous aurions à relever une foule de conceptions et de vues remarquables, souvent de très-gracieuses ou très-ingénieuses idées, comme quand la nuit, par exemple, est appelée *svasrî* ou « sœur » par rapport à l'aurore, quand l'eau est nommée *vâtâpya*, « la parente du vent. » C'est un sujet sur lequel j'ai l'intention de revenir ailleurs; je ne fais que l'effleurer en ce moment, et ne le traite ici en peu de mots que pour que cette partie relative aux dérivés ne soit pas incomplète; pour apprécier la dérivation, il faut absolument tenir compte de ce point de vue.

La mort, ce phénomène à la fois physique et moral, est représentée dans toutes les langues par des termes divers, ou propres ou figurés, et en général aussi par des euphémismes plus ou moins heureux et significatifs. Il y en a un, entre autres, qui a été certainement employé dans tous les idiomes, et qui sert à adoucir et à voiler l'idée, en même temps qu'il renferme une notion qu'il ne

1. Voy. le *Glossaire du Sâma-Véda*, à l'article *adri*.

faut pas trop presser, qui reste vague et peut s'entendre de plusieurs façons : c'est celui qui désigne la mort comme un sommeil. On ne s'étonnera pas de trouver cette manière de parler dans les Védas ; on serait plutôt surpris qu'elle y manquât. Le causatif de *svap*, « dormir, » qui est *svâpayati*, « faire dormir, » s'emploie pour signifier « faire mourir, tuer, » sens qu'il a conservé dans le sanscrit ordinaire. Le composé très-régulier *pra-sup*, terminé par un mot-racine (voy. plus haut, p. 109), veut dire « qui tue, » proprement « qui endort. »

De cette même racine, on a tiré un nom de « la douleur, » qui la peint expressivement par un de ses plus inévitables effets : *dushvapnya* (pour *duḥ-svapnya*[1]), « qui fait le sommeil mauvais, qui trouble le sommeil. »

Le lexique des Védas peint souvent l'essence, la vraie nature des choses, soit physiques, soit morales, avec une étonnante justesse. Il y a naturellement un grand nombre de mots pour exprimer l'idée de lumière. L'un de ces noms m'a frappé entre tous : il est remarquable de vérité et de précision. C'est *ketu*, qui signifie proprement « (celui) qui fait reconnaître (les objets). » Ce substantif dérive très-régulièrement de *kit* « reconnaître ; » c'est un nom d'agent, formé au moyen du guṇa et du suffixe *u*[2]. « La haine, l'inimitié, » et, par extension, « l'ennemi, » c'est *dvish*, mot en quelque sorte identique avec *dvi*, *dvis*, qui veut dire « deux, en deux ; » ou bien « l'ennemi, » c'est *anyaka*, dérivé d'*anya*, « autre, » qui nous offre ainsi déjà le sens figuré que prennent en latin *alienus*, en grec ἀλλότριος.

D'autres conceptions sont douces, aimables et gracieuses, et montrent la vérité de ce que nous avons dit plusieurs fois, que la simplicité de cette civilisation antique n'était point grossièreté. Les noms *yoshâ*, *yoshit*[3], qui veulent dire « aimante, » désignent « la jeune fille. » *Hrĭdisprĭç*, « qui touche le cœur, » plus littéralement « qui touche, qui atteint dans le cœur, » signifie « cher, *carus ;* » c'est un adjectif formé du locatif de *hrĭd*, « cœur, » et du mot-racine *sprĭç* (racine *sprĭç*, « toucher ; » voyez plus haut, p. 110).

Une des meilleures pierres de touche d'une civilisation, d'un état de culture, c'est l'origine et le sens propre des termes religieux, et il est curieux d'ana-

1. Voy. le *Glossaire du Sâma-Véda*, p. 92.

2. Voy. le *Gl. du S.V.*, p. 50. — Nous avons déjà parlé de quelques autres phénomènes du monde physique. Quelle précision encore dans ce simple adjectif : *antarvat*, *antarvatnî* (védique *antarvatî*), qui répond, pour le sens, au latin « fetus, feta, » et veut dire proprement : « intus habens ! » Seulement *habens* est trop fort, non pour le sens, mais pour la forme : *vat* est un simple suffixe, ajouté à *antar*.

3. Ils viennent de la racine *jush*, par une transformation de *j* en *y*, qui, comme le remarque M. Benfey, est fréquente en sanscrit : les deux qualificatifs *yoshan*, *yoshaṇâ*, qui signifient « aimant, aimante, » viennent de la même racine.

lyser, dans un idiome où l'étymologie est ordinairement si facile, les dénominations des objets surnaturels, de voir comment ces tribus simples et pieuses s'y sont prises pour peindre par la parole leurs naïves croyances :

Immortalia mortali sermone notantes[1].

A cet égard, le dictionnaire védique est très-intéressant à étudier, et renferme de quoi donner raison (remarque que j'appliquais aux hymnes en général) à plus d'un système. Ce serait un sujet à traiter en détail et d'une manière complète; je ne veux que citer ici bien rapidement quelques exemples. Le nom ordinaire des dieux est *deva*, « céleste » et « brillant. » A côté de ce nom propre, qui ne nous fait pas pénétrer bien avant dans l'idée que ces pasteurs, ces laboureurs des anciens temps se faisaient de la divinité, nous trouvons un grand nombre d'expressions figurées qui appliquent aux dieux les attributs de l'humanité. Ils sont même désignés très-souvent par le mot qui répond, étymologiquement comme pour le sens, au grec ἀνήρ, je veux dire par *nrĭ* (gén. *naras*, ἀ-νέρος). De cet emploi de *nrĭ*, étendu aux dieux, il est curieux de rapprocher un substantif désignant l'homme comme « une portion, une moitié, » quelque chose d'incomplet, comme un être qui ne répond qu'en partie à l'idée que son nom exprime : *nema*, « demi[2]. »

Parmi les termes relatifs au culte, ceux qui peut-être donneraient la plus haute idée des conceptions religieuses du peuple qui chantait les hymnes, sont les noms qui indiquent l'offrande, la cérémonie sainte, la prière. On en peut voir une énumération dans le *Nâighanṭuka* (II, 1). La plupart veulent dire proprement « l'action, l'œuvre, » c'est-à-dire, « l'action par excellence. » Ainsi *apas,* qui est le latin « opus, » *kratu*, *karuṇa*, *kartva,* etc., de *krĭ* [3], « faire. » Une expression d'un ordre encore plus pur et plus élevé [4], employée pour rendre la même idée est *dhî*, qui veut dire, dans son sens primitif, « intelligence, esprit, » puis « pensée, attention, » et par une déduction nouvelle

1. *Lucrèce*, V, 122.

2. Voy. le *Glossaire du Sâma-Véda*, p. 115.

3. Comparez le latin *facere*, pris absolument, et *cere-monia*; la voyelle *rĭ* est également représentée par *ĕrĕ* en zend.

4. On comprend, en analysant certains termes religieux, et en lisant tel ou tel hymne du *Rĭg-Véda*, où respire une piété simple et touchante, que M. Nève ait appelé le culte védique « une religion qui n'était point encore l'idolâtrie. » Voy. *Études sur le Rĭg-Véda, avec un choix d'hymnes traduits pour la première fois en français par M. F. Nève. Louvain*. 1842, p. 13. — Dans ces Études, M. Nève a consacré quelques pages à une appréciation sommaire de la langue des hymnes (§ IV, p. 38-50).

« dévotion, sacrifice, prière. » *Manas*, « esprit, » se trouve également dans le sens d' « hymne, chant sacré [1]. »

Une autre rencontre assez curieuse, c'est de trouver déjà dans la langue des Védas le composé *adeva* (littéralement ἄθεος, « athée [2] »), pour désigner le « méchant, » et son dérivé *adevayu*, dans le même sens de « méchant, impie. »

Je borne là pour le moment ces sortes d'analyses : nous aurons l'occasion de faire d'autres observations du même genre, en considérant la langue sous d'autres aspects.

De tout ce que nous avons dit sur les dérivés, il résulte, entre autres choses, et surtout, que la langue, dans ces déductions de forme et de sens qui sont l'objet de la dérivation, a autant de simplicité que de puissance. Les rapports qu'elle groupe autour de l'idée s'y attachent avec d'autant plus de force, qu'ils sont plus naturels, plus nécessaires, moins compliqués. Dans cette partie des procédés de l'idiome, comme dans toutes les autres, nous voyons régner ce genre de synthèse qui consiste dans l'étroite cohésion des éléments des mots, dans l'active influence que les termes exercent les uns sur les autres; mais nous sommes encore bien loin de cette autre synthèse que nous voyons s'introduire plus tard, et qui consiste dans la multiplicité des éléments de l'union ou de la fusion.

Pour achever ce que nous avons à dire de la langue des Védas, envisagée sous ce premier aspect d'idiome antique et relativement primitif, il nous reste à parler de la composition des mots, que nous trouverons réglée par des

1. Je n'examine point ici quelle est l'origine première de ces mots et suis très-porté à croire que ce sont, dans le principe, des métaphores, que la racine *dhyâi*, « méditer, » à laquelle on rattache *dhî*, doit venir de *dhâ*, « poser; » que *man*, « penser, » d'où dérive *manas*, doit avoir pour origine *mâ*, « mesurer; » mais ces mots avaient pris dans la langue un sens abstrait et intellectuel, et c'est sans doute de ce sens abstrait que s'est déduite leur acception religieuse.

2. A chaque pas, on trouve des analogies frappantes entre les formations et les façons de parler védiques et celles des autres idiomes. Ainsi, nous avons vu dans *abhva* (de *a* + *bhû*) un emploi de la particule privative tout semblable à celui qu'a son équivalent *un* en allemand (dans *Unding*, par exemple, qui est la traduction d'*abhva*), et parfois l'α négatif en grec (cf. ἄγαμοι γάμοι). Cette même particule a une valeur à peu près semblable dans *avarti* (de *a* privatif et *vrït*, « versari »), signifiant « vie malheureuse, mauvais état de la vie » (voy. le *Gloss. du S.V.*), et répondant exactement au grec ἄβιος ou ἀβίοτος, ἀβίωτος βίος. Dans les mots composés, nous rencontrerons de semblables conformités : notre combinaison française, *nouveau-né*, est reproduite littéralement par le composé védique *navajâta*. *Dhana-jit*, « qui conquiert la richesse, » de *dhana*, « richesse » et *ji*, « vaincre, » nous offre une alliance de mots qui rappelle cette tournure si fréquente en allemand, laquelle consiste à donner pour complément direct à un verbe le mot qui exprime l'effet, le produit de son action. Le verbe *ji* s'emploie aussi à part en sanscrit dans le sens d' « acquérir par la victoire. »

principes analogues à ceux que nous venons de signaler dans la dérivation, et qui nous offre dans les Védas beaucoup de faits remarquables. Puis vient la syntaxe extérieure, c'est-à-dire, la structure, la mise en contact et en rapport de ces matériaux du discours dont nous avons étudié la nature et la formation intime. A ce point de vue, l'étude que nous avons entreprise est du plus haut intérêt. Comme nous l'avons fait pressentir, nous trouverons dans ce genre de combinaison, qui a pour objet non plus le mot, mais une autre unité, un ensemble multiple et complexe, la proposition et la phrase, des procédés beaucoup moins synthétiques, ou du moins nous verrons à ce genre de synthèse, à cette force de préhension qui part ou du cœur même du mot ou des exposants de rapports qui y sont attachés, se joindre des moyens analytiques de liaison et quelquefois des habitudes de simple juxtaposition. Cette faiblesse ou plutôt cette inexpérience, ce défaut de souplesse, est en rapport avec le caractère général de tous ces chants védiques. Ce qui y manque surtout, nous l'avons dit, et y manque, à tous égards, pour les poésies prises chacune dans son ensemble, comme pour un grand nombre de pensées en particulier, c'est la composition; je le répète avec Horace : *ponere totum nesciunt*. Plus tard sans doute, dans quelques œuvres ou parties d'œuvres de la littérature sanscrite, il y a progrès sous ce rapport; mais jamais le célèbre axiome de l'Art poétique, le *sit quodvis simplex duntaxat et unum,* n'y a été compris dans son vrai sens. A la puissance d'unir et d'enchaîner, qu'on a fini par pousser à l'extrême, jamais, dans ce monde si différent du nôtre, on n'a su joindre, au moins sciemment et à dessein, celle d'arrondir, de bien limiter, de dessiner les contours, de tracer un cadre bien net et bien ordonné[1].

Nous avons reconnu dans la langue et la manière des hymnes un autre cachet distinctif, celui de l'idiome populaire, et manié par tous, et qui n'a point encore été façonné par la culture vraiment littéraire. Ce second aspect est également digne d'attention, et c'est particulièrement en traitant cette partie du sujet que l'occasion s'offrira d'apprécier, avec plus de suite et de détails que nous ne l'avons fait jusqu'à présent, la manière de penser, de sentir, et par suite l'état de culture que les hymnes nous révèlent.

1. Voyez à ce sujet les pages 164 et suiv. de l'intéressante et judicieuse notice sur les Védas, que vient de publier M. Barthélemy Saint-Hilaire, et où il a apprécié les livres sacrés de l'Inde, sous leurs principaux aspects, et à la fois en philosophe et en homme de goût.

FIN.

TRANSCRIPTION DES LETTRES SANSCRITES EN LETTRES LATINES.

Les aspirées sont marquées par un *h* placé après la muette ;
Le visarga est représenté par *ḥ* ;
L'anusvâra, par *m̃* ;
Les palatales, par *c* (=*tch*), *ch* (=*tchh*), *j* (=*dj*), *jh* (=*djh*) ;
Les cérébrales, par *ṭ*, *ṭh*, *ḍ*, *ḍh* ;
La nasale gutturale, par *ñg* ; la nasale palatale, par *ñ* ; la nasale cérébrale, par *ṇ* ;
Le *ya* ou *i* consonne, par *y* ;
La sifflante palatale, par *ç*, la cérébrale, par *sh* (prononcé comme en anglais) ;
La voyelle brève *ri*, par *rĭ* ;
La voyelle longue *ri*, par *rī*.
Les autres voyelles longues sont distinguées des brèves par un accent circonflexe.

Ch. Lahure, imprimeur du Sénat et de la Cour de Cassation
(ancienne maison Crapelet), rue de Vaugirard, 9.

www.ingramcontent.com/pod-product-compliance
Ingram Content Group UK Ltd.
Pitfield, Milton Keynes, MK11 3LW, UK
UKHW012026240726
13965UKWH00002B/611